上海教育丛书

许　军／著

让学校成为涵养灵性的育人场

——上海市延安初级中学学校治理的探索与思考

上海教育出版社

图书在版编目（CIP）数据

让学校成为涵养灵性的育人场：上海市延安初级中学学校治理
的探索与思考 / 许军著. — 上海：上海教育出版社，2021.6
ISBN 978-7-5720-0886-3

Ⅰ.①让… Ⅱ.①许… Ⅲ.①初中 - 学校管理 - 研究 - 上海
Ⅳ.①G637

中国版本图书馆CIP数据核字(2021)第099626号

责任编辑　隋淑光
装帧设计　陆　弦

上海教育丛书
让学校成为涵养灵性的育人场
——上海市延安初级中学学校治理的探索与思考
许　军　著

出版发行　上海教育出版社有限公司
官　　网　www.seph.com.cn
地　　址　上海市闵行区号景路159弄C座
邮　　编　201101
印　　刷　启东市人民印刷有限公司
开　　本　700×1000　1/16　印张 16　插页 3
字　　数　253 千字
版　　次　2021年12月第1版
印　　次　2021年12月第1次印刷
书　　号　ISBN 978-7-5720-0886-3/G·0701
定　　价　46.00 元

如发现质量问题，读者可向本社调换　电话：021-64373213

《上海教育丛书》历届编委会

总　序

　　建设一流城市,需要一流教育。办好教育,最根本的是要建设好教师队伍和学校管理干部队伍。

　　在长期的教育实践中,上海市涌现了一大批长期耕耘在教育第一线呕心沥血、努力探索,积累了丰富经验的优秀教师;涌现了一批领导学校卓有成效,有思想、有作为的优秀教育管理工作者。广大优秀教育工作者教育教学和管理工作的经验,凝聚着他们辛勤劳动的心血乃至毕生精力。为了帮助他们在立业、立德的基础上立言,确立他们的学术地位,使他们的经验能成为社会的共同财富,1994 年上海市领导决定,委托教育部门负责整理这些经验。为此,上海市教育局、上海市中小学幼儿教师奖励基金会组织成立《上海教育丛书》编辑委员会,并由吕型伟同志任主编,自当年起出版《上海教育丛书》(以下称《丛书》)。1995 年上海市教育委员会成立后,要求继续做好《丛书》的编辑出版工作。2008年初,经上海市教育委员会领导同意,调整和充实了《丛书》编委会,并确定夏秀蓉同志任执行主编,协助主编工作。2014 年底,经上海市教育委员会领导同意,调整和充实了《丛书》编委会,确定尹后庆同志担任主编。至 2021 年 6 月,先后共编辑出版《丛书》134 册。《丛书》的内容涵盖了基础教育和中等职业教育的各个方面,包含有较高理论水平和学术价值的著作,涉及中小学教育、学前教育、师范教育、职业教育、校外教育和特殊教育,以及学校的领导管理与团队工作,还有弘扬祖国优秀文化、促进国际教育交流等方面的著作,体现了上海市中小学教育改革与发展的轨迹,体现了上海市中小学教育办学的水平与质量,体现了优秀教师和教育工作者的先进教育思想与丰富的实践经验。《丛书》出版后,受到广大教师、教育工作者及社会的欢迎。

为进一步搞好《丛书》的出版、宣传和推广工作,对今后继续出版的《丛书》,我们将结合上海教育进入优质均衡、转型发展新时期的特点,更加注重反映教育改革前沿的生动实践,更加注重典型性、实用性和可读性。希望《丛书》反映的教育思想、理念和观点能起到抛砖引玉的作用,引发大家的思考、议论和争鸣;更希望在超前理念、先进思想的统领下创造出的扎实行动和鲜活经验,能引领当前的教育教学改革工作,使《丛书》成为记录上海教育改革历程和成果的历史篇章,成为广大教师和教育工作者的良师益友。限于我们的认识和水平,《丛书》会有疏漏和不尽如人意之处,诚恳地希望广大读者提出宝贵意见,帮助我们共同把《丛书》编好。

《上海教育丛书》编委会

2021 年 6 月

序

　　上海市延安中学是一所享有盛誉的学校,在二十世纪六十年代已经被评为上海市重点中学,"文革"结束拨乱反正时,恢复为上海市重点中学。改革开放之后,先后在毛焕庆校长和陈昌富校长带领下,学校进入了高速发展阶段。二十世纪八十年代,学校确立了"高质量,创特色,争一流"的办学目标,开创了"以数学为龙头,体育和科技为两翼"的办学特色。一直到二十世纪末,延安中学初高中分离,高中迁址新校区,初中留在原址继续办学。

　　"老老实实办学,呕心沥血育人",是"延安人"传承的办学传统,是"延安精神"的内核。在办学传统的引领下,学校取得的办学成效凝聚着一代代"延安人"的心血,彰显了学校艰苦奋斗、勇争一流的文化传统,这是宝贵的精神财富,也是延续至今的学校精神命脉。

　　1979年,上海市延安中学的校领导拜访了著名的历史学家周谷城先生,委托他赴京参会时请邓小平同志为学校题名。周谷城先生欣然接受委托。当年10月,开会前夕,在人民大会堂北京厅,周谷城先生走到邓小平同志身边,提出请他为上海市延安中学题写校名的请求。小平同志问:"这是所什么样的学校?"周谷城回答:"这是上海一所重点中学,是一所努力以延安精神办学,教育质量蛮高的学校。"小平同志听到这里,当场就用蓝黑色墨水笔题写了"上海市延安中学　邓小平"几个字。正要写最后一个"题"字,小平同志的笔恰好没墨水了,他换了一支蓝色圆珠笔继续写完。事后发现,小平同志的题字是书写在一张空白"全国人大代表证"的背面。这张用了两种墨水的题字,如今珍藏在学校档案馆,成为激励延安中学师生的宝贵精神财富。

　　1998年8月,延安中学初高中分离办学,初中部更名为"上海市延安初级中学"。通过课程方案的实施,学校保持和发展了数学、民乐、女篮、田径等传统特色,还逐渐形成了物理、化学、信息科技等新的学科教育特色,体现了"高质量,创特色,争一流"的办学目标。进入新时代,延安初中秉持立德树人的教育根本任务,以"中国学生发展核心素养"等理论成果为借鉴,对"延安精神"进行了重新思考和阐释,形成了既与学校办学历史一脉相承又充分体现新时代人才培养特征和需求的理念,表征着新时代"延安人"的核心素养,也彰显着新时代学校的追求。

本书的作者许军同志在 2016 年接任校长后,提出"一条主线,四个板块"的工作管理思路。"一条主线"指以课程改革为中心,"四个板块"指文化建设、课程建设、队伍建设、过程管理。以"一条主线"贯穿"四个板块",体现了许军校长对学校发展的深入和全面思考。在课程管理、开发模式不断提升的基础上,学校课程领域不断拓展,学校课程内容日益丰富,学校课程实施也更加有序和有效。持续的探索和实践促进了学生核心素养的提升和教师综合能力的发展,提升了学校的办学品质。

这本《让学校成为涵养灵性的育人场——上海市延安初级中学学校治理的探索与思考》既是近年来延安初级中学教师集体智慧的结晶,当然也是许军校长在延安初中的"教育行思录"。在我看来,这本书还是体现了以下特点的:

一是体现文化立校。本书以"文化篇"作为首章,体现出作者对学校文化建设的思考。一所学校的文化不仅彰显了这所学校的品味,更铸就了这所学校的灵魂。经过时间的积淀,一些有着文化传承的学校往往会形成具有独特内涵的文化,这种文化会在潜移默化中影响一代又一代人,并由此赋予该文化群体最显著的特征。延安初级中学底蕴深厚的学校文化和办学历史奠定了学校良好的办学基础。在新时代,学校又面向未来进行整体布局。令我欣喜的是,作者将学校文化从物质、制度、行为和精神四个领域进行了解构,围绕这四个维度深挖学校历史底蕴,建构与新时代教育改革和学校发展相适应的文化精神,让学校特有的"延安精神"充分发挥"润物化人"的重要价值,走上了有特色的学校文化建设之路。

二是体现仁爱为怀。教育是一项关于爱的事业,爱是教育的底色和原动力。以爱为前提的教育,其价值在于让个体生命充满"灵性"。"灵性"一词具有丰富的内涵,也指精神、精气、灵魂等。面向未来的领军人才必定是复合型的高素质人才,他们身上也必定具有以下特征,那就是:能铸就崇高的信仰与"灵魂",能运用"灵活"的大脑与双手,能闪动"灵动"的智慧与才思,能涵养出"灵性"的气质与特质。作者提出,要让延安初中"自信,自强"的校训成为孩子内生的精神骨骼,首先需要营造一种以爱为原动力的教育生态——一座具备耐心、尊重、包容、期待、陶冶特征的,涵养人灵性的"育人场"。正如书中所言,人的千差万别,决定了教育的形态理当千姿百态。书中的文章及其体现的思想让人们感受到学校的实践是努力把"育人场"落地生根,成为现实。

三是突出课程主线。当前,我国基础教育课程改革正在以学生发展核心素养为主线着力建设和完善基础教育课程体系。多年来,延安初中以"让每一个学生的潜能得到充分发展"的办学思想为指针,以"数学特色,科技见长,人文相济,和谐发展"的课程特色为方向,积极推进基于核心素养的学校课程体系建构。学校课程是丰富学生成长经历、实现学校育人目标最主要的途径。课程开发和建设是一个不断发展和提升的过程。2019年,许军校长领衔的新一轮学校龙头课题暨上海市第三轮课程领导力项目"基于培育初中生关键能力与特质的G-CLUB课程统整与实践研究"已经启动,"育人素养模型"和"课程图谱"也已初步成型,希望他们能集聚团队智慧,持续推动国家课程校本化,将核心素养培育进一步落实到课程和教学中去。

就延安中学而言,这本书只反映了它在初高中分离后的初中部分,我十分希望看到一部反映其高中部的办学历史与传统,以及反映初高中分离后其改革发展状况的书。我期待着。

尹后庆

2021年12月

目录

文化篇

厚植"大爱大智"的文化土壤

"文化"是制约和决定学校发展的重要元素。有什么样的文化,就有什么样的课程,就有什么样的师生,就有什么样的学校。学校的文化底蕴越是深厚,学校的基础也就越深厚,学校发展的整体可塑性也就越强。

延安初级中学作为一所享誉沪上的公办初中,有着光荣的校名、红色的基因、光辉的历史。建校以来,"延安精神"薪火传承,弦歌不辍。新时代的延安学校文化在传承老"延安人"精神的基础上,更赋予了新的内涵。

文化,是一个国家、一个民族的灵魂。从我国经济社会发展的现实情况看,文化已经成为社会发展的关键词,"文化自信"已经成为更基础、更广泛、更深厚的自信,习近平总书记也多次在重要场合强调要坚持"以文化人"。学校文化是一种特殊的文化形式,是影响师生思想和行为的重要变量,不仅规定着学校组织内的言行和价值观,也直接影响着学校的整体风貌和育人质量。新时代的学校内涵发展同样需要文化的浸润和影响,文化始终是制约和决定学校发展的重要元素。从某种程度上说,有什么样的文化,就有什么样的课程,就有什么样的师生,就有什么样的学校;学校的文化底蕴越是深厚,学校的基础也就越深厚,学校发展的整体可塑性也就越强。

学校文化是一个有结构、过程及价值观和规范的氛围,它让师生走向成功的教学和学习之途,它渗透和体现在学校管理的方方面面,是一个蕴藏着一系列规范、价值观、信念、典礼仪式、符号和故事的复杂系统。综合现有的关于学校文化的相关研究可知,学校文化大致可以从物质、制度、行为和精神四个领域进行解构。延安初级中学也围绕这四个维度深挖学校历史底蕴,建构与新时代教育改革和学校发展相适应的文化体系,让学校特有的"延安精神"充分发挥"润物化人"的重要价值,走出了一条富有特色的学校文化建设之路。

一、精神文化:激发价值追求,构建共同愿景

学校的精神是学校独特而显著的内在特征,折射出学校的价值追求,突显出学校的文化底蕴,决定着学校的教育样态。从学校精神衍生形成的学校精神文化是学校文化体系的首要组成部分,不仅体现着学校整体发展的历史与文化积淀,也引导和塑造着师生的文化自觉,构成了推动学校整体变革发展的核心精神力量。

（一）透过历史的沿革回顾延安精神

图 1　延安初中校训"自信，自强"石碑

文化是人类在社会实践过程中所获得的能力和创造的成果。人是文化的核心，人的存在赋予了学校文化的独特价值和意义。延安初中的老师们常说"走进延安门，就是延安人"。走进延安初中的校园，就能看见这样一块石碑，上面写着校训"自信，自强"。从进入延安初中的那一刻起，"延安人"就是我们师生共同的身份，延安校园就是我们共同的家。

延安初级中学的前身是上海市重点中学——延安中学的初中部。延安中学创建于 1946 年 8 月，创办时期的校址位于现嘉定区真如镇蔡家宅，由真如镇当地知名人士投资创办，取名私立真如中学。上海解放后，人民政府接管学校，结合民主改革组织师生开展了一系列政治运动。同时，学校整体迁入现延安西路 601 号一座曾经的英国兵营内。在抗美援朝期间，学校先后有 101 名学生参军、参干，支援前线。学校师生多次提出希望将真如中学更名为延安中学，与革命圣地延安同名。上海市教育局于 1954 年 7 月正式同意"上海市真如中学"更名为"上海市延安中学"。

上海解放后，真如中学的第一任校长是王亚文。王亚文，湖南醴陵人，1910 年出生于务农世家，为家中次子。他 13 岁就参加了安源路矿工人大罢工，结识了刘少奇和李立三；15 岁就成为中共党员；16 岁考入黄埔军校第四期，与林彪是同宿舍的上下铺同学。当周恩来听到王亚文敢于冲锋陷阵、英勇杀敌，还由衷地赞誉他像"小钢炮"。之后他考入北京大学学习，并参加了"一二·九"学生运动。1947 年 3 月，在中国人民解放战争进入战略反攻阶段前夕，在董必武指示下,王亚文肩负特殊使命,化名张子舒潜入上海,开启了 26 个月的一生中最为波澜壮阔的地下工作生涯。王亚文与当时联络的上级张权一起,绘制了《长江沿岸江防图》,连同自己秘密获得的《国民党国防部全国军备部署图》,送至解放军前敌指挥部,对解放军胜利渡江、攻克上海和解放全中国起到至关重要的作用。1949 年 2 月,王亚文与周应聪成功策反国民党军舰"重庆号",舰长邓兆祥率舰起义;4 月 23 日又策反国民党海军第二舰队,司令林遵率三十几艘军舰成功起义,为组建新中国人民海军奠定重要基础。

在中华人民共和国成立之后,经历过九死一生的王亚文萌发了教书育人的想法。1949 年上海解放后,王亚文在市委统战部工作。在战争年代,目睹了孩子们流离失所,他一直有一个心愿,就是希望所有孩子都能有地方读书。经过组织上的安排,他成为上海市真如中学校长。在改革开放初期,王亚文校长著述颇丰并成为上海社科院经济所副所长,成为一名经济学家。

图 2　建校初期校舍图

最初,学校在延安西路的校舍条件十分艰苦,除了有一栋英国城堡式建筑外,其余都是铁皮房和木板房。师生们齐心协力,自己动手改造校园环境,将校园中间的臭水塘填土改建为操场,将铁皮房全部改建为教室,就在这样的艰苦环境中开展起教学工作。学校教育教学也逐步进行改革,各学科教研组组建,实行校长分工负责制,学校工作纳入正轨,走上了稳步发展的道路。

1960 年 2 月，学校被上海市教育局正式确定为市重点中学。

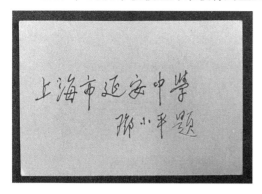

1979 年，上海市延安中学的领导拜访了著名的历史学家周谷城先生，委托他赴京参加全国人大会议时请邓小平同志为学校题名。周谷城先生欣然接受委托。当年 10 月，开会前夕，在人民大会堂北京厅，周谷城先生走到邓小平同志身边，请他为上海市延安中学题写校名。小平同志问："这是所什么

图 3 邓小平同志题写的校名

样的学校？"周谷城回答："这是上海一所重点中学，是一所努力以延安精神办学，教育质量蛮高的学校。"小平同志听到这里，当场就用蓝黑色墨水笔题写了"上海市延安中学 邓小平"几个字。正要写最后一个"题"字，小平同志的笔恰好没墨水了，他换了一支蓝色圆珠笔继续写完。事后发现，小平同志的题字是书写在一张空白"全国人大代表证"的背面。这张用了两种墨水的题字，如今珍藏在学校档案馆，成为激励延安初中师生的宝贵精神财富。

"老老实实办学，呕心沥血育人"，是"延安人"传承的办学传统。学校取得的办学成效凝聚着一代代"延安人"的心血，彰显了学校艰苦奋斗、勇争一流的文化传统，这是宝贵的精神财富，也是延续至今的学校精神命脉。

在办学过程中，学校凝练了校训，集体创作了校歌，并把这一理念蕴含的精神延伸到教师队伍建设和日常工作之中，逐渐形成了完善的学校精神文化体系。学校校训"自信，自强"，朴实无华却简短有力，高度凝练出"延安人"所具有的精神特质。延安学子自信果敢，勇于追求，敢于承担；自强不息，上下求索，永不懈怠。学校校歌《延安人之歌》，集体作词，侯小声谱曲。浦江畔，白玉兰，含苞欲放。延安初中的校园传递真理，孕育理想，激励着代代"延安人"扬帆远航。

（二）立足时代的发展重塑延安精神

文化是一种动态的生成过程，需要不断汲取时代发展的最新元素以扩充其内涵的价值。延安初中的学校文化由一代代师生参与建设、传承和发展，积淀而来，是全体师生共同遵循的价值取向、态度和行为准则。1998 年 8 月，学校

初、高中脱钩办学,初中部更名为"上海市延安初级中学"。学校在"高质量、创特色、争一流"的办学目标指引下,构建"轻负担,高效益,多类别,有层次,均衡化"的学校课程体系,保持和发展了数学、科技、民乐、女篮、田径等传统特色,还逐渐形成了物理、化学等新的学科教育特色。在此过程中,延安初中坚持"让每一个学生的潜能得到充分发展"的办学理念,在"会做人,会求知,会办事,会健身"的"四会"目标育人体系下,旨在造就"具有中华传统美德和现代文明的高素质的'延安人'"。

进入新时代,中国基础教育的改革发展面临着新的任务和要求,对于教育"为谁培养人""怎样培养人"以及"培养什么样的人"的时代之问,延安初中秉持立德树人的教育根本任务,借鉴教育部"中国学生发展核心素养"等理论成果,对"延安精神"进行了重新思考和阐释,形成了既与学校办学历史一脉相承又充分体现新时代人才培养特征和需求的"G-CLUB"理念,这一理念表征着新时代"延安人"的核心素养,也彰显着新时代学校的独特精神。

G:代表着一个核心培养指向下的"Growth"(成长),同时 G 也代表每一名"延安人"的一个必备品格:Grit(坚毅)。

CLUB:代表着 G 统领下的"延安人"需具备的两大关键能力与两项基本特质。两大关键能力指:C(Creativity,创造力)、L(Leadership,领导力)。两项基本特质指:U(Uniqueness,独特性)、B(Brightness,阳光自信)。

新时代"延安人"核心素养的基本内涵为:一个必备品格:Grit(坚毅);两大关键能力:Creativity(创造力)、Leadership(领导力);两项基本特质:Uniqueness(独特性)、Brightness(阳光自信)。

二、制度文化:突显三个导向,提升管理活力

英国社会人类学家马林诺夫斯基(Malinowski)指出,制度乃是文化分析的真正单元。不论是研究学校文化,还是建构学校文化,制度文化都是不可或缺的。在学校文化的建设过程中,制度文化有着独特而不可替代的重要作用,它既是学校精神文化的产物,也在一定程度上折射着学校物质文化的特征,学校制度文化中体现出来的组织结构、规章制度等,体现着学校管理自由与秩序的

统一。如何通过有效的学校制度文化建设,既保障学校的正常秩序,又能使得师生自由而全面的发展得以实现,这是当前学校制度文化建设过程中必须回答的重要实践性问题。延安初中在建构现代学校制度文化的过程中,注重人本导向、合作导向、发展导向的有机融合,弘扬了一种"自由"与"秩序"共融的价值导向,提升了学校管理活力,激发了师生的生命自觉。

(一) 人本导向

以人为本的制度文化建设体现人文精神,尊重个人人格和个体差异,促进人的完善,发挥个体的主观能动性,引导个体自我实现,明确高层次的人生追求。基于这种制度文化导向的学校管理实践突出民主互动,在充分信任、充分沟通的基础上实现决策民主化、科学化,营造平等对话、敢于建言献策的良好氛围。

1. 教师个人专业成长的激励制度

促进教师专业发展是实现学校办学目标和育人目标的重要方式,是学校办学质量的重要保障。我校在五年发展规划(2018—2023 年)中明确提出队伍建设目标是:坚持以"让每一个学生的潜能得到充分发展"的办学理念和实践方向作为学校师资队伍建设的指导原则,对接区"三好两优"系统工程,把培养一流的师资队伍作为重点工作,以项目制为抓手,通过研训一体化激发教师专业成长活力,建设示范辐射、引领发展的优势学科,形成人才聚集、成果显著的优秀团队,造就党和人民满意的高素质专业化创新型教师队伍。

为落实这一目标,学校主要采取了以下几条措施:第一,规划教师个人专业成长路径;第二,构建集团共享校本研修模式;第三,搭建集团骨干教师成长平台;第四,推进集团化办学综合改革实践项目。见习教师全部参与"青椒培训课程",引导见习教师明确 1 至 3 年、4 至 5 年、6 至 10 年的个人发展路径。结合学校集团化办学的总体发展部署,推进集团内校本研究分层共享,帮助发展期教师胜任教学,助力成熟期教师突破发展瓶颈,并依托信息技术尝试实现教师学习的自主性和开放性。

2. 师生参与学校治理的保障制度

人是制度制定的核心要素,学生、教师都是学校的主人,也理所当然地应该成为学校制度文化建设和学校内外部治理的主体之一。学校每年举办少代会、教代会，积极落实少代会、教代会提案制度，鼓励队员代表、教师代表为学校建设的方方面面建言献策。工会定期向教代会预报教代会的议案，鼓励教代会代表在全校范围内广泛征求意见和建议，保障教职工知情、参政、议政、监事。提案征集已成为学校征求教职工意见的长效机制。

少代会面向全校少先队员代表征集红领巾小提案，学生会从自身实际出发，对学校的各项事务提出问题和建议。学生乐于为创建民主、平等、和谐的校园出一份力，红领巾小提案充分体现了他们对于学校的热爱和归属感。

（二）合作导向

合作导向的学校制度文化建设倡导有效整合和利用校内外资源，建构多方主体共同参与的现代学校治理体系，形成协同发展、协同育人的整体效应。在这一制度文化的引领下，向外，学校须与社区、家长紧密沟通，多方协作，共同研讨学校教育教学的相关命题，进行重大举措的决策；向内，学校各部门与各部门之间，组室与组室之间，个人与个人之间，都应倡导合作、步调一致，共同为学校发展目标贡献力量。

1. 学校管理机构的科学设置

制度建设的首要价值在于保障组织的有序运行，而组织的有序运行则离不开科学的组织领导体系，因此，如何优化学校的组织结构，形成坚强有力的领导体系，这是学校制度文化建设不可或缺的重要内容。2019 年 10 月，我校成立了延安初中学校管理委员会，由我校行政领导、教师、家长、社区代表共同组成。学校管理委员会的宗旨是宣传和贯彻国家有关教育法律、法规和教育方针、政策，宣传和动员家长、社区积极支持学校推进素质教育，开展教育教学改革创新，促进学校全面发展。学校管理委员会主任由校长担任，副主任分别由一名学生家长代表和一名社区代表担任，每月召开例会，共同研讨学校教育、教学的相关命题，对涉及学生教育培养的重大举措作出决策。家长和社区代表具有对学校工作提出批评、质询，对其实施情况提出合理化建议的权利。

2. 学校创新团队的有效建设

制度的设计与实施需要相应的载体，学校项目化创新团队的建设就是合作导向的制度文化在实践中得以实施的重要平台。该项目以校内有引领示范作用的教师作为团队领衔人引领团队建设,对有十年左右教龄的成熟教师通过学校"创新团队"进行重点培养,激励中青年教师成为学科骨干,以项目制推进师资队伍建设,立足于教育教学实践,在课程构建和实施过程中培养、建设一支高起点、高素质,具有相应学习力和研究力的师资队伍,同时实现对于高端型骨干教师、发展型职初教师梯队的建设。创新团队建设是学校 2013—2018 五年规划中的重点发展项目,学校建立一套管理制度、考评制度和绩效制度,通过制度建设推进工作的顺利、有序、高效进行。首轮创新团队共立项九个团队,九大团队既有学科教学研究也有德育教育研讨,在推进课程构建与实施的过程中也促进了"项目制"教师学习共同体的成长。

(三) 发展导向

学校的制度文化建设蕴含着一个关于价值取向的问题,对于价值取向的理解是解释和解决学校制度文化建设实践的现实需要。学校是师生生命成长的重要场所,学校的制度同学校其他任何元素一样都必须蕴含教育价值。教育的核心使命在于促进生命成长,因此,制度文化建设的重要价值取向就在于促进发展,这种发展既包括师生的成长,也包括学校整体的进步。

学校通过制度性的设计引导教师将个人发展融入学校整体发展。以教师的工作突出业绩为导向,引导教师在学校办学目标的基础上形成个人目标,鼓励教师根据自己的时间、能力、特长完成工作任务、实现预期目标,承担起个人职责,激发更大的工作热情,获得自身成长和职业成就感。

学校将"项目制管理制度"作为学校 2018—2023 五年规划的重点发展项目,旨在进一步深化教育教学改革,充分调动广大教师参与教育教学研究的积极性和创造性,落实按劳分配、多劳多得、优绩优酬的绩效分配原则,进而全面提升学校教育教学实效。

以学术引领、项目推动的形式推进学校各项工作的开展,通过各种学术项目或工作项目,形成学校工作的多个中心,变单中心的行政业务管理为行政管理与项目管理并存的,多中心的新型现代学校管理模式。强化和突出学术引领、专业管理,将学校管理重心下移,把教育教学专业学术管理、具体事务管理权力下放,使项目团队拥有更多的专业发展自主权,充分激励和发挥教师的创造性和积极性。

三、物质文化：丰富文化标识，强化文化浸润

苏霍姆林斯基说过："教育的艺术在于使器物——物质和精神财富能起到教育的作用。"学校作为传播知识、培育人才的文化场所，打造富有特色且富有文化内涵及教育功能的物质文化环境尤为重要。物质文化是学校文化的物化形态，承载着学校的历史，体现着学校的审美，是传承学校精神、涵养师生品性的重要境域。在延安初中看来，学校的物质文化建设，包括校园人文景观、生活设施，也应当包含各类师生作品，这是学校文化的外显部分，也是学校教育教学工作的切实保障。

（一）校园人文景观：一草一木皆教育

校园中的一景一物都浸润着育人的细节，它们是学校文化扎根的土壤，它们不仅静立于校园，也能够渗透到师生的学习和生活之中，对其道德熏陶和价值观养成发挥重要影响。

走进延安初中的校园，镌刻着"走进延安门，就是延安人"的石碑位于校门的左侧，使每一位"延安人"警醒着责任感、注目着荣誉感，产生着归属感。"延安人"是师生共同的身份，"延安"是我们共同的家。校训石上书写着苍劲有力的"自信，自强"，激励着延安学子在校园中积极进取、奋发向上。

校园中最著名的景观莫过于一栋英式城堡式建筑——炮楼。该楼建造于1917年，呈欧洲文艺复兴风格，上海解放前曾经是英国兵营的办公室和住所。延安中学搬迁至延安路后，该建筑就被归于学校使用，2001年被上海市政府列为上海市优秀历史保护建筑。这栋老楼经历过战火的洗礼和岁月的磨砺，更见证了一代代"延安人"的奋斗与荣耀。2013年学校开展防震加固工程，原炮楼也迎来整修翻新，考虑到大家对炮楼的喜爱，将其功能转变为学生公用教室，包括团队办公室、书法教室、阅览室、戏剧教室、昆曲教室等，供学生学习传统文化，开展各类活动，充分领略这栋百年建筑的魅力。

科技楼是2013年学校实施防震加固工程时新建的一幢教学楼，设计完工

后被授予国家绿色建筑设计标识——公共建筑二星级奖。科技楼根据生态、绿化、经济、适用的绿色设计理念,在局部采用新风热回收、降低照明能耗、屋顶雨水收集回用、屋顶绿化、设备智能化、自然通风采光、智能遮阳、可再生能源利用等绿色技术进行了优化设计,大大降低了建筑全寿命周期中使用的能耗,在总体上显著地提升了校园的风貌和品质。

(二) 校园生活设施:一墙一角皆文化

延安西路校区地处市中心,学校面积不大,因此只能在有限的空间内进行充分利用。校园虽小,却精巧细致,于细节中体现育人的巧思。学校为鼓励学生更好地利用碎片时间,在每层教学楼以及楼梯转角处都设置了阅读和自习空间,鼓励学生把闲置的书籍带到学校,在阅读空间分享给更多的同伴。自习空间营造起浓厚的学习氛围,学生可以在午间或放学后选一个心仪的角落,或安静地自习,或小组讨论。

治校理念秉承着仁爱之心。为了"让学生在校园里可以不打伞",学校在教学楼、实验楼、科技楼之间建起了大气美观的连廊,并且都安装了顶棚,这不仅能够让学生在课间快速进入实验楼或科技楼的专用教室,更能在下雨天免除带伞、撑伞的不便。如今,连廊已成为学校景观的一部分,更是学生日常学习中不可或缺的"伙伴"。

随着对上海市教委关于中小学"三课两操两活动"教学安排的落实,保障学生每天至少一小时的运动时间,学校在原有操场和体育楼的基础上,进一步开发可供学生运动的场地和空间,确保下雨天,体育课能在室内进行。通过逐步开发和改造,在教学楼三楼一块平台区域安装了顶棚,设置了双杠,放置了运动垫,可容纳一个整班上体育课;在科技楼一楼,留出一片不受下雨影响的空旷区域,可容纳 2—3 个班级上体育课;在体育楼篮球馆增设了攀岩墙,将攀岩运动纳入拓展课;在实验楼四楼的平台区,设置了高尔夫球练习区;把四楼剧场的固定座椅改为活动座椅,以便将剧场空地作为击剑课、健美操课等体育类课程的活动场地。

在实验楼五楼设计了一个室内暖棚,供选修"趣味生物"拓展课的学生在此栽培植物,还设置有养殖小鱼和水生植物的鱼池,可供有爱好的其他同学观察、观赏。暖棚成为校园中的别致一景,学生在其中既能进行观察、实验,学习相关的生命科学知识,又能陶冶心情,放松身心。

(三)师生文创作品:延续美好的校园时光

学校师生所创造的各类文化作品,都是校园的物质文化成果。在学校举行的各类活动中,我们鼓励学生用各种文化形式来呈现学习和实践的成果。校园和教室中都设置有板报,各教室外走廊里设置磁铁板用来展示学生的各类小报、作文、摄影等作品。学校美术组结合每学期的课程,创意布置校园美术作品展览,也组织过学生个人美术作品展览。从2015学年发起至今,学校车库涂鸦活动已经为多届毕业生留下在延安初中的美好印记,有的作品蕴含着对母校的深厚之情,有的作品承载着对未来的希冀,展示了丰富多彩的校园文化。

学生在科学课、劳技课、美术课、拓展课上制作的各类手工作品,还会以"流动博物馆"展品的形式,得以保留和展出。如热热闹闹的科技节过后,学生用卷筒纸芯等各类环保废弃材料制作的笔筒,被摆放在会议室、教师办公室,成为学校"流动博物馆"的展品。

校园文创学生公司成立于2018年,命名为"时光续延"。时值延安初中独立办学20周年的契机,该公司设计了明信片、笔记本、徽章、书签等纪念文创作品。这些作品运用了学校视觉标识,包括校园景观、校标、校训等,并加以进一步开发、设计和优化,丰富了学校的视觉识别系统。

四、行为文化:坚守教育初心,推进教育变革

学校文化建设的一个重要任务就是用科学的教育价值观和先进的学校管理观来规范和引领教师行为,"价值取向"和"方法论"是学校文化建设无法割舍的核心元素,而学校的行为文化,特别是教师的行为文化,则是文化建设中这两个核心元素的最重要表征。教师用做什么、不做什么来表达自己的价值取向,用这样做或者那样做来表明自己的方法论,因此,归根到底,学校所有的文化都是由人的行为来建构的,也应该由人的行为来检验。从这个角度出发,学校的行为文化是学校文化建设的重要目标和内容,也是检验学校文化建设的重要指标和载体。延安初中充分认识到教师对于学校改革发展的核心推动价值,通过

积极向上的教师行为文化建设,规范教师行为,推动学校变革。

(一) 教学中的创新文化

教师的首要工作是教书育人,现代教育教学的复杂多变性要求教师不断创新教学理念和方法。我们在教师群体中倡导这种主动变革、主动创新的教学行为文化,目的就是让教师能够充分适应未来教育教学变革的实际需要。例如,2020 年初的一场疫情给正常的教育教学秩序带来了冲击,也在客观上催生了基于现代信息技术的教与学变革空间。顺应形势,主动作为,学校从认知的澄清、教学的转型、过程的监督和作业的变革等维度,增加线上教学的"情智"投入,真正做到有质量的"停课不停学"。

其一,急中生"智",各教研组通过研讨明确线上教学的基本方略,课前注重"导",课中"讲""练""议",课后针对"答"。其二,凝心集"智",通过评估保障线上教学的整体质量。其三,"慧"聚家校,通过共育拓展线上教学的育德价值,关注学生身心调节。其四,"慧"通学科,通过作业实现线上教学的学科融通,引入跨学科挑战性学习。在线教学实践的迅速转型适应,取得了一定成效和各界好评。通过线上教学重心的明确、教学基本方略的设计、教学领导组织的建构和各类线上教学质量评估策略的运用,从整体上保障了教学质量。同时,抓住疫情带来的教育变革契机,引导教师积极探索适应未来学校的信息化教学策略,积累了学校层面信息技术与课程教学深度融合的实践经验,也很好地体现了学校的教学创新文化。

(二) 教研中的求真文化

教研组的建设和教研活动的开展既是学科教学改进的有效方式,也是教师专业成长的重要载体。在教研活动中,我们倡导求真务实的文化,依托教研组教师的集体智慧实现教学改进和团队发展。以学校数学教研组为例,在这所以理科见长的初中公立学校里,数学教研组素来是校园里的"明星组室",以其优异的教学质量,持续推动数学学科的建设与发展,学科教学质量在区域乃至全市不断跃上新台阶,所培养的莘莘学子在中考以及各类学科竞赛中屡创佳绩。在教研活动中,数学教研组致力于在国家课程的基础上进行校本化改革,在课改实践中探索出了"精益化"分层教学和分层作业的设计模式,体现了人性化、个性化和发展化。在数学应用领域,教研组还开发了极具特色的"财经中的数学",该课程的设计理念是"数学为核,经济为壳",内容取材于与实际生活息息相关的基础财经知识,并与初中数学课程内容相辅相成,让学生能够在真实的生活情境中运用数学。教研组苦练教学"内功",提高专业素养,注重教育教学研究,获得了显著的成效。他们注重数学文化的培养,旨在通过多种形式促进学生对数学的认知。学校"数学周"特色探究活动已经成功举办了十届,赛事包括会徽设计、24 点运算、数独竞赛、魔方大赛及说题比赛等,旨在激发学生学习数学的热情,锻炼其逻辑思维,引领其体会数学的乐趣与美妙。

(三)工作中的担当文化

教师是教育事业的第一资源,是学校内涵发展的最终决定力量,我们号召广大教师不忘教育初心,牢记育人使命,在工作中主动作为,敢于担当。从目前的情况看,延安初级中学教师不但传承了老一辈"延安人"的延安精神,更养成了大爱、大志、大气、大能的新时代延安精神。心有大爱,为学生成长鞠躬尽瘁;胸有大志,为教育事业奋斗终生;为人大气,团队之间精诚合作;专业大能,教学科研独当一面。学校注重工作作风的改善和教师内在自觉的激发,让教师通过主动的担当和积极的奋斗实现自我成长与学校发展的内在统一;在引导每一位教职工明晰自己责任的基础上,进而明确学校的办学发展定位:在均衡背景下,办优质教育,以此显现一所有着优良办学传统的公办学校的品质,承担促进教育公平的社会责任,并以优质的教育水准,回应社会的高期待。

课程篇

设计"智慧灵动"的课程体系

《说文》云:"鸟在木上曰巢。"巢,孕育与呵护生命之所。如果说校园是一棵参天大树,莘莘学子是一粒粒待孵的卵,那课程便是巢。从某种意义上说,课程即是延安初中师生"安身立命"之所。

为了践行"让每一个学生的潜能得到充分发展"的办学理念,多年来,延安初中深耕课程建设,构建起多维度、综合化的学校课程体系,激发学校教师开发、实施课程的综合能力,使得学校课程改革进入了一个高质量的持续发展阶段。

智慧与灵动是延安初中课堂文化建设的途径与方向,有文化品格的课堂,一定是充满智慧和灵性的。启迪心智、充满活力,是任何课堂都需要把握的基本方向。未来,智慧灵动的"课程之巢"会一个接着一个结下去,会结得更牢,结得更好!

一、"延安精神"薪火传承

课程,是办学理念的具化,是学校文化的反映,是学校特色的载体,是教书育人的利器。课程承载着"延安人"的愿景与梦想,在新时代的教育大格局中,"延安人"精心绘制了一张延安初中专属的课程地图。

在推进课程改革的进程中,延安初级中学以"让每一个学生的潜能得到充分发展"为办学理念,秉承"老老实实办学,呕心沥血育人"的办学传统,坚持"数学特色,科技见长,人文相济,和谐发展"的办学特色,以"自信,自强"为校训,实施"学会做人,学会求知,学会办事,学会健身"的"四会"育人举措,锻造"师德高尚、业务精湛、结构合理、充满活力、开拓创新,具有国际教育视野的高素质专业化"的教师队伍,致力于造就具有中华传统美德和现代文明的高素质的"延安人",打造"面向世界,管理科学,师资雄厚,特色显著"的现代一流初中名校。

二、用"工匠精神"打磨基础型课程

我校在课程教学的实施过程中,注重从课程计划的编制、教材的校本化处理、作业开放性的实施和学生评价的多元化这四个方面,相应地运用四项策略,校本化实施国家课程,精心打磨各个教学环节,以期达到因地制宜、因人制宜、因材施教的教育成效。

(一) 策略一:聚焦核心素养,规范课程设置

为发展办学特色,延安初中各学科致力于国家课程的校本化实施,将核心素养培育贯穿在基础型课程、拓展型课程和探究型课程中,构建多维度、综合化的学校课程体系。学校依据上海市课程计划,在开齐开足国家课程课时的基础上,融入"让每一个学生的潜能得到充分发展"的理念,调整和优化了课程结构和设置,深化和拓展了"轻负担、高效益、多类别、有层次、综合化"的课程特色。

延安初中 2019 学年度课程计划

		六年级	七年级	八年级	九年级
基础型课程		1. 六年级劳技和美术 2 节连堂。六、七年级 4 个班尝试科学外教； 2. 八年级劳技集中上课，用期末考试后的时间进行。			1. 数学两班三教师分层教学； 2. 生命科学集中授课。
拓展型课程	学科类活动类（含体育活动） 专题教育或班团队活动	1. 写字； 2. 拓展（数学）； 3. 外教口语； 4. 体锻 2 节：1 节体锻课排在周一～周四的某天下午第 3 节课。另一节体锻课排在周五下午第 1 节。体育组统筹安排体锻内容。第一周的体锻课统一广播要求、安排，第二周室外活动开始； 5. 校/班会 1 节。	1. 写字； 2. 拓展（数学）； 3. 外教口语； 4. 体锻 2 节：1 节体锻课排在周一～周四的某天下午第 3 节课。另一节体锻课排在周五下午第 2 节。体育组统筹安排体锻内容。第一周的体锻课统一广播要求、安排，第二周室外活动开始； 5. 校/班会 1 节。	1. 写字； 2. 拓展（数学）； 3. 外教口语； 4. 体锻 2 节：1 节体锻课排在周一～周四的某天下午第 3 节课。另一节排在课后，供学生选择不同的体育项目。体育组统筹安排体锻内容。第一周的体锻课统一广播要求、安排，第二周室外活动开始； 5. 校/班会 1 节。	1. 拓展（语文）； 2. 拓展（数学）； 3. 拓展（英语）； 4. 拓展（物理）； 5. 拓展（化学） 说明：①因学校安化校区场地只能满足体育课排课需要，初三两节体育活动课只能排在周五下午（总校课内只能满足6—8 年级的体育课和体育活动课排课需求。）②初三年级每周安排一节自修课来弥补体育活动课占用了学生一节课外的时间。 6. 校/班会 1 节。
	社区服务社会实践	由各年级组安排，专时专用。除春游、秋游社会实践之外，六、七、八年级每学期期中、期末考试后共有一周进行相关的活动，九年级基本安排在假期进行相关的活动。			
探究型课程		1. 探究（科学）； 2. 探究（英语）。	1. 探究（数学）； 2. 探究（英语）。	1. 探究（数学）； 2. 探究（英语）。	1. 探究（物理）； 2. 探究（化学）。

（二）策略二：调整教学内容，优化教材处理

语文学科：做好小初衔接，诗歌读写教学

在基础型课程的校本实施过程中，语文教研组着力于"分年级分层次"分级目标的制定。以课程标准为本，针对不同年级、不同的文体设置了由浅入深的阅读提纲，以适合不同层次的学生需求。

面对起始水平参差不一的新生，语文组规定，新生进校第一个月，先不授课文，代之以讲解绝大多数取自于小学教材的近四十首古诗，略作拓展。教学目标设定为：理解词句，了解诗意，想象画面和品味意境。教学内容则包括课内鉴赏、课外背诵，课后改写等。一个月后，要求学生以主题阅读的方式，从"四季诗歌""传统节日""山水诗""乡愁""边塞诗""哲理诗"等各类诗歌中自选角度，写成读书报告。第一个月习得的古诗将在今后两三年的学习中以"滚雪球"的方式不断温习，到八年级时，学生的古诗背诵量将超过120首。

为了使"读"和"写"能相互结合，语文组教师还设计了"诗歌写画"作业，要求学生把学过的诗歌改写成白话散文等，并遴选优秀作品入《小荷》校刊。该项作业不仅锻炼了学生的写作能力，更对学生阅读素养和写作素养的提升都大有裨益。

数学学科：培养数感、提升思维

延安初中数学组的老师选择适合发展学生数感的教学内容，通过教学活动设计和教学策略运用，关注学生对数及运算的理解和思考过程，关注学生解决问题的策略及方法的多样性，关注现实问题与数量关系之间的联系，让学生在对数的充分感知、感应和感受中培养起数感和问题解决的能力。

首先是结合现实生活情境以发展学生数感。例如，在"有理数大小比较"教学中，就利用学生熟悉的温度及温度计这些生活体验，引出数学中的数轴，再水到渠成地归纳出有理数的大小比较的方法。再如，定期让学生收集整理生活中的数据就是促进学生理解数与运算的一个很好途径，可以请学生关注和调查各种品牌各种排量汽车的油耗、售价；汽车在各种路况下的平均车速；超市某类产品的售价；超市各种让利手段；等等。教师还结合作业的开放性研究，让学生分析家庭生活单据上的数据关系并进行小报制作。六年级寒假作业便是让每位

学生收集家庭的水费、电费、煤气费、电信费四类账单,先用六年级学习的数学知识分析每类账单中各一份账单,明确一份账单中各数据间的关系;再将家庭半年中用于水、电、煤、电信四方面的生活开支分别绘制成扇形图和条形图;最后综合运用学过的知识,请学生们自定主题,制作一份小报。

培养学生的数学思维。延安初中不仅关注对学生数学思维的培养,也关注对教师数学思维的培养。

延安的数学教师们一致认为:"要使学生跳出题海,老师就要跳进题海。"秉持着这样的专业理念,数学教研组的主要任务之一是训练教师的数学思维,为此组织数学教师进行校本研修。研修主题包括"高观点下的数学教学",研究一题多解、一题多变和多解归一等。选取有思维难度的题目提前一个月发给教师,之后再进行交流。解题、研讨的过程不仅提高了教师的专业素养,也训练了教师的数学思维。教师的数学思维有了提升之后,才能挑选出既有典型性又能够锻炼学生数学思维的题目,从而促进学生的数学思维的发展。

随着年龄的增长,初中生的抽象思维逐渐占据主导地位,这更加有利于学生数学思维的培养。"在我们的基本知识学习阶段,数学思维的培养主要是通过理解并掌握数学课程的内容,不断地对具体的数学问题进行推论与判断,从而逐渐获得对数学知识本质和规律的认识能力。"传统的数学教学,关注数学技能的熟练掌握,而数学思维的发展,则体现了学习者对于学科逻辑的深入探究。

延安初中数学教师开发出一整套开放性的作业,不再拘泥于课本上的习题,而是由教师统一备课并进行筛选之后,挑选出既具有典型性又能够培养学生数学思维的题目。在分层作业的设计过程中,教师对具体任务进行精挑细选,学生一般在30分钟内就可以完成每天的作业。轻负担、高效益的背后,凝聚了数学组全体教师艰苦卓绝的努力。每一份作业的背后,往往需要老师们根据学生数学思维的发展要求,对选择的题目进行大量的推敲和检验。

科学、物理、化学、生物学科:注重实验,提高学生动手实践能力

学校理科教师所认同的理念是杜威的"从做中学",认为"知"和"行"是紧密相连的,没有行就没有知,知从行来。只有从"做"得来的知识,才是"真知识"。而且初中科学、物理、化学、生命科学等是以实验为基础的自然学科,因此特别注重实验教学。实验教学不仅是学生获取理论知识的手段,还是激发学生探索

兴趣,培养观察能力、操作技能,启迪创新意识,提高创新能力,培养实事求是的科学态度,提高科学素养的重要途径。

初中生具有形象思维能力较强、抽象思维能力较弱、注意力集中时间短、喜欢动手实验等特点。心理学研究表明,在学习过程中,学生在趣味性、参与意识、探究欲等方面有较强烈的需求,实验教学更易贴近初中生的认知规律,满足他们的需求。学校科学老师通过改进教材实验、增加校本实验,共设计了368个实验活动。

延安初中科学课程实验汇总表

	改进教材实验	增加校本实验	保留教材实验	实验总计
科学:六年级	10	12	98	120
科学:七年级	50	13	185	248

生命科学备课组则设计、改进了37个学生实验与实践活动,其中增加了16个校本实验,改进了教材21个实验中的13个,保留了8个,包括心肺复苏,伤口包扎,解剖桃花,果实种子的观察,校园认植物,观察和解剖鲫鱼、蝈蝈、牛蛙,学做馒头等实验。结合实验进行生命科学课程教学,不仅提升了学生的学习兴趣,更培养了学生的观察能力和科学思维能力。

化学组不但完成每一个教材要求的实验,而且为了进一步激发学生学习化学的兴趣,新增了65个实验,改进了18个实验。在校本化的化学课程实验目录中,演示实验共计100个,学生实验9课时。具体见下表:

延安化学课程实验汇总表

类别	数量	说明
现有演示实验	100个	
现有学生实验	9课时	
其中新增实验	65个	增加趣味性,激发学生学习化学的兴趣
其中改进实验	18个	1. 因安全问题,改看视频。 2. 因需用生活日用品,故布置为家庭作业。

物理教研组则从趣味性、可操作性、课堂效率等方面对物理课堂实验教学

进行改革,创新设计导入实验,优化演示实验,新增学生实验,并不断将现代技术融入物理实验教学中,利用计算机技术、多媒体技术、传感技术等现代信息技术在物理实验中进行图形、影像、声音、数据等的处理和测量,完成一些常规仪器难以完成的任务。

延安初中优化创新物理实验表格

		教材上原有数		新增实验	优化和创新后总数
		保留实验数	改进实验数		
演示实验		73	17	45	135
学生实验	探究	3	3	6	12
	验证	/	2	/	2
	测量	3	4	/	7
合计		79	26	51	156
实验总数		105			

在延安初中的物理课堂,知识点的引入和学习总与实验联系在一起,老师们还巧妙地设计出神奇的酒壶、奇特的容器、会爬绳的猴子等充满趣味的实验器具。许多实验打破了学生原有的认知结构,让学生"简直不敢相信自己的眼睛",达到"一石激起千层浪"的效果。

案例:创新物理实验

实验是学习的物理一种必不可少的方式。对于中学物理来说更是如此。中学物理的知识点难度不深,物理实验着重于激发学生的兴趣、启迪学生的思维。以各种各样的实验为途径,学生可以经历相关物理知识的生成过程,更为深入、透彻地理解相关物理知识。

中学物理的实验内容设计安排紧扣课标要求,遵循学生身心发展及认知规律。对于一成不变的世间万物,即便是再美,人们看久了也会产生审美疲劳。同样,对于一成不变的物理实验,即便是再好,学生做久了也会失去兴趣。歌德说过:"哪里没有兴趣,哪里就没有记忆。"当学生对于物理实验失去兴趣的时候,物理实验在提升学生学习效益方面的作用也就日见衰微。

延安初级中学物理组的老师们多年来一直关注初中物理学习的情感因素——兴趣。坚持物理实验的创新,让学生积极主动地参与到有趣的物理实验中,从而理解抽象的物理概念,培养实验能力与动手能力,更重要的是激发起对物理学习的浓厚兴趣。

1. 器材创新

物理组老师首先在实验器材上进行了创新,将实验现象惊险化、实验形式游戏化、实验过程模式化。相较于厂家生产的传统实验教具,使用生活物品、废旧材料、毛边材料、儿童玩具等所做的物理实验教具,更能激发学生的兴趣,调动学生参与学习的主动性和积极性,更有利于促进学生观察能力和思维能力的形成。如"波传播的是什么"一课中,物理组老师用空净水桶来演示发声体在振动,即把大净水桶桶口对准蜡烛的烛焰,距离在 30 厘米左右,用力敲击桶底,桶底振动发声,带动桶内空气振动将对准的烛焰熄灭。同学们对大水桶非常熟悉,敲击水桶也很生活化,对其产生能吹灭烛焰的功效感到新奇,因而兴趣浓厚,这个实验甚至可以由学生操作。这样的实验器材来源生活,实验现象直观、新奇,利于观察,使学生感受到物理和生活是密不可分的,更加提高了学生学习物理的兴趣,同时也有发明创造的过程和体验,加深了学生对知识点的认识。

2. 实验创新

老师们还精心改进了各个实验的实验过程,提高了实验的直观性,增加了趣味性。如在电阻的 U-I 特性实验中,老师按正确的连接方法连接好电路,用电压传感器和电流传感器分别代替电压表和电流表接入电路,并接入数据采集器。传统实验中,由于电压表和电流表需要较大读数,而通过电阻中的电流和电阻两端的电压较大时,电阻的温度较高,影响电阻值的大小,利用传感器可以使通过电阻的电流小一些,避免温度对电阻的影响。用电压传感器和电流传感器接在电路中,可随时测量变化电阻的阻值(如小灯泡的阻值),还可以与温度传感器并用,描绘出灯泡的 U-I 特性曲线以及 R-T 曲线(电阻随温度的变化情况),填补了传统实验的空白,提高了课堂效率。

物理组还将多种信息技术用在物理实验教学过程中,不仅能够提升物理实验教学的效果,还能够创新物理实验的途径。借助于信息技术这条新途径,学生就可以更为便捷地操作各种物理实验,以此挖掘自身潜能。

得益于延安初中物理组教师在实验方面的不断创新实践,实验教学效果得到了显著提升,学生学习物理的潜能也得到了不断挖掘、发展。

案例：校园里的"科创孵化场"

我校鲜明地提出了"让每一个学生的潜能得到充分发展"的办学理念和实践方向。作为科技教育工作者，需要思考的是如何提升每一位学生的科学素养，体现我校科技见长的办学特色。

为了实现以上目标，教研组的老师们以课题为抓手，将国家课程校本化，为学生提供更优质、有效的教育。同时，通过各种研讨、培训活动加强教研组建设，促进每一位教师的发展。

一、以课题为抓手，完善校本课程，提供优质教育

（一）基础型课程的建设

1. 通过科研引领，完善课程开发

我校前后经过"开发'科学'学校课程，提高初中学生科学素养的实践与研究"以及"教育均衡视野下初中生理科综合能力培养的实践研究"两项课题研究，以及通过对英国牛津出版社的原版科学教材 Mastering Science 的开发，形成校本化的科学课程。

"开发'科学'学校课程，提高初中学生科学素养的实践与研究"课题开展时，是科学课程开始实施之初。组内教师通过研读课标及上教版、牛津版科学教材，寻找差异，整合相关信息，构建校本科学课程。依据立足学生的生活实践、遵循学生认知发展规律、促进学科间的衔接与整合、激发学生的学习兴趣、培养学生的探究能力等原则，从整体设计构建科学课程的框架。同时建立了包括教学设计包、教学课件包、参考资料包、专题评价包、优秀课例包和试卷等在内的一整套科学校本教学资源库。

随后开展的"教育均衡视野下初中生理科综合能力培养的实践研究"课题研究尝试在科学、劳技、数学、信息、地理基础类课程的教学中，将原本互相割裂、互不沟通的理科教学内容，在"不增加难度、不增加强度与不增加课业负担"的"三不"前提下，就一些共通的知识点进行重新梳理、重新编排与有机整合。比如说：做比对，找出重复的地方，拓展知识深度以及发现知识缺失的时候，教师及时补充知识点，并据此设计、制定六、七年级所有理科课程的知识点融合汇总表；研究跨学科集体备课制度，包括集体备课的环节和形式等，完成科学课程的二次开发。

2014 年，教研组教师又引入英国牛津出版社的原版科学教材 *Mastering*

Science，以了解原版科学教材的框架体系及活动设计，促进我校科学实验与活动的改进。

2. 注重实验、实践，突显课程特色

通过两轮课题研究及研读原版牛津科学教材后，逐步形成了关注实验与实践活动的校本科学课程。

（1）科学小实验

我组教师所认同的是杜威的"从做中学"，认为"知"和"行"是紧密相连的，没有行就没有知，知从行来。只有从"做"得来的知识，才是"真知识"。而且初中科学是以实验为基础的自然学科，因此我校科学课程特别注重实验教学，认为实验教学能够提升学生的探究能力、动手能力，加深对知识的理解和记忆。实验教学不仅是学生获取理论知识的手段，还是激发探索兴趣，培养观察能力、操作技能，启迪创新意识，提高创新能力，培养实事求是的科学态度，提高科学素养的重要途径。

初中生具有形象思维能力较强、抽象思维能力较弱、注意力集中时间短、喜欢动手实验等特点。心理学研究表明，在学习过程中，学生在趣味性、参与意识、探究欲等方面有较强烈的需求，实验教学更易贴近初中生的认知规律，满足他们的需求。所以组内老师通过改进教材实验、增加校本实验，共设计了368个实验活动。

延安初中科学课程实验汇总表

	改进教材实验	增加校本实验	保留教材实验	实验总计
科学：六年级	10	12	98	120
科学：七年级	50	13	185	248

如在六年级"嗅觉与味觉"的教学中，讲述嗅觉与味觉关系密切这一知识点时，增加了学生捏住鼻子品尝薯片的实验；在讲述水是热的不良导体时，增加了"水煮鱼"的实验。当学生看到用酒精灯在试管口加热，试管底的小金鱼还在游动时，就理解了水是一种热的不良导体。这样的教学活动不仅可以激发学生学习的兴趣、拉近科学与生活的距离，更可以使学生轻松掌握许多科学知识和方法。

（2）科学小演讲

为了培养学生的表达能力、信息的收集和整合能力，激励学生学习课外科学知识，养成阅读的习惯，六、七年级的学生在学习科学时，需要在每个学期至少完成一次课外科学书籍阅读或网络信息查询，并利用课前3—5分钟在班级进行交流演讲。主题可以是教师提供的与课内相关的内容，可以是感兴趣的科学书籍的读后感或热点的科学事件等。比如，最近媒体经常报道5G，有同学就关注到了这一现象，利用演讲时间给我们作了一次小科普讲座：4G和5G的区别是什么。演讲分数将记入学期总评，占成绩的10%。经过两年的学习，学生不仅能养成关注科学热点的好习惯，信息收集整理能力、语言表达能力也都有所提升。演讲的形式也有所创新，从单一的口头表述扩展到拍摄视频，有的学生甚至直接把实验搬到了现场。

（3）科学小制作

鼓励学生将所学科学知识运用于实践，利用所学的知识进行科学小制作，以提高动手能力及创造能力。每个学期安排一次相关活动，包括沙漏的制作、保温杯的制作、环保笔筒制作和小报（成长小报，记录人生当中的关键节点）编制等。例如学生在学习了材料这一章节后，收集生活中各类废弃材料，设计、制作环保笔筒并在学校科技节上进行展示与评比，展示了无限创意。

（4）科学小调查

除了书本知识外，教研组教师也充分利用各类生活场所和科普场馆，让学生走进去开阔眼界。比如在学习有关海洋生物内容时，教师指导学生前往菜场、超市、海鲜酒楼、水族馆调查并了解常见海洋生物，制作小报进行交流；利用学校的春秋游实践活动指导学生参观上海科技馆、辰山植物园和孙桥农业示范区。在学生参观前，教师都会提前去相关场地仔细备课，根据场馆资源整理出问题，让学生带着问题进行参观，以提高学习效率，提高学生的社会调查能力。

（5）运用信息化技术

平板电脑、电子白板越来越多地走进生活，也走进了我们的课堂。如何利用好这些现代化的信息技术，使之服务于教学，提升课堂的教学效率，激发学生的创思与灵感，也是教研组教师思考的一个方面。

在七年级科学的教学中，教师尝试在"探究运动对呼吸频率及心率的影响"一课中，让学生利用平板电脑输入安静时及运动后的呼吸频率、心率实验数据后对数据进行分析,更便于师生进行实验数据的统计。

在进行一些比较复杂的实验的学习时,我们通过拍微课帮助学生学习实验操作,也会同屏传递学生的作品。对于一些涉及数据较多的探究实验,我们就在实验报告上印一个二维码,学生扫描之后就可以进行数据统计。

如在"观察和解剖鲫鱼"一课中,教师课前拍摄解剖鲫鱼的过程,制作成微课上传至云盘。在教学中通过简单的引入后,指导学生自行阅读实验报告、浏览微课视频,对鲫鱼进行观察和解剖,将器官标签粘贴到相应部位,将拍摄的实验结果上传至云盘。教师最后引导学生对同学的实验结果进行互评,并归纳鲫鱼适应水生生活的形态特点。

无线投影技术的运用也给教学带来了极大的便利。我校引进了 20 台无线投影显微镜,该显微镜可以清晰地将观察结果投影至屏幕,便于师生共同点评实验结果,大大提高了显微类实验的成功率。例如在教学"苔藓植物"一课中,学生制作葫芦藓叶片临时装片,置于显微镜下观察。教师利用无线投影显微技术直接将学生的实验结果展示在屏幕上,师生即可对实验结果进行点评,包括点评临时装片制作是否存在问题,实验结果是否准确,是否观察到叶片中的叶绿体等。这一方法也可以推广至"制作并观察叶片的装片""观察青霉菌和酵母菌"等初中生命科学显微类实验课。

在平时的教学中,教研组教师也尝试使用电子白板进行教学以及在复习课中尝试使用思维导图进行教学。这些现代化的信息技术手段不仅提高了课堂教学效率,也转变着课堂教学形态。

(二) 开展丰富多样的科技活动

除了基础型课程、拓展型课程外,学校还安排了丰富多彩的科技活动,为学生提升科学素养搭建更广阔的平台。如在每年 5 月举行的科技周活动,既安排全体同学都能参加的较为简单的科技活动,比如笔筒制作、自然笔记等与相关的科技课程相对接的开放性作业,也安排了按年级分类的各种竞赛,比如动画大赛、摄影大赛、火箭模型滞空赛等。此外,学校还聘请校外专家来校开展科普讲座或邀请已经毕业的爱好科技的学生回校交流经验,同时积极组织学生参加校外各类科普竞赛活动,如明日科技之星的评选、创新大赛等。经过平时各类课程、各类活动的培养,我校学生在这些活动中屡获佳绩。

我校在第 30 届上海市青少年科技创新大赛中获得创新成果一等奖 8 项,

其中 1 项报送全国;二等奖 21 项;三等奖 24 项;科学创意一等奖 2 项,其中 1 项报送全国;活动总获奖数量再创新高,并继续蝉联全市初中学段获奖总数的第一名。

道德与法治、历史、地理学科:聚焦人文素养,走近社会生活

延安初中政史地组的老师们在"求真""求通""立德"三个层面培育学生的国家意识、文化认同、合作精神、环境保护意识等基础人文素养。

学校的道德与法治课程教学依据年级设定主题,先由学校生活起步,进而从家庭生活延伸到社会公共生活,最后完成爱国主义教育的逐步递进。

延安初中道德与法治课程教学主题及活动要点

年级	主题	要点
六年级	学校生活	结合学校教育活动特别是社会实践阅读领航,培养学生生活能力,了解学校文化。
七年级	家庭生活	了解邻里相处之道,关注小区环境问题,新增家庭理财知识以适应时代进步。
八年级	社会公共生活	运用社会热点案例教会学生自我保护,增强学生的法制意识,培养守法、护法的自觉性。
九年级	爱国主义教育	结合上海市和长宁区的数据、案例进行,增强教育的生动性和实效性。

历史学科组不仅分年级对课程内容做出校本化调整,对课程目标做出详细设置,还对课程内容中所蕴含的人文素养进行挖掘、分类、细化。具体见下表:

延安初中历史学科学习主题及活动要点

年级	主题	要点
七年级	系统学习中国历史	第一学期:中国古代史,着重于文化认同、公民人格方面的人文素养教育;第二学期:爱国主义教育、革命传统教育和政治思想教育方面的人文素养教育。
八年级	世界历史	第一学期:进行多元文明、民族自信、民主自由的教育,认识古代世界灿烂多元的文明,近代自由、平等、民主的思想;第二学期:进行反侵略、和平发展、人类多元文明的意识教育,进行合作竞争、开放交流、和睦相处等方面的人文素养教育。

（三）策略三：设计开放作业，丰富学习体验

1. 着力于作业设计多类别，丰富学生的学习经历

我校各学科积极做好分层作业的校本化处理，不断提升校本作业质量。同时，基于学科教学，开发设计激发学生学习兴趣的作业。如，数学学科通过阅读作业、制作数学小报，让孩子们了解中外数学史，增进对数学文化的理解；开发游戏类作业，鼓励学生与家长一起玩 24 点、数独、魔方、孔明锁等数学游戏，动手动脑，培养其数感，发展其运算能力；举办数学周活动，让学生制作会徽、参加各种比赛，从而对数学和数学知识有了更多的理解。

我校一个热爱数学的学生与家长共同建立了"无忧公主的数学时间"微信公众号，发布每日一题、一分钟数学世界、提问大招募、畅谈对数学的认识等内容。这个公众号吸引了越来越多同学、老师一起来学习数学、研究数学。

在完成科学课计时器制作这一作业过程中，教师组织学生一起参与作业设计，由学生细化作业中计时器的类型，完善整个作业的设计。

教师借助信息技术，开发了"郭老师写字的地方""延安初中物理客栈"等微信公众号，拓展学科教学平台。

2. 着力于作业完成多方式，提升学生学习品质

结合学科教学内容，教师组织学生以小组合作的形式完成探索性和实践性小课题研究，加深对所学知识的理解，丰富学习经历。如物理学科在声主题单元设计了"学校噪声防治的调查""民族乐器的简单声学原理研究""探究水瓶琴发声原理"等开放性作业。

七年级"穿越时空的寻宝探源"历史作业，让全年级同学走进博物馆，了解人类丰富的物质文化成就，加深对中国传统文化的认识与理解，并自选一件文物，制作文物卡片，内容为：参观时间及场馆名称，文物的图片、名称、编号及时代。而后通过"如果你生活在文物产生的年代，并拥有该文物，你会怎么利用它"等作业设计，培养学生的发散性思维与创新意识。

美术老师组织八年级学生以班级为单位，在十四岁生日前，为自己和老师手绘创意 T 恤衫；在学校地下车库的墙面上进行创意绘画。学生们兴致高涨，从初稿的筛选到盛夏时节的地库绘画，克服困难，用作品美化校园，感受艺术创

作的收获。

3. 着力于作业内容的校本化，实现减负增效

为了减轻学生的课业负担，我校各学科均对教材配套的作业进行了校本化处理，编制校本作业。以化学学科为例，从 2009 学年暑假开始不订购课外教辅材料，自编与新课教学匹配的形成性习题共 59 份，并修订与教学目标匹配的反馈性习题 34 份，完成与中考复习相匹配的检测性习题 15 份，以及形成与专题复习匹配的提高性习题 5 份。而且每年对作业进行不间断的修订。每学期对九年级学生各科作业负担的调查问卷显示，学生完成化学作业所需时间最少，平均为 15—30 分钟，切实实现了减负增效。

延安初中化学学科校本习题类型及数量

化学校本习题类型	数量
与新课教学匹配的形成性习题	59
与教学目标匹配的反馈性习题	34
与评价要求匹配的检测性习题	15
与专题复习匹配的提高性习题	5

案例：小作业，大学问

在新课程改革的过程中，转变学生学习方式，提升学生学习的参与度、有效度这是一个重要的命题。谈到学习方式转变，人们往往想到课堂教学，想到师生身份、角色的重塑。其实，除了课堂教学外，作业也是体现学习方式的重要环节。作业，是教师检验教学效果、学生掌握和巩固学习知识的常规手段。但是，不同作业的布置、作业内容与方式的不同呈现，其效果却大相径庭。小小作业，上牵学校办学思想、教育理念，下承教师专业态度、敬业精神，是教学活动过程的重要环节。作业虽小，容量却大。

作业的历史由来已久。传统的作业观本质上是一种控制性的作业观，对传统作业论述的代表人物是赫尔巴特。他认为：学校教学首要的是管理，教师必须温和而坚强地握住管理这根缰绳。因为学生天生就有不驯的烈性，只有严厉的管理才能培养他们驯服、守秩序的精神。教师可利用的有效方式有惩罚的威胁、监督、命令和禁止、惩罚、权威与爱等。其中，最有效、最直接、最常用也最管

用的方式就是给学生布置各种各样的作业。他认为,学生必须要有事做,因为一旦空闲下来,他们就会胡作非为,干出他们所爱干的任何事来。很明显,这种作业观是基于管理和控制学提出的。

半个世纪之后,他的观点遭到了杜威毁灭性的批判。杜威的作业观与之完全相反,他提出了著名的活动作业观,即要求学生"从做中学"。他认为,活动是儿童的天性,是儿童的兴趣所在、快乐所在和幸福所在。更重要的是,儿童活动所获得的个性化经验是儿童反思与转化、生成的基点,也是儿童生产新知识、创造新知识的源泉。杜威活动作业论的基本出发点是把儿童自我的个体经验看作创造的根本源泉,这已成为当今创造性作业、探究性作业、行动作业和开放性作业的源头,也预示了真正意义上的"作业的变革"的开端。

曾经有两份作业在网络走红:其中一份作业是一名大学任课老师要求学生加微信好友1001人,算作平时成绩;另一份作业是西安一中学语文教师布置学生绘制唐诗地图,"画一张杜甫的人生地图,记录他一生去了哪些地方,在哪些地方都留下了怎样的诗作"。这两份作业在网络上一经报道,立刻引来网民们的热议。

我突然想到,十多年前,自己也曾在报上读到过一篇堪称"网红"级别的报道。这篇报道介绍了日本历史教师给学生布置的一份作业:"日本跟中国100年打一次仗……如果21世纪两国交战,你认为大概是什么时候?为何而战?如果日本赢了,是赢在什么地方?输了是输在什么条件上?"

长久以来,我始终在思考:到底怎样的作业才能帮助学生习得知识、提升学生的思维品质?我想,这应该也是每一个教育工作者必须不断"如切如磋""如琢如磨"的话题。

作业,看似是每个学生每天都会面对的再平常不过的学习任务。但是,内容、方式、评价不同的作业,带给学生的学习感受、学习成效也大不相同。在教学五环节中,作业是教师教与学生学的延伸。作业的品质,向前直接影响教学过程,包括例题的设计、解答;向后潜在地影响知识转化为能力、能力内化为素养。因此,作业的改变无疑是撬动课堂教学改革的非常好的支点。

作业,要承担起撬动课程与教学改革的重要价值,就要实现理念的转型,要从保守的作业走向创造的作业。这种转变蕴含着三层含义:其一,从对待作业的态度来看,"创造性作业"是对自我生命的塑造与完成,它构成了学生彼时彼地生命历程的全部。其二,从作业完成的过程来看,学生的思维、情感、行动等真正参与了作业的完成,这个过程是充满快乐的、享受的过程,因而是创造的过程。其三,从作业的最终结果来看,"创造性作业"就是业已成形的"作品"或"艺术品"。如果说传统作业的特征体现在规训性、控制性、惩罚性、确定性和重复性等方面,那么"创造性作业"的特质就表现在探究性、创造性、开放性和享受性等方面。最值得关注的是,"创造性作业"开辟了从生命视角审视作业的态度维度。此时,作业仿佛被赋予了一种全新的含义,具有了让人探寻不尽的魅力。

2016 年起,长宁区教育局推行"作业开放性"研究。延安初中在不断优化常态作业的前提下开展专项研究,老师们设计出不同于以往的作业,帮助学生掌握自主学习策略,解决真实情境中的问题,发展学生的实践创新、跨学科学习的能力,提升学生的综合素养。归纳起来,延安初中开放性作业呈现如下几个类别:

"活动与制作":数学学科结合数学周、新生课程,开发游戏类作业,鼓励学生与家长一起玩 24 点、数独、魔方、孔明锁等数学游戏,动手动脑,培养数感。物理、化学、科学等实验性学科设计简单易行的小实验、小制作,让学生去感受体验,加强学生对概念和规律的理解。如物理学科让学生在学习声学的内容后设计制作竹哨、声音"大炮"、"橡皮筋吉他";科学学科让学生学习了热传递的内容后设计、制作保温杯。

"阅读与理解":数学学科,让孩子们通过阅读了解中外数学史,增进对数学文化的理解等。学生通过阅读、理解、分析、表达,不断提升思维能力。

英语学科在阅读材料的选择上体现了开放性。比如,教师常常会选择一些学生感兴趣的文章作为阅读部分作业的备选项,设计了编制旅游指南(travel guide)、中国传统节日介绍、中外经典名作读后感、四格漫画创作、续写教材故事并进行课本剧表演、国际食品节海报设计等开放性作业。

语文学科的开放性作业以"语文阅读领航"课程为核心设计而成。该课程以引领和指导学生自主课外阅读为旨归,旨在培养学生的阅读能力,全面提升其阅读素养。课程主要通过主题阅读的方式呈现。每月设置一主题,分模块分学段进行。为了保证"语文阅读领航"课程规范有序地开展,语文组设计开发了相应的"语文阅读领航专题探究作业"。该作业是一组环环相扣的作业包,包括阅读卡片、小组阅读讨论记录表、小组作品交流记录表、小组课件、小组作品成果评价表等各个子作业。各子作业间前后承接,环环相扣,形成一次专题阅读的子体系。每学期设计四个左右阅读模块,各阅读模块按序列进行,又形成一个从预备年级至初二年级的作业总体系。在六到八年级的二十个主题阅读中,开放性作业表现为演讲稿、PPT、小报、读书笔记、论文等各种形式,大大丰富了作业的类型。

"小课题与实践":结合教学内容,教师组织学生以小组合作的形式完成探索性和实践性比较强的课题研究,作为课堂活动的延续,丰富学生学习经历。如物理学科在声主题单元设计了"学校噪声防治的调查""民族乐器的简单声学原理研究""探究水瓶琴发声原理"等开放性作业。思品学科带领学生进行有关社会、人文实践小课题研究,如"邻里关系""网约新政下的网约车"等。

美术学科的开放性作业把实践基地设在校园地下车库。从 2015 年开始,美术老师组织初二年级学生以班级为单位,利用暑假前期的空闲时间在学校地下车库的墙面上进行创意绘画。学生兴致高涨,从初稿的筛选到盛夏时节的地库绘画,每一位学生都能克服各种困难,用他们的作品为地下车库增添五彩生机。

"参观与调研":组织学生参观博物馆、科普展馆等,完成相应的参观学习单或调研报告,让学生走进社会、了解社会。

我校历史学科把开放性作业布置在博物馆。每逢暑假,六年级各班都会选拔一批对历史有兴趣的同学参加上海博物馆文博小志愿者活动培训。学生先向上博专业讲解员学习,之后每个参与的同学各自选择一件文物,现场讲解考核,考核合格的同学,发给文博小志愿者证书。这样的培训,提升了学生对文物的鉴赏及评价水平,有助于培养学生的表达、交流能力,还培养了志愿者的服务精神。

七年级的历史作业是"穿越时空的寻宝探源",该项作业让全年级同学在假日参观博物馆,选择一件文物加以介绍,制作文物卡片。在文物卡片上必须呈现如下信息:参观时间及场馆名称,文物的图片、名称、编号及时代。引导学生走进博物馆,使其了解古代人类丰富的物质文化成就,加深对中国传统文化的认识与理解,培养爱国精神与民族认同。通过"如果你生活在文物产生的年代,并拥有该文物,你会怎么利用它"等问题设计,培养学生的发散性思维与创新意识。

以上列举的各科作业,大受学生欢迎。在我看来,这些形态各异、内容多样的作业之最大价值,不仅仅在于激发孩子们的学习兴趣,吸引他们的注意力,更在于沟通和激励——激励他们与老师、与同伴,甚至是与自己不断对话、不断沟通;激励他们主动发现、思考知识之间的联系,通过对所学知识的质疑和不断追问,不断探索,和知识背后的真理做沟通。

作业是学生学习的外在表现,是个体学习品质的外露。每个孩子都是极富个性的生命体,他们对学习内容的理解和诠释自然也是富有独特性和创造性的。传统模式下的作业,其形式到内容追求绝对一致性:即同一内容、同一难度、同一要求,其评价方式也固守在对知识学习的结果上,而对学生的学习思维、作业习惯、作业过程、学习情绪、创新思维和实践能力等方面鲜有关注。而恰恰是这些潜在的东西决定了学生的学业成绩和个体发展。

在近年来一浪高过一浪的减负呼声中,从事教育的专业人士应理性地看待"减负"。我们关注到有些孩子"吃不了"的同时,也要看到还有一些孩子"吃不饱"的事实。在我看来,"减负"一词,实为"减负增效"全称之缩写。减负增效,有"减"有"增",方显成效!为学生减去过多的单纯抄、记、背、默、算,减去不加选择的刷题等低价值的作业负担,增加有益于深度学习,发展思维和表达能力的有效学习负荷,让每一个学生通过学习实践,会分析、会思考、会总结、会表达,不断提升综合素质。从这个角度看,作业的改变,大有可为!

作业是学生心智成长的记录,是学生彼时彼地生命痕迹的确证,是学生对世界、知识、人生等探索的结果;更是学生心血的凝聚,是心路历程的展开,是想象的飞翔,是心灵幸福的表达或痛苦的挣扎。因此,对待作业的态度就显示了学生对待自我、对待自己生命的态度。强调作业开放性,就是跳出单一的知识结构习作的传统作业框框,为作业向能力发展与素养培育的转化进行赋能,与课程统整措施相配套,使作业也成为学生全面发展的重要载体,成为激扬和成就学生生命的重要方式。把作业作为"支点"、开放性作为"力矩",延安初中正在撬动教育理念、教学方式、学习动力和实践途径的大优化、大整合,让作业的脱胎换骨最终受益于学生。

(四) 策略四:探索多元评价,激发学习潜能

我校在国家课程的校本化实施及作业开放性研究中,积极探索多元化的过

程性评价,激励学生,提高他们的学习兴趣和学习主动性:

变单一评价为多元评价,调动学生学习主动性;

变一次评价为多次评价,让学生体验成功;

变批改为走向对话,架起师生心灵沟通的桥梁。

学校物理组开展课题研究,建立了基于校园网的过程性评价网站,推行基于学生作业订正的二次评价,实施阶段性学习诊断单,将机械批改改变为师生间平等互动的对话。

生命科学、化学、科学等学科以实验考与理论考相结合、注重过程性评价、落实评价主体多样化为原则,改进原有评价方式,形成校本评价方案。如科学学科评价方案概要如下:学年成绩=第一学期总评成绩40%+第二学期总评成绩60%;每学期总评成绩=平时成绩70%+期末成绩30%。具体见下表:

延安初中科学学科学生评价方案

学期总评成绩	学期平时成绩70%（另有附加10%）	课堂表现30%	2分钟预备铃学习用品准备,实验课学习用品的携带,包括:教材、笔记本、学习用具以及试卷整理。课代表检查并作记录。一次不带扣1分。（10%）
			认真听讲,积极思考,举手提问和回答问题,不插嘴。起始分为分数上限的80%。每次回答不出扣1分,答案质量高加1分。加分不超过上限。（10%）
			遵守科学实验室规则,积极探究,如实记录。（10%）
		科学小演讲10%	开学时布置,每学期每位同学至少演讲一次。演讲完由教师点评,综合班级意见当场打分。
		科学小制作10%	保温瓶制作、社会实践调查等,根据学期教学内容再作具体确定。评分细则在活动前公布。
		章节测验20%	章节测验成绩,测验后的试卷订正。
		附加分10%	学期中其他校内外科技活动,如参加校科技节、获奖等,老师酌情对学生的参与程度进行打分,最高10分。不计入免考考虑。
	期末考试30%	期末考试的成绩	

科学课开发的"自制保温瓶"作业。学生运用在课堂中所学的热传递知识,

自行设计、制作保温瓶。随后在科学课上教师引导学生设计实验方案,检测保温性能并交流设计理念。在交流过程中教师引导学生逐步形成保温瓶的改进方案,让学生更深刻地理解热传递的知识。在教学中,采用多维度的综合评价:学生说明自己的作品,对性能进行检测——自评;学生间对保温瓶的制作进行相互评价——互评;教师评价。完成这样的作业,学生综合运用所学知识,各显神通设计制作,在相互评价中碰撞出思维的火花,不仅加深了对知识的理解,还有效发展了动手能力、创造能力与表达能力。

案例:以评促学——物理学业评价校本化的实施

《国家中长期教育改革和发展规划纲要(2010—2020年)》强调要根据培养目标和人才理念,建立科学、多元的评价标准。以往的学业评价方式大多数是以升学考试为标准的评价模式,偏重于选拔性,而日常的学业评价应当更加注重教学诊断和反馈的功能。

针对目前评价模式的弊端,延安初级中学物理组的教师遵循学生身心发展规律和教育教学规律,以关注学生终身发展为着眼点,开展符合学校生源情况、客观公正、具有激励作用的,促进学生自主学习的评价模式实践研究。着力于构建评价的多形式、多维度、多层次,通过评价切实减轻学生过重的学业负担和心理负担,有助于其反思和调控自己的学习过程,养成良好的学习习惯,激发学习潜能,从而促进科学素养的不断发展。

随着教育改革的不断深化,中考物理试题也越来越注重考察学生的知识能力与科学素养,注重理论联系实际,关注科学、技术和社会的联系,注重物理知识在生活中的广泛应用。我校开展的物理课程除了期望切实提高学生对于物理的兴趣,还希望培养学生的物理创新能力,除了期望学生扎实地掌握物理知识,还希望他们能掌握一定的科学方法,达到促进知识学习,培养能力和提高科学素质的目的。

1. 课堂作业设计

课堂作业实际上是完全依托于当天课堂教学内容来设计的。物理组教师在设计作业时秉持"三统一"的理念,要点是课堂讲什么,作业就练什么,考试就考什么。"三统一"的目的是让学生觉得他的努力是有意义的。如果学生花费了大量精力去吸收课堂知识,然而学生面对的作业和考试大多不是课堂上学到的内容,那么这会使得学生非常沮丧,产生挫败感,继而导致丧失学习信心和兴趣。

物理组的老师认为,初中阶段所学习的知识实际上一个学习载体,而让学生知道怎么学、喜欢学其实更关键,所以平时的课堂作业很多就是对课堂例题进行一些变形的题目。对学生而言学习就是一个收获的过程。

2. 单元测试和阶段性测试

物理单元测试题和阶段性测试题全部由教研组有经验的老师自主命题,其中一部分是根据作业题改编而来,另一部分是抓住了物理学科的灵活特性,将生活中的一些现象进行拓展而编制的。单元测试和阶段性测试其实是常规的作业,但这些常规作业也都是分梯度的,教师根据学生的认知水平和个体差异对作业的不同方面提出不同的要求。一份常规作业分为基础部分和提高部分,基础部分是要求全体学生掌握的,而提高部分不会强制要求完成,教师鼓励学生尽量思考。这种作业设计和布置方式,尊重学生之间的差异性,让每个学生都拥有自己的发展空间和学习平台。

3. 开放性作业

开放性作业研究是物理组探索将知识由课内拓展到课外而设计的活动类作业。其和传统作业的不同之处在于没有标准答案和标准解法。教师在辅导过程中也不可能手把手地教,只能提供制作或研究上的方向、方法和建议。学生拿到这样的作业往往无从下手,因此在作业布置伊始,教师结合指导手册向学生公布评价量表,引导学生理解开放性要做到什么程度、要符合哪些要求、最终呈现的方式如何。开放性作业一改传统作业单—利用纸笔做功夫的局限性,关注学生生活领域,让学生在熟悉的日常生活中汲取营养,注重实践探究,强调把书本上的知识真正运用到实践中去,达到学以致用的目的。

4. 评价诊断单

物理评价诊断单主要由"阶段学习目标""物理学习情况自我分析""下阶段学习计划和目标""家长建议"和"教师建议"几个板块组成。每次阶段性测试结束之后,让学生结合考试问题分析及阶段性学习自查,进行分析和总结,完成"基本信息"和"物理学习情况自我分析"部分;提交给任课教师后,教师根据学生阶段性学习情况和"自我分析"提出进一步指导意见,即书写"教师意见"部分,再发还给学生(如果过程中有需要,可进行面对面的个别指导);家长结合学生的"自我分析"和"教师意见",了解孩子近期的学习情况,结合出现的问题和建议,提出看法,写出"家长意见"(可以是对孩子的鼓励,家庭学习的问题和疑问,以及个人的看法)。评价诊断单是三方沟通的一个媒介和平台。

初中阶段是物理的起点教学阶段,在初遇一门新学科时,有些同学可以很快适应,有些却因难以适应而渐失学习兴趣。而评价诊断单能帮助学生进行反思与总结,对症下药,正确认识自己学习的成因与教训,找到继续学习的努力方向,让学生体验到不断突破自我的成就感。

在教学的适需对路上、在教改的风口选择上、在育人的培养方式上,物理教研组的艰辛探索已经结出了丰硕的果实,一大批自主创新的实验新生、一大批课程改革的项目诞生、一大群教育教学理念的创生,昭示着物理教研组作为成熟的教学团队,在实践延安初中办学理念、突显自身特色的道路上,俨然已是劈波斩浪、勇立潮头的弄潮儿。

三、"百花齐放"的拓展型课程

我校拓展型课程是学校课程体系的重要组成部分,最能体现学校的课程教学特色。围绕"让每一个学生的潜能得到充分发展"的指导思想,学校构建自主选择、多元优化的拓展型课程体系。

在课程设置上,强调以阅读素养、数学素养、科学素养和人文素养为中心,面向全体学生,开设了丰富的可供学生自由选择的课程。目前,这类课程已经达到近 70 门,可完全由学生根据自己的兴趣、爱好和特点进行自主选择。学生既可以学习航模、海模、车模的制作,也可以学习桥牌的玩法与技巧;既可以对中国古代诗歌进行鉴赏,也可以学习电脑程序设计;既可以对某一学科进行深入钻研,也可以在篮球、排球、民乐等体艺方面提高技能。

为了解决教师教研活动时间与拓展课时间相冲突、教学场地冲突等问题,2014 学年起我校又对拓展型课程体系进行了进一步的优化,并实行跨年级走班教学,打破了原先的年级壁垒,让有着共同爱好的学生走到一起,不分年龄的大小,充分发挥孩子们的爱好和特长。

(一)"破茧成蝶"的"语文阅读领航"课程

2010学年伊始,长宁区教育局提出在初中学段实施"阅读领航计划"的教育改革工作,以学科教材阅读、学科拓展阅读和社会实践阅读为突破口,设立专项阅读课程引导学生养成愿读、会读、爱读的阅读习惯,促使学生从"学会"转向"会学",以实现学生的减负增效与全面发展。"阅读领航计划"的推行与延安初中一贯重视培养学生阅读素养的取向不谋而合。在区教育局的指导下,学校语文组首批参加区"阅读领航"活动中的"学科阅读"试点工作。

我们最初对"阅读领航"这四个字的认识是它可能更近于一个项目或者说一个活动。经过语文组同仁十多年的辛勤耕耘,如今的"阅读领航"已经完全从一个活动蜕变成一门校本课程。"语文阅读领航"课程已经镶嵌到每个延安学子初中学习生涯中,成为颇具知名度的特色校本课程。

该课程面向的对象是六年级至八年级学段的全体学生,主要通过主题阅读的方式呈现。每月一主题,分模块分学段进行。我校语文组从阅读书目的建构、学生阅读过程的指导和学生阅读效果检测三方面开展了卓有成效的工作。

以指导学生阅读过程为例。学生在教师的指导下,分小组研读,从中发现值得研究的文学和文化现象,确立小组研究课题,小组成员围绕研究主题收集、筛选、分析、归纳和整理相关资料,形成一定的成果,最后互相交流学习所得。

学生始终处于主题阅读教学法中的主体地位。教师的指导无不是从学生的问题出发,以帮助学生打开思路、深化研究为目的,这样的指导针对的是不同学生的不同认知水平,极具个性化。同时,该教学法还要求学生分工合作,共同研讨,学生的研究不再局限于课堂,而是向现实生活、历史文化生活等领域延伸,因此它又具有了合作性和开放性的特点。

学生在阅读过程中,通过明确的分工,学会与人合作;通过信息的提取,学会梳理思路;通过多角度思考,提高分析能力;通过分辨,提升质疑质量;通过开拓视野,提高拓展能力。一名学生在完成课内拓展阅读的过程中,他的能力和素养,乃至思维品质都能得到不断提升。

"语文阅读领航"课程提倡专题探究式阅读策略,这是我们变革传统课堂教学形态和模式的一种尝试。起初不少老师不太适应这样的课堂模式。殊不知,老师实际上为学生创建了一个读书会,学生身处其中,以小组为单位发布探究成果、学习分享成果的过程,其本质上就是思维火花不断碰撞的过程。学生在交流过程中学会了客观地分析和辩证地思考,敢于和善于思辨。

比如,有一组学生在完成"民俗风情"主题阅读后设立的探究专题是"中国南北方的文化差异",只以北京和上海为例进行比较。很多同学指出,虽然北京属北方,上海属南方,两者各具一些北方或南方的特色,但仅以两座城市来说明南北方的文化差异,结论未经充分论证,在研究方法上以偏概全了。

又如,有一组学生在阅读《射雕英雄传》时,设立的专题是"书中人物的荒谬之处",他们查找了很多史书来证明书中人物是不存在的。这一课题引发了同学们的广泛质疑:文学创作虽然要依据一定的历史背景,但读小说不是读史,艺术真实不等同于历史真实,不能简单地对号入座,研究文学作品是不能用这样的方法的。像上述以偏概全的思维误区和文学中的真实性这些对初中学生看起来"高大上"的话题,都被以一种更巧妙的方式传授给学生。类似的案例,数不胜数。

总而言之,语文组致力建构的阅读领航课程,全程"领航"学生进行专题探究式阅读,力求将被动学习转化成学生的任务驱向,成为学生直接的学习动机,使他们从内心深处对课外阅读产生主动需要。这种阅读方式把阅读与生活、阅读与思考、阅读与探究紧密结合在一起,为学生终身学习和终身发展打下了坚实的基础。

案例:阅读领航,领航阅读

阅读,阅览书籍、阅透学科、阅习生活、阅尽人生。以阅读为宏旨、为载体,我校语文组精心哺育的阅读课程,在阅读海洋中启航,驶向阅读回馈的彼岸。

语文组对阅读课程建设的思考缘起于一句话、一个心愿和一项活动。

一句话——一个人的阅读史,就是他的精神发育史;

一个心愿——用一堂好课去点亮学生这盏智慧的明灯,用一本好书去灌溉孩子这颗读书的种子;

一项活动——两年前,"阅读领航"活动的开展为我们实践自己的教育理想搭建了一个巨大的舞台。

结合《上海市中小学语文课程标准》和我校的办学理念,我们在国家课程的校本化处理中,按照学生阅读行为的范围将阅读分为课内教材阅读、课内拓展阅读和课外拓展阅读三大类。

　　课外拓展阅读,是我校面向一部分在语文学习方面学有余力、学有所长的学生开设的提高课程。

　　在课内教材阅读的建构中,我们着力于"分年级分层次"进行校本教材的建设,针对不同年级、不同的文体设置了由浅入深的阅读提纲,以适合不同层次学生的需求。同时,在教学中,我们以"出示学习目标、指导自主阅读、围绕疑难讨论、当堂检测效果"为教学四步骤,规范教学过程,使全体学生的语文基本素养达标。

　　课内拓展阅读,是我校语文组校本课程建设的立足点。

　　国内语文界对于课外阅读的重要性多有论述,渐渐达成"得法课内,得益课外""大语文"等共识。叶圣陶先生不止一次说过:"语文教材无非是个例子,凭这个例子要使学生能够举一反三。""从语文教本入手,目的却在阅读种种的书。"吕叔湘也认为:"问语文学得好的人,无一不得力于课外阅读。"这都说明了课外阅读在语文学习上的重要性。而指导学生课外阅读的首要任务,便是阅读书目的构建。

　　(一)披沙拣金——阅读书目的构建

　　我们认为,阅读书目的构建必须要符合初中生的阅读兴趣,符合他们认知心理发展的需求,简单地说就是"什么时候读什么书"。书目与个人阅历的积淀、心智的增长密切相关。

　　多年的教学实践让我们意识到,不存在一个绝对客观公正的书目,书目也不是好书的简单集合。书目与书目之间并非彼此毫不关联,恰恰相反,它们之间彼此联系,互相补充,共同构筑一个完整的知识序列。我们在选择书目时从以下四个方面着手。

　　一是问卷调查,了解学生的阅读取向和诉求。"阅读领航计划"实施的第一年,我们对预初年级的学生和家长做了一次问卷调查。在推荐的阅读书目中,学生大多倾向于故事性强的儿童故事类、历史类以及侦探类的作品,而家长则更倾向于名著类、哲学启蒙类以及励志类的作品。分歧最大的是有87％的家长选择了励志类的书目,如《西点军校送给男孩的礼物》《让中学生受益一生的100个感恩故事》等,而选择这类书目的学生只有12％。学生中有63％选择了侦探类的作品,如《福尔摩斯探案集》等,而选择这类书目的家长仅有23％。虽然一些书有较强的教育意义,但我们的学生尚处于心智未成熟阶段,对外界事物的接受更注重感性形式,更倾向于寓教于乐,故我们在书目的选择上一定要尊重学生的取向和诉求。为此,我们设置了一个"寻找真相"板块,保留侦探类作品,而将励志类书以"我理想中的职业"主题阅读形式出现。

二是结合教材内容,设置相应的阅读板块。我们在设置阅读板块时,充分注意到与教材的结合,以期望学生在知识的迁移上更加自然。如我们结合预初年级教材的"有家真好"和"同龄人的故事"单元,推出了"青春足迹"主题阅读之《男生贾里》和《女生贾梅》;结合"寄情山水"单元,推出了"诗词精华"主题阅读之《唐诗一百首》和《宋词一百首》;结合"科幻天地"单元,推出了"科学与幻想"主题阅读之《海底两万里》;结合"读书有味"单元,推出了"读书有味"主题阅读之《西游记》等。这样的板块设置能够使学生在课堂上所学知识的迁移更加有效。

三是注重经典,强调阅读的门径。在选择阅读书目时,曾经有很多学生推荐了《哈利波特》,但最后我们没有将其选入。原因是,虽然此书为畅销书,可在其引进时却因时间关系,翻译未免太过粗糙。而我们将经典名著放在了很重要的位置。经典具有无限丰富的内涵,可以给阅读者带来多种思想启迪和精神享受,它对人的心灵的塑造是任何畅销书所无法达到的。因此,我们预设在"阅读领航"的三年中,学生要完成中国古典四大名著的阅读以及世界三大短篇小说家的作品阅读。我们希望学生通过经典阅读找到阅读的门径,使其精神成长从一开始就是"入门须正,取法乎上"(严羽,《沧浪诗话》)。

四是扩大阅读范围,关注阅读的广度。除了注重经典文学名著的阅读外,我们还希望学生能够扩大阅读的范围,开阔视野。因此,我们特设了"世界历史文化""我理想中的职业""科学是美丽的""民俗风情"等主题阅读,涉及自然、社会和人文诸学科领域。以此希望学生了解一个多彩的世界和多元的文化。

我们预设在预初到初二的三年中进行20次主题阅读:预初、初一各8次,初二4次。同时,我们在主题阅读的设置上还注重根据学生的不同年龄确立侧重点:预初偏重于故事性、知识性的阅读;初一侧重于体会语言美感、对生活的感悟及探索;初二加入了比较阅读及对社会的关注。其实,这样的阅读递进应该持续时间更长(从预初到高中,大学应该向批判性发展)。

(二)点石成金——阅读过程的指导

主题阅读教学中,学生始终处于主体地位。教师的指导无不是从学生的问题出发,以帮助学生打开思路、深化研究为目的的,这样的指导针对的是不同学生的不同认知水平,极具个性化。

同时,该教学法还要求学生分工合作,共同研讨。学生的研究不再局限于课堂,而是向现实生活、历史文化生活等领域延伸,因此它又具有了合作性和开放性的特点。

学生在阅读过程中,通过明确的分工,学会与人合作;通过信息的提取,学会梳理思路;通过多角度思考,提高分析能力;通过交流及分辨,提升质疑质量;通过开阔视野,提高拓展能力。

"阅读领航"项目运用专题探究式阅读。这是我们变革传统课堂教学形态和模式的一种尝试。学生以小组为单位发布探究成果、学习分享成果的过程,是思维火花不断碰撞的过程。学生在交流过程中学会了客观地分析和辩证地思考,敢于和善于思辨。形式的多样化也激起了学生的学习热情,适应了他们表达的需要,如:主题网页、多媒体文稿、激情演讲、提问质疑等。其中,提问质疑成为课堂教学的重要环节,而质疑更是这个环节的核心。专题探究式阅读课上的质疑,围绕以下两个方面进行:

一是质疑专题探究的结论。我们在交流展示时,强调台上台下互动,台上同学可以提问台下同学,台下同学也可就自己的不解进行质疑。刚开始,有些同学的注意力在于课件上哪个字打错了,或者哪个环节少掉了,甚至提出幼稚的问题。但一段时间下来,我们欣喜地发现质疑越来越有质量,不少提问是一针见血式的。

有一组学生在研究宋江的性格时,发现一些评价只注重其作为英雄形象的单面性,他们认为这不符合自己的阅读感受。于是,他们一方面从金圣叹"笼络小人易,折服英雄难,宋江只如此"的点评着手,从架空晁盖、亲手杀死女人、用银子扮演"及时雨"的形象来分析他的阴险残忍和狡诈;另一方面又从宋江运用不同的手段对待李逵、武松等人,以及在不同的场合言行举止的恰当拿捏来评价他的领袖才能,让我们看到了一个性格复杂、形象鲜明的人物。学生所表现出的质疑精神难能可贵。

再如,有同学将梁思成和贝聿铭的建筑审美观进行比较时指出:不同时代人的审美观和价值取向是有区别的,不能一概而论谁高谁低。

二是质疑专题探究的过程。这方面的质疑,比起对结论的质疑更有教育价值和意义。通过专题探究，使学生掌握一定的自然、社会和人文的知识结论是十分必要的，但是，对于初中生来说，让他们在阅读中学会学习、学会思考、学会探究，了解和熟悉一般的科学研究方法和途径，则是可以终身受益的。比如，有一组学生在完成"民俗风情"主题阅读后设立的探究专题是"中国南北方的文化差异"，只以北京和上海为例进行比较。很多同学指出，虽然北京属北方，上海属南方，两者各具一些北方或南方的特色，但仅以两座城市来说明南北方的文化差异，结论未经充分论证，在研究方法上以偏概全了。

有一组学生在阅读《射雕英雄传》时，设立的专题是"书中人物的荒谬之处"，他们查找了很多史书来证明书中人物是不存在的。这一课题引发了同学们的广泛质疑：文学创作虽然要依据一定的历史背景，但读小说不是读史，艺术真实不等同于历史真实，不能简单地对号入座，研究文学作品是不能用这样的方法的。

总之，专题探究式阅读，将被动学习转化成任务驱向，成为学生直接的学习动机，使他们从内心深处对课外阅读产生主动需要。同时，这种阅读方式又不断拓宽他们的学习视野，提升他们的思维品质，把阅读与生活、阅读与思考、阅读与探究紧密结合在一起，为他们终身学习和终身发展打下了坚实的基础。

（三）鉴别真金——阅读效果的评价

"阅读领航"计划实施两年，两个年级学生完成课件近3000个。对初一学生的调查问卷显示，他们在进校的一年时间里，人均阅读量达到近1000万字，而按照国家课程标准，初中学生四年的阅读量为400万字（这里要特别说明一下，我们在书目的排序上特别把一些长篇作品放在五个假期里完成，包括金庸作品、除《西游记》以外的另三大古典名著，以及三大短篇小说家作品。而初二的中学生杂志比较阅读我们从初一就开始准备了）。

学生的思维拓展首先表现在他们的选题上。

对学习的热情还表现在阅读研究的过程之中。如有一组学生在做《海底两万里》的主题研究时，根据小说中的描绘，将"鹦鹉螺号"进行了复原，有理有据，可以看到他们对文本研究之深。还有一组同学在做《鲁滨孙漂流记》主题研究时，专门向地理老师请教，绘出了鲁滨孙的行进路线图。一组学生在做《民俗风情》主题研究时，为了更多地了解上海的历史，双休日在一位家长的带领下，特意去拜访了上海历史研究专家薛理勇教授。这些学生所为的背后，正如拜访薛理勇教授的学生后来所写:后来的几日,我便一直沉浸于上海的风风雨雨、形形色色。我开始不断地了解我们脚下的这片故土……当然,我所研究的还只是一些皮毛,还远不及薛理勇教授等专家,但我真正了解了阅读研究的真谛,便是勤勤恳恳,细心冷静,夙夜匪懈。可以说,他们的研究还很浅陋,可是他们对待研究的态度和方法一定会在他们以后的学习、工作中发挥积极作用。

同时我们能够感觉到,学生无论是在课内教材阅读还是在课内拓展阅读的学习中,合作、提炼、分析和质疑的水平有了明显提升。

每年6月,我们请学生就两年的语文"阅读领航"进行小结,要求从具体的事例中得出结论。他们对"阅读领航"的深切体会,让我们深受鼓舞。以下是部分学生的阅读体会:

读书方法的转变:

我意外地发现阅读这样厚的一本书,写出一大堆读书笔记之后,我不感到痛苦与吃力,反而有一种舒畅的感觉。只要对书本与题目充满兴趣,就会享受到一种阅读的快乐,这种快乐是我从前从未体会过的。

它让我从不懂怎么读好读透一本书渐渐转变为读一本书时会从中寻找作者的思维运转轨迹,虽不能每时每刻都保持这样,但至少不再仅仅注意故事的内容。

(回过头来看以前做的课件)整理的资料简直就是浪费,而当时自己竟然毫无察觉,简直是面带微笑地看着大量"白银"往外流!

做课件前的阅读,我学会了划重点,带着问题看书。做课件时,我渐渐有了切入点和继续做的方向,以及批判别人的资格。

思考问题的方法:

经过那一次活动,我们得出了:有时候一种方式不能解决问题,不如换一个角度,说不定成功就在你的身边,只是你没发现而已。

与人合作及领袖才能:

作为一组之长,就是一个小小的领导者,应该带领组员走上理想的研究之路,客观条件已无法改变,抱怨也无济于事,现在只有想方设法改变自身。

在"阅读领航"活动中不分能力的强或弱,只要你有责任心、够认真,同时有一定主见,你就一定能做个称职的组员或组长!

但对我而言,我觉得"阅读领航"对我最大的意义,是培养了我们的团队精神。在"阅读领航"活动中,我们都不是一个人在奋斗,我们是一个团体。

从此,我学会了说"不",学会了拒绝,更学会了如何做好组内的一员。别人看起来简单,我却经历了一个漫长而又艰难的转变过程。这是"阅读领航"教给我的。

自我认识:

在七年级一次"阅读领航"中,我头一次全心全意地投入,结果在那次展示中,当我看见自己的结论在投影仪上展现出来的时候,一下子颇有成就感,并且有一种说不出的兴奋油然而生,这时我才头一次体会到那些优等生的感受。

或许我实在高兴我能完成以前所望及的而做不到的事。

其实每个人都在同一起跑线上,或许有些人能力更强些。可是只要我还努力跑着就绝不会永居队伍的后端。当我认为阅读不再是一件工作时,我想我已经前进了一大步,因为我正快乐地跑着。

信心的增强:

"阅读领航",虽然对别人来说有可能不是这样,但是却增加了我的勇气和自信。在制作课件的过程当中,我心中对于自己的潜力十分惊讶。"阅读领航"——领航的是迎接挑战的勇气,领航的是不断完善的自我。

16次"阅读领航",16段动人的精彩故事,16个月的汗水付出,16次完美汇报,都见证了我们的成长。

"读书好,多读书,读好书",这句话会令我们终身受益。

在刚刚过去的书展中,我们有很多学生都投入其中。6班的吴悦凡,花了近200元,买了22本书,其中有18本一套的《数学小丛书》,有华罗庚著的《从杨辉(宋朝数学家)三角说起》、易南轩的《数学美拾趣》,还有关于对称、圆周率、数学中的力学等的书籍。我们希望有越来越多的学生将阅读作为他们的一种生活方式。

(四)我们的反思

在多年的《语文阅读领航》课程实践中,我们做了许多积极的探索,取得了一定成效。如何能够在这条路上走得更远,使学生获益更多,是我们需要思考的。其实路越走下去,我们发现的问题就越多。如针对全体学生阅读实效的检测问题(对推荐书目的检测题编制,以便对"打酱油"的学生也进行有效评价);再如针对学生在做课题时,常常会到网络上下载资料、找观点,制定一个控制比例的方法。

我们发现建立一个完善的、科学的评价体系很重要，所以我们正着手进行"初中生语文阅读水平评价量表"的制订和"初中生阅读力培养的序列研究"的构建。通过评价量表，可以更有效地进行阅读教学策略的调整，形成初中生阅读力培养的序列，实现学生阅读力科学、有序、高效地提升。

我们希望在全校教师的共同努力下，以"培养学生阅读兴趣，拓宽学生学习视野，提升学生思维品质"为目标与任务，以大阅读、泛阅读为获取成长能量途径，以终身阅读为良师益友，培养出一批批具有"广阔视野，深厚涵养和独立思想"的"延安人"。

（二）"温润如玉"的"中华传统文化"课程

政史地教研组以区级课题"六年级'中华传统文化'校本课程构建的实践研究"为引领，构建以历史为主体，整合书法、美术、劳技等学科资源的综合课程——"中华传统文化"课程。该课程发挥历史、书法、美术、劳技老师的学科特长，从背景知识讲授、美学鉴赏、动手制作三个方面，构建以中国玉文化、中国书法艺术、中国古钱币、中国陶瓷文化、民间手工艺术为主题的综合课程，弘扬中华传统文化，培养学生的人文素养，改革课堂教学模式，创新实践教学理念。

目前"中华传统文化"课程已对中国玉文化、中国书法艺术、民间手工艺术等主题进行了课程的构建，今后将进一步完善这些主题的内容并开发中国陶瓷文化、中国古钱币等主题的内容，从而构建并完善整体的跨学科的文科综合课程——"中华传统文化"课程，涵养学生的文化情怀。

教师在进行课程设计时，积极挖掘"中华传统文化"可感知的一面，引导学生自觉感受中华传统文化的独特魅力，在交流中引发共鸣，实现情感内化。如"软陶制玉"一课，讨论中国人为什么有深厚的爱玉情结，学生在交流中讲到：因为玉冰清玉洁，玉不琢，不成器，人也一样，要经过磨难，才会成才；要学习"宁为玉碎，不为瓦全"的精神；因为玉有五德，在古代中国，"君子无故，玉不去身"，要做一名有高尚品德的君子。这样，将本节课想要达成的通过软陶制玉体会中国人的爱玉情结，做真、善、美的中国人的教学目标，以学生自我教育的形式，落实到了无痕。

"中华传统文化"课程在突破学科界限、实现融合共生方面显示出示范作用。如在中国玉文化主题教学中,历史教师先利用上海博物馆的馆藏资源,介绍中国玉器发展史、中国人爱玉的原因;随后美术教师再指导学生如何欣赏玉器,并指导学生设计心目中喜欢的玉器图案;最后劳技教师指导学生根据设计图,利用软陶动手制作。

结合课程,历史组举办学生作品展,如"2016美丽的玉言"。动听的名字,漂亮的作品,吸引了不少同学驻足欣赏,激发了同学们对中国玉文化的兴趣,并由此及彼,增强了对中华传统文化的求知欲。

课程的开发也拓展了动手实践的内容,这是课程中学生最感兴趣的部分。学生在制作香囊、亲身体验中华传统文化乐趣的过程中,不仅对中华传统文化的博大精深感到自豪,更逐渐认识到对中华传统文化的继承与发展具有不可推卸的责任。

(三)"绿色环保"的"全球气候变化"课程

为帮助学生深入理解课堂中学习的环境科学知识和自然科学知识,将之与低碳、环保的现代城市发展理念相结合,培养学生绿色生活的思维和习惯,学校开发了一系列与环境保护相关的拓展型活动课程。

"全球气候变化"拓展活动课一方面旨在提升教师关于气候变化的知识储备和授课自信,一方面向学生普及环境教育知识,启发学生对环境问题的思索,帮助他们意识到气候变化对生活的影响,启发他们提高环保意识,并投入环保实践,以自己的实际行动影响和带动社会,努力改善人类居住的环境。

围绕气候变化这一主题,任课教师设计了"地球环境的容纳量""气候与人类活动""危机四伏的家园""日常消费与碳排放""低碳生活,从我做起"五个模块展开教学活动。模块化的课程框架保证了课堂教学的有效实施。五个模块的内容较为丰富,且可以随着拓展活动课教学进度变化和社会热点问题的发生进行灵活增减,以保障教学内容的时效性和实用性。每个模块的设计形式多样,一般都设计了"信息传递""活动天地""成长记录"及"环保小贴士"四个学习栏目,既有引导学生思考的各种素材,又有实践类、实验类活动,活动设计充分关注学生思维能力、交流能力、实践能力的培养,为学生个体的成长与创新奠定了基础。

（四）"礼传古今"的"汉服礼仪文化"课程

"汉服礼仪文化"拓展活动课程尤其渗透了人文精神的内涵。汉服和中华礼仪是华夏文化中的一部分。汉服的总体特点是宽袍大袖、交领右衽、隐扣系带。它以宽松、自然、飘逸等诸多特点诠释了汉族的服饰之美，更何况其历史悠久，上至炎黄，下至明末，长达五千年，所以当之无愧是汉民族的传统服装。

配合七年级第一学期历史学科的"文化认同"主题，任课教师设计了汉服简史、汉服礼仪、汉服民俗、汉服复兴四个模块展开教学活动，在每一个模块教学中，设计了"知识了解""实践体验""课堂讨论"及"课后反思"四个学习栏目，注重在教学过程中创设贴近学生生活的、形式多样的活动来提高学生对汉服礼仪文化的认识，启发学生对传统文化的思索，并引导学生强化文化认同的自觉性，认识到保护和发扬中国传统文化的重要性和历史意义。

（五）新生长点 1：新生课程与毕业生课程

针对学生进入初中后短时间内难以适应初中教学的困境，学校面向六年级入学新生开设为期两个月（即八月、九月）的新生入学课程。该课程注重小升初知识点的衔接，讲授通俗易懂，深入浅出；多创设问题情境，联系生活实际讲解知识点，培养学生学习兴趣，引导学生建立自主学习的意识。在教学过程中抽出专门的时间培养学生自主学习的能力，引导学生掌握一套行之有效的学习方法，如课前预习、课中学习、课后复习等规范化的学习方法；明确上课纪律，了解作业规范、订正规范、考试规范等规定。同时，向六年级新生介绍我校特色校本课程的实施概况。通过一系列入学教育，力求比较完整地向新生介绍初中学习的概貌，为其进入全新的学习状态打下较好的基础。

德育部门通过新生入学课程帮助新生认同校园文化，享受校园生活，引导他们热爱集体，树立规则意识，并制定出了延安初级中学新生入学德育课程的基本架构。

延安初级中学"新生入学德育"课程一览表

课程类型	具体内容	实施要求	课时	负责部门
学科衔接	第一章 初中学什么	各学科设计学习任务单,确保新生做好预习工作	12	教研组
	第二章 我们融入集体	各学科具体讲解、指导学科要求,帮助新生掌握学习方法	1	
规章制度	第三章 初中学习规则	包括日常作息制度和专用教室使用两大板块	2	教育处 年级组
	第四章 校园生活规则	包括言行举止、着装卫生等日常生活中各个细节	2	
中队建设	第五章 中队组织建设	组建小队和中队委员会;设计中队名和队训,布置教室环境	2	团队 年级组
	第六章 人大领巾大,人大责任大	换巾仪式	1	
校园文化	第七章 我们纪念过去	组织新生参观校史陈列,聆听老"延安人"讲述校史故事	1	教育处 年级组
	第八章 我们将要创造未来	军事训练,队列训练	4	体育组 年级组

案例:"小树在成长"之新生课程

很多时候,教育是一种沉淀,一种习惯的沉淀。怎样让小升初的孩子迈进中学的大门就意识到学习习惯的重要,进而努力自觉养成良好的习惯,这是在初中新生教育中必须要关注的重要问题。初中阶段是一段全新的学习旅程,是学生中学生涯的重要开端,也是身心发育趋向成熟的关键转折期。面对刚刚升入初中的"萌新"们,我校积极开展专项活动帮助学生平稳度过"过渡期",从学习、生活、习惯养成等多方面引导学生的全方面发展,设计开发了"小树在成长"新生课程,以帮助学生迈好中学第一步。

良好的开端:课程缘起及意义

新生入学是学生生涯中最最难忘的一段美好时光,新生入学教育是学校应当高度重视并精心安排的一项工作,是育人进程中极为重要的开端。延安初级中学拥有悠久的历史和独特的校园文化,秉承"走进延安门,就是延安人"的理念,我校在长期的实践探索中逐渐形成一套体现学校特点的新生教育课程,围绕"学会做人,学会办事,学会求知,学会健身"的培养目标,帮助学生认识学校,引导学生增强主人翁意识,培养学生良好文明礼仪习惯,关注学生综合素质的发展,为学生初中生涯的第一步打下坚实的基础。

一、不断的追求:课程目标

1. 了解学校历史概况,增强主人翁意识。

2. 体验集体生活和学习,认识同学,融入班集体

3. 认识学习内容和学校规范,养成良好的学习和生活习惯。

二、丰富的活动:课程内容安排

延安初级中学为升入六年级的新生安排了阶段性的入学适应性课程,帮助同学们更好地适应初中的学习和生活。

第一阶段是"温故而知新"——我校会为同学布置暑期学科作业单,包括语文、数学、英语、科学、体育五门学科,通过轻松有趣的活动培养学生对学科的兴趣,既复习了已学知识也收获了新知识。

新生暑期作业单

语文	1. 字如其人:撰写 500 字的自我介绍
	2. 温故知新:背诵小学精选 46 首古诗
	3. 开卷有益:阅读四本指定书目
数学	1. 认识数学:阅读与数学有关的书籍,谈谈对数学的看法
	2. 了解数学游戏:24 点、数独、孔明锁、魔方
英语	1. 我的名字我做主:制作一张 Name Card
	2. 我是歌手:学会四首英文歌曲
	3. Spelling Bee:背诵小学单词
	4. Copy 不走样:模仿英语故事 The Adventures of Sawyer
	5. 书虫:挑选两本英语原版书阅读并完成阅读卡片
科学	1. 参观一个校外科学活动基地
	2. 准备一次演讲,开学后利用科学课向同学们介绍身边的自然现象、科学家、科学发展史等
	3. 自制材料,完成小孔成像趣味实验

（续表）

体育	1. 上肢力量：立卧撑或减重俯卧撑、斜身引体	
	2. 腰腹力量：仰卧起坐、俯卧两头起	
	3. 下肢力量：立定跳远、深蹲、连续纵跳或单足跳	
	4. 耐力：耐久跑、爬坡跑、中速往返跑、游泳	
	5. 综合素质：跳短绳、篮球、羽毛球等	

第二阶段是"开学第一课"——新生进行为期三天的集中学习，内容包括校长和学生代表在开学典礼上发言、教师带领学生参观校园并介绍校史、班主任介绍日常规章制度、学生集体军训等。在这三天的集中学习中，学生们走进校园，与新老师、新同学全方位接触，在了解学校的同时也能建立起对学校对班级的集体意识。

三天集中学习计划安排

	主题	内容
第一天	了解学校	1. 入学典礼：校长发言、新生代表发言
		2. 了解校史和学校概况
第二天	培养规范	1. 列队、稍息立正、跨立转体等
		2. 了解学校日常规章制度，如奖惩办法、请假规范等
		3. 学习学校生活的礼仪，如早自习、午餐、着装等
第三天	融入集体	1. 列队、稍息立正、跨立转体等
		2. 建设班级中队，取名、设计队徽、讨论公约等

第三个阶段是"学科衔接教育"。新生进入初中后随着学习生活环境的改变，会产生不同程度的不适应感。纵观学生入学后的种种不适应，往往是外部环境和自身心理变化相互作用的结果，初中阶段的学科知识容量和对能力的要求有很大提升，也需要学生的学习方法由老师"推"着学习变为自己主动学习。因此我校对全体新生开展一到两个月的学科衔接教育，着重解决学生对于新教学方式和新学习方法可能存在的不适应问题。

延安初中学科新生适应性课程方案(语文)

课程 目标	1. 介绍初中阶段语文课程概况,指导学生确立学习目标,制订学习计划。 2. 指导学生建立自主学习的意识和习惯,激发学生学习语文的兴趣。 3. 指导学生明确并自觉遵守课堂规范、预习规范、作业规范、订正规范、考试规范等一系列语文学习规范。 4. 通过介绍"语文阅读领航"课程,开拓学生视野,鼓励学生养成自主阅读习惯。
课程 设置	(一)课程内容 新生适应性课程主要由四大模块组成,覆盖六年级新生必须了解的语文学科基础知识、学习目标与任务、为达成任务目标而必须明确的各类学习规范,以及必须尽快养成的良好学习习惯。 模块一:学前课程(八月自主进行,详见附页) 一、用一页自我介绍来展现自己 二、用两本工具书来帮助自己 三、用课外读物来丰富自己 模块二:语文学习规范模块(1课时) 一、课堂纪律与学生守则 二、作业规范与订正要求 三、预习要求与自学要求 四、复习要求与考场规范 模块三:学科技能养成指导模块(2课时) 一、朗读与默读的指导要求 二、写字与书法的指导要求 三、教材阅读与课外阅读的指导要求 四、口头表达和书面表达的指导要求 模块四:"语文阅读领航"课程模块(1课程) 一、"语文阅读领航"课程简介 二、"语文阅读领航"课程成果观摩 三、"语文阅读领航"课程的流程介绍 四、"语文阅读领航"课程的准备工作 (二)教学方法 一、讲授法。教师面向学生系统讲授四个模块的内容,明确学习要求,布置学习任务。在此教学过程中,积极引导学生记录笔记,制定学习目标,填写学习任务单等,同时注意理论与实践相结合。 二、专题探究法。在介绍第四模块"语文阅读领航"课程时,向学生介绍适合开展主题阅读的专题探究法:即学生在教师的指导下,分小组或独自研读,从中发现值得研究的文学现象和文化现象,确立研究课题,然后围绕研究主题收集、筛选、分析、归纳和整理相关资料,形成一定的成果,最后互相交流学习所得。

（续表）

课程 设置	这种教学方法的特点是：在整个解读文本的过程中，学生都处于主体地位。从提出研究课题、研讨解决问题的思路、收集相关资料解决问题，到最终形成研究成果，无不由学生自主完成。同时，该教学法还要求学生分工合作，共同研讨问题。学生的研究不再局限于课堂，而是向现实生活、历史文化生活等领域延伸，因此它又具有了合作性和开放性的特点。 　　（三）课时安排 　　模块一：八月，学生自主完成 　　模块二：九月，1课时/周/班
课程 评价	在语文学科新生适应性课程教学完成后，可通过问卷调查、座谈、个别调查等方法了解教师和学生对课程的评价，并以此了解师生的需求，以期不断丰富教学内容，提高本课程的质量。
课程 特色	学习适应是青少年社会适应的重要内容。较好的学习适应性是学生取得良好学业成绩的重要保证，学习适应性水平偏低是导致部分学生虽然智力正常但学习成绩不良、达不到正常发展水平的一个重要原因。相当比例的中学生存在不同程度的学习适应问题，它在很大程度上制约着学生的学习进步，同时也严重制约着学生整体心理素质的健全发展。因此，探讨中学生学习适应性的发展特点及其衔接教育具有重要意义。 　　本课程旨在加强对初中生进行语文学习习惯的养成、学习热情的培养、学习心理的调节、学习方法的指导、学习环境的创设等方面的辅导与训练。
教学 资源	自编校本学习资源，教材名称：《阅读领航学习手册》 　　教师自主设计制作的学习任务单、学习计划表以及教学课件等。

延安初中学科新生适应性课程方案（数学）

课程 目标	使新入学的六年级新生尽快适应初中数学学习
课程 设置	第一课：数学学习习惯1 　　文具准备：(红笔，铅笔，作图工具，草稿本) 　　如何装订校本作业及测验卷？如何规范书写、规范解题？如何记笔记？有哪些具体要求？ 　　数学订正的具体要求，每人必备错题本。 　　第二课：数学学习习惯2 　　主要是如何听课：上课听什么，记什么？如何协调听、记、思考？如何与老师互动？如何积极地回答问题和参与课堂讨论？等等，数学思维培养及对假期布置的24点测试。

（续表）

课程设置	第三课:数学学习的重要性 知识储备:计算(乘法口诀表,巧算) 初中数学学习的要求,初中数学与小学数学的区别(知识、方法等方面,有具体的例子),初中数学学习的重要性。 第四课:数学学习方法及数学文化 数学学习方法及数学史的介绍,与高年级同学交流初中数学学习方法。 课时安排:每节课1课时。
课程评价	从"课堂教学"转变为"全方位学习",从"固定课程表"转变为"弹性课时"。 以往课程的设计主要依据固定的教材,现在的学习材料增加了学生有兴趣的益智游戏。 以往的课程评价侧重于课堂内或学校内的教学活动,现在可以充分利用课内到课外、校内到校外(家庭活动、数学周活动),以不同的教学组织形式和教学方法进行全方位的学习。 从时间编制来看,以往课程主要在课堂内学习,现在可以利用其他时间学习。
课程特色	该课程帮助新入学的预初学生尽快融入初中学习生活; 该课程是学生喜闻乐见的数学益智游戏; 该课程的参与者除了老师、学生还有家长、高年级同学; 该课程的活动形式不受时间、地点的限制。
教学资源	教师、高年级学生、益智游戏、网络资源(数学文化)、家长的参与。

延安初中学科新生适应性课程方案(英语)

课程目标	1. 让学生认识初中英语与小学英语的区别,及其学习方法的不同。 2. 让学生掌握英语基础知识,包括英语语音知识,扩大学生的词汇量,逐步培养学生的阅读能力。 3. 培养学生养成良好的英语学习习惯:a.英语书写习惯。b.朗读的习惯。c.做笔记的习惯。d.整理试卷集的习惯。 4. 检查假期自主学习衔接任务的完成情况。
情感目标	1. 激发学生学习英语的兴趣,发挥学生学习英语的主动性。 2. 通过小组活动、组组PK,培养学生的合作意识和团队精神。 3. 在活动中培养学生的想象力和创造力。

（续表）

课程 设置	新生适应性课程主要由四大模块组成,覆盖六年级新生必须了解的学科基础知识、学习目标与任务、为完成任务和目标而必须明确的各类学习规范,以及必须尽快养成的良好学习习惯。 **板块一　暑期自主学习(八月自主进行,详见附页)** 1. 我的名字我做主 2. 我是歌手 3. Spelling Bee 4. 玩转音标48 **板块二　课堂教学(4课时)** **第一课时　记一记,说一说** 1. 教会学生记英语笔记 2. 动笔记一记 3. 英语课堂常用语介绍 Part One **第二课时　集一集,说一说** 1. 作业规范与订正要求 2. 试卷装订册与错题集要求 3. 动手做一做 4. 英语课堂用语介绍 Part Two **第三课时　读读拼拼** 1. 朗读与跟读指导 2. 假期音标学习检测(个人比拼,小组比拼) **第四课时　拼拼赛赛** 1. 单词达人组内 PK 2. 单词达人组组 PK
教学 方法	1. 兴趣活动策略:采用边学边做和游戏等形式将抽象的内容具体化、形象化,以适应预备学生的学习能力,提高英语学习兴趣。 　　2. 开放型教学策略。 　　3. 任务型教学策略:任务型教学途径是以应用为动力、以应用为目的、以应用为核心的教学途径,所以教师在教学中应该突出语言的应用性原则,把听、说、讨论、游戏、动手贯穿于整个教学过程,使课堂形式多样化,充分发挥学生的主动性和创造性。
课程 评价	在英语学科新生适应性课程教学完成后,可通过问卷调查、个别调查等方法了解教师和学生对课程的评价,并以此了解师生的需求,以期不断丰富教学内容,提高本课程的质量。

（续表）

课程 特色	小学生普遍缺乏分析及解决问题的能力，一般都是被动地接受老师所教授的内容。而上了初中之后，则经历一个英语知识实践和使用的过程，而且所学内容相较于小学阶段要复杂很多，为了让学生能够较快地适应初中英语学习，在起始阶段就要开始培养学生发现问题、分析问题以及解决问题的能力。良好的学习习惯也是学好英语的保障。本课程在授课过程中采取了讲一讲、做一做的授课方式，让学生在教师教授完之后现场尝试完成，教师能即时检测教学效果并对学生进行现场即时指导。开放性的教学策略让学生不但能够在做中学，还能就假期自主学习的内容进行PK、检测；不但对小学知识进行了回顾和复习，对初中的学习起也到了很好的衔接作用。多样、有趣的课堂活动适合预备年级学生的学习习惯，能够调动学生学习英语的积极性，提高课堂效能。
教学 资源	教师自主设计制作的学习任务单、学习计划表以及教学课件等 48个音标 小学牛津英语单词表 常用英语课堂用语

三、收获的感悟：课程反馈

新生课程的结束也意味着同学们在延安初中的四年求学生涯正式开启，他们从三天新生课程中收获了许多感悟，通过学习"第一课"也迈出了中学阶段的第一步。这短暂但是丰富的课程将为他们今后四年的学习打下坚实的基础。

六(9)班蔡同学说："站军姿看上去是件小小的事情，却让我明白：有些事情别看它很小，但要做好它也是不容易的。站军姿要站得好、站得直、站得稳、站得久，需要有决心、有毅力，要坚持，勇于挑战自我。其实这和学习是一样的，学习也要踏踏实实，一步一个脚印，坚持到最后才能取得成功！"

六(1)班张同学说："掉皮掉肉不掉队，流血流汗不流泪。这是部队精神，却在本次军训中让我体会到了。军训是我们人生中一次难得的考验和磨炼，不仅培养了我们吃苦耐劳的精神，还磨炼出了我们坚强的意志，它是我升入初中的第一节课。"

六(1)班司马同学说："就像许校长说的，'每天超越自我一点点。'军训是超越自我的良机，之后的军训和学习生活，我也将每天超越自我一点点，以最好的精神状态面对，争做出色的'延安人'！"

毕业生课程向来是延安初中课程领域的重要一环，它既是对毕业生在离开学校之前的行前忠告，又是对即将进入高中阶段学习的入学前准备。毕业生教育，是对四年初中阶段学习生活的"检阅"，是学校对毕业生寄予厚望的叮咛。

用什么核心内容来凸显毕业生教育意义？延安初中自有"招数"，把它定格为"小树再成长"，这也是与新生课程"小树在成长"的一种呼应。

案例："小树再成长"之毕业生课程

一、毕业生课程的缘起

毕业生课程贯穿于毕业生整个毕业学年，通过由浅入深、循序渐进的教育，从课程目标、课程内容、课程实施、课程评价四方面确定了延安初中毕业生教育的体系。

（一）课程目标

毕业生课程的目标确定为：培养爱校荣校的意识，树立远大理想，发扬顽强拼搏的精神。自觉践行校纪校规，不断优化学习方法，学会自主探究。坚持自主健身，拥有健康体魄，争做一名自信自强的优秀"延安人"。

具体包括志向、坚毅、感恩、责任、发展五大核心词，内涵如下：

1. 志向：志存高远，目标细化，能从自身实际出发制定规划；

2. 坚毅：意志坚定，提升自律能力，增强自信；

3. 感恩：懂得感恩母校，感谢老师，感谢父母；

4. 责任：明确自身责任，肩负起自身应当承担的责任；

5. 发展：持续发展，把初中毕业作为人生奋斗的一个驿站，继续前行。

（二）课程实施

毕业生课程，贯穿毕业生的毕业学年，即从初二学年末的6月到初三学年末的6月。

（三）课程内容

课程内容包括"树目标，立志向""学法指导""身心发展""感恩母校""家庭教育指导"等几大主题。

在大的主题框架下延安初中有针对性地开展了各项活动，这些活动得到了学校、学生、家长的大力支持，成为三者沟通的桥梁，为学生顺利度过毕业学年保驾护航。以下就是本课程包含的一些活动内容：

初三衔接教育：

初三衔接教育是毕业生课程的起点。从初二迈入关键的初三，通过衔接教育让学生、家长能够做好充分的心理预期来面对。衔接教育的内容包括初三大致时间节点的介绍、暑假指导、学长与家长经验分享等(通过初二学年末年级会、班会、家长会分享经验)。衔接教育通常会在初二学年末的 6 月完成。此外,在初三的每个时间节点,学校都会举办一些活动,与家长通力合作,时刻关注学生的成长,包括但不限于以下活动:

目标规划(军训期间年级会、班会;暑期);

自我目标调整(自我目标调整;每月);

二模、中考加油鼓劲(初三每月月考后交流;3 月底或 4 月、6 月初或自主复习前);

优秀学长经验分享(初二学年末、开学年级会;6 月、9 月);

学习方法反思与调整(月考后年级会、班会指导;每月);

坚毅品质教育(军训;暑期);

身体锻炼(体锻、运动会、自主锻炼;寒暑假、初三全年);

心理减压疏导(板报宣传、春秋游、班会、年级会;每月);

延西校区离别留念(延安校区车库涂鸦;初二学年末,6 月);

毕业纪念册(美术课);

毕业照、视频制作(家校合作、师生共制;5—6 月);

毕业班会(毕业班会;6 月);

毕业典礼(毕业典礼;6 月);

家长心理疏导(家长会、个别咨询;每月);

初三学法指导(家长会、个别咨询;每月);

升学指导(家长会、个别咨询;家长会:初三自招考启动前、填报志愿前按需要咨询)

从上述课程内容我们不难看出,延安初中在选择毕业生课程内容时充分考虑到学校、家长、学生三方合作的重要性,每一次活动都是三方的一次紧密联系。毕业学年是非常特殊的一年,学校通过毕业生课程记录着每一位学生的成长。

(四) 课程评价方法(初三个人成长档案)

毕业生课程采用了"个人成长档案"的评价方式,包括学生的自我评价以及课程的评价,组成了较为全面的评价方式。

一是学生自我评价：

学生的自我评价是课程评价中重要的一环,包含以下内容：

1. 在重要时间节点(如初三开学前,第一学期期中,寒假,3月,5月)撰写激励自己的关键词、未来志向、目标调整、对家长的话、对母校的话、家长的话。

2. 每月月考、重要考试后,进行自我分析、教师分析,撰写寄语与写给家长的话。

二是对课程的评价：

除了学生的自我评价,课程的外部评价也是必不可少的,包含以下方式：

1. 学生问卷(初二,6月;初三,11月初、3月初、5月初)

2. 学生座谈会

3. 家长反馈意见征集、教师反馈意见征集(中考结束)

毕业生课程,倾注着延安初中对毕业生的关爱,课程内容丰富,措施周全,为毕业生即将走向新的学习高地铺垫踏板。它记录着毕业生整个毕业学年,不仅是对学生初中生涯的总结也是对未来的提前准备,起着承上启下的作用。初中对于大部分学生来说是学业上,更是人生中极为重要的一部分,对初中毕业生进行教育不仅是对学业的记录,更是为人生增添浓墨重彩的一笔,延安初中愿为每一位毕业生的成长搭建平台。

(六) 新生长点2:"为个性量体裁衣"的资优生课程

一般来说,资优生群体其共同特征是:智商较高,学习成绩优秀,思维活跃,具有潜在优秀特质。我们一般称某些学生为好学生,是指他们在思想品德、学习成绩等方面表现优秀,这其实是属于肯定性评价。而我们使用"资优生"来称呼资质优秀的学生,它所强调的是他们具有发展成优秀学生的可能性,是属于发展性评价,因此它不同于"优秀生",也不同于"绩优生""特长生"和"智优生"。

资优生的培养初衷与目的与我校的办学理念不谋而合。学校注重激发资优生学习潜能,挖掘其优秀资质,关注其成长过程中的"多元智能"发展水平和"最佳发展期",为资优生的培养提供资源与平台。

目前,绝大多数学科已经制定了资优生培养方案,为他们量身定制课程。

例如,语文组为我校部分学有余力、自学能力较强,且对中华经典传统文化有浓厚兴趣的学生,量身定制了一门自主拓展课程——"古诗文赏析"课程。该课程和区级重点课题"初中生古诗文阅读素养培养策略的研究"紧密结合在一起,边构建边实践。下一阶段,语文组将对我校原有的古诗文竞赛课程进行梳理、整合和完善,制定出一套较为详细的校本课程方案,并在教学实践中不断构建课程内容,开发校本课程的教学资源。

又如,体育组主要通过选拔培养对象、课余运动队训练、组织校内体育竞赛、开设体育拓展活动课及成立体育社团活动等途径吸引有天赋、有兴趣的体育资优生参与进来,为他们提供在市区级竞赛中展现自我、提升自我的舞台。

案例:物理资优生课程的培养体系

初中阶段的物理是一门起点学科,因此教学时必须考虑到两个问题:一个是怎么承上,另一个是如何启下,即如何与科学学科对接以及如何与高中物理课程衔接。初中物理知识以及问题解决的方法和思维都与高中存在很大的难度跨越。整体来说,初中物理以实验和观察为基础,以物理现象为出发点,侧重从定性的角度对物理概念和规律进行描述,对定量计算的要求很低。高中物理不仅要求学生能定性地描述,能运用初等数学工具进行一定的定量计算和研究,还常常需要学生能在实验或者观察的基础上,利用理论论证和数学推导得到物理结论。

目前的初中物理教学内容和高中部分内容存在脱节,在今后有继续深入学习物理愿望的学生如果仅仅掌握初中物理课程标准的要求,将对他们今后的学习造成阻碍。因此,这样的学生需求促使延安初级中学物理组的教师们在基础物理教学上展开了物理资优生课程的探索与建设。

依托于延安初中的数学特色,学校培养出一批数学学科非常出色的学生,他们在数字计算、逻辑思维等方面具备了学习资优生课程的基础。在课程的建设方面,资优生课程采用分层教学的方法,分为 A＋课程、A 课程、B＋课程和 B 课程。教师会根据学生的学习能力和水平以及学生对于物理学科的兴趣组织学生参加这类提高型的课程学习。

在课程内容方面,考虑到学生的学情,一方面做到与高中物理知识衔接,高中涉及的内容,只要在学生接受范围内的,都将其与初中知识一起较为连贯地教学;另一方面是将物理学科与生活相结合。学生刚接触物理学科,教师必须兼顾传授物理知识与其实用性,激发学生的学习兴趣,引导学生形成对物理学科的全面认识。在课时的安排方面,A＋课程和 A 课程是一周三课时,结合了一部分课堂和课后的课时。B+课程和B课程是一周两课时，采用课后时间完成。在作业布置上也做出相应的安排，在原有的作业基础上提供一两道提高类或是兴趣类的题目供学生选做，例如一篇阅读或知识介绍等。

四、德艺体科的"浸润式教育"

（一）触动心弦的艺术——校本德育课程的构建

1. "明德·修身·养习"课程：培养高素质的"延安人"

德育是学校教育的核心工作。学校以学生的行为规范的养成、文明礼仪和基本素养培养为工作基础；以德育课程建设为重点，提升教师育德能力，为学生成为良好、高尚的社会人做好准备；以细化育人举措，创新德育方法，优化教育模式，提高德育实践的有效性为方向；最终构建以"四会"为目标的学校育人体系，实现学校造就"具有中华传统美德和现代文明的高素质的'延安人'"的育人目标。

根据学校行为规范教育的目标，完善各年级分层行为规范的教育目标，构建了"明德·修身·养习"课程，形成了该课程的基本架构。

延安初中"明德·修身·养习"课程一览表

	六年级	七年级	八年级	教育课时	实践时间
安全行为教育	明确在校日常生活中遵守的安全行为准则，逐步改正在教学楼奔跑等不安全行为。	引导学生辨识校园中的不安全行为，并提出改善措施。	引导学生遵守交通出行的安全行为准则，杜绝闯红灯、赶时间挤车门等不安全行为。	每年级各一课时	一个月
生活行为教育	明确在校午餐、使用卫生间等生活行为准则，逐步养成安静用餐、文明如厕等良好习惯。	引导学生辨识校园中雨天不带伞套、在休息区大声喧哗等不文明行为，并提出改善措施。	对学生进行文明乘坐飞机等社会生活行为指导。	每年级各一课时	一个月

（续表）

	六年级	七年级	八年级	教育课时	实践时间
交往礼仪行为教育	明确校园生活礼仪：进出办公室等师生交往礼仪、不起侮辱性绰号等生生交往礼仪、讲座中的着装和提问礼仪等。	争做延安礼仪好少年：公共场合不大声喧哗、会排队、靠右行、不做侮辱性的动作等。	明确男女生交往礼仪。	每年级各一课时	一个月
学习习惯培养	引导学生合理规划早自习、课间、午休等时间，对学生明确课堂、作业、订正等学习要求。	引导学生反思每日、每周对学习时间规划的不合理处，改善自己的学习习惯。	引导学生正确对待在校学习和课外补习的关系，针对自己的薄弱学科从改善学习习惯做起。	每年级各一课时	一个月
手机、网络行为教育	明确在校使用手机的规则，制定在家使用手机的规则。	反思使用手机的不良习惯，并提出改善措施。	引导学生辨识网络世界中的不良或不道德的行为，讨论网络道德行为准则。	每年级各一课时	一个月

2. "社会实践阅读领航"课程：开展学生的课题研究

由思想品德学科牵头，学校将社会实践阅读活动课程化。学生们到不同的行业、单位，不同的街道、小区进行各类专项调查研究、专题访谈……更好地了解自己生活的城市，把书读活，把自己和社会拉近。

我校在"社会实践阅读领航"工作上取得了显著的成绩，以"走进社会，认识社会"为学习内容，形成校本课程。六到八年级共 8 项主题。

"社会实践阅读领航"课程主题

序号	主题	年级
1	便捷出行,现代生活	六年级
2	绿色悦读,趣味生活	
3	勤俭节约,健康生活	
4	强身健体,幸福生活	
5	现代家庭,舒适生活	七年级
6	邻里和睦,和谐生活	
7	古镇探秘,文化生活	八年级
8	安全为先,法制生活	

"社会实践阅读领航"课程以合作探究为学习方式,组织学生开展小课题研究。在平时的课堂中教师进行前期指导,指导学生分小组、选课题、设计研究方案、制作调查问卷等,再由学校统一安排时间,确定带队教师,开展社会调查活动,之后学生通过自主整理数据、撰写调查报告,在课堂中进行汇报、自评、互评,确定新的调查方向。

为了更好地评价课程实施效果,我校德育部门以综合评价为检验手段,评选"实践之星";为每一个学生建立记录档案,从探究过程的表现和探究成果的质量两方面进行课程评价。

(二) 阳光体育,自主健身——体育与健身课程的架构

学生的体质健康一直以来是社会、教育部门,乃至学校、教师、家长所关心的问题。我校体育组具有前瞻意识,根据当下教育部出台的相关政策、教育改革所指方向,以及学科研讨的热点动态,在学校浓烈的科研氛围下,通过课题"初中生自主健身机制建构的行动研究"开展研究。不但着眼于学生健康体质的保障,保证运动参与的时间,更着眼于学校体育对于学生培养所置的点,培养学生的运动兴趣、主动健身的意识、自主健身的能力。课题组成员通过调研、讨论,制定了研究方向,以学校课程建设与学生自主健身活动开展两部分构成自主健身机制框架。其中,学校课程包括学校体育与健身基础课程和体育拓展课程;学生自主健身包括校内、校外的自主健身活动。两个部分之间是相互关联

的。在完成框架的制定后,以行动研究的方式开展研究。此外,学校体育组也积极构建体育素养课程,解决雨天上体育课的问题。

案例:雨天也上体育课

进入新时代以来,学校体育在改革中虽然取得了新的突破和发展,形成了稳定的制度体系,但对学校体育思想观念这一基础性问题的认识仍然存在着差距。增进学生身心健康是新时代我国学校体育发展的根本和方向。实现中华民族伟大复兴的"中国梦",需要高素质的国民,因为国民素质是国家最为宝贵的战略资源。在国民身体、心理和社会文化三大素质构成中,身体素质是最为基础的素质,尤其是青少年体质健康素质,是民族旺盛生命力的基础保证,也是社会人口素质提升的重要体现。

学校的体育教育主要依靠体育课实施。但是,传统的体育课主要采用户外活动的方式,受到天气的制约性非常明显。下雨天的体育课应该怎么上?受场地限制,下雨天的体育课成了老大难问题。延安初中体育组的教师们利用下雨天的体锻课课时开发出了体育理论知识类的体育素养课程,为体育课教学提供了新的可能。

一、体育多样化的尝试:课程缘起

长期以来,学生在校期间对于体育知识的学习都是通过体锻课进行,但受制于课时、场地、器材等因素,学生学习的体育项目种类和形式比较匮乏。根据"初中体育多样化"的体育课程改革要求,体育素养课程为了实现多样化的目标,面向全体学生开设体育运动知识普及课,通过对运动由来、比赛规则、赛事欣赏和著名运动员等多方面的知识介绍,帮助学生了解更广泛的体育项目、学会基本的观赛技能,有助于学生有针对性地培养自己的体育兴趣。此外,学校开设了攀岩、击剑、高尔夫等校本选修课程,对于这些日常学习和生活中不太接触的体育项目,体育素养课程能够帮助学生更有针对性地选修专项的体育运动,以兴趣来促进学生的学习,在学习过程中发展学生的兴趣。

二、体育素养的培养:课程内容与实施

(一) 内容概况

体育素养课程是面向全体学生开设的一门普及类课程,旨在通过对一些常见运动项目、时尚流行体育运动及与中学体育教学关联度较大的运动项目进行直观介绍、基本规则普及及相关视频欣赏,拓宽学生的视野,激发学生参与体育运动的兴趣和积极性,为学生的锻炼提供更多的选择,为学生可以在多种选择中挑战自我创造条件。本课程的开课时间较为灵活,主要在无法进行户外运动的体锻课时间进行全年级的集中授课。在开课内容和知识点的选择上呈现出由浅入深、结合实际的特点。篮球课作为开课周期最长,活动内容最为丰富的运动项目,每个年级都会进行适合当前学生水平的教学,学生可以通过一个较长的周期进行较为深入的学习。对于攀岩、击剑、高尔夫等时尚流行体育运动,教师则根据学生的实际需求和学校的开课安排进行灵活授课,通过一到两课时让学生对运动项目获得初步了解。

(二)多彩篮球

篮球是我校体育传统特色项目,学校具有多年扎实的教学实践背景和良好的学生学练氛围。早在 2012 年我校就开始了对篮球课程校本化的研究工作,依托于学校在篮球教学上的基础以及学生在学习中表现出的兴趣,篮球项目作为体育素养课程中的一个重要板块贯穿了六、七、八年级的教学。

六年级的学生由于年龄较小,基础知识比较薄弱,因此在教学时以简要介绍运动规则,让学生了解锻炼的好处为主。七年级则通过观看比赛视频、介绍篮球明星等学生感兴趣的手段让学生体会体育精神。同时在七年级段开设了三对三半场篮球竞技比赛,在课程中将加入更多的技巧、规则讲解。对于八年级学生的要求进一步提高,课程会围绕学校举办的"十四岁生日"系列活动中的全场五对五篮球比赛开展教学。除了培养具有较好运动技能的学生直接参与篮球比赛,课程也广泛作用于学生作为比赛裁判和提高观赛体验的能力。通过三年对于篮球运动循序渐进的知识学习和实践体验,进一步深耕篮球这一传统特色项目。

(三)丰富的运动

除篮球这一内容涵盖较广、周期较长的运动项目之外,体育素养课程还包括高尔夫、攀岩、击剑、游泳等时尚流行体育运动。

二、能力与兴趣的激发:课程实施效果

(一)培养学生的运动兴趣与能力

学生在学习过程中拓展了体育运动知识面,这对于传统的体育课起到了内容和形式上的补充。学生在了解了更多的运动项目之后不仅增加了参与运动的兴趣,也为他们观赏体育运动和选择适合自己的运动提供了机会。

体育组老师表示："学生在上完这门课后对于如何选择选修课更有方向,不会一头雾水地盲目选择。我们这门课希望能调动学生参与体育运动的兴趣,上课后我们确实感觉到学生更愿意参与了。尤其是一些女生原本对体育课的参与度不高,但现在上体育课的积极性有所提高。尤其是篮球专项开发后,更多的学生在中考体育考试中选择篮球科目。"

（二）提升教师的教学水平与技能

体育素养课程的教学内容广泛、形式灵活,对于教师的知识储备和在备课上的内容选择有很高的要求,老师在备课的过程中结合学生兴趣不断调整和优化方案,在把握教学内容和教学方法上有很大的提升。同时全年级的学生身处同一堂课,老师在课堂上要同时关注更多的学生,调动他们积极参与,这对于老师的课堂教学能力和班级管理能力也是极大的锻炼。

体育组组长表示："老师们在备课能力上确实获得了极大的提升。这门课由于内容的灵活性和面对的学生群体庞大,因此老师们完成备课后首先要在体育组老师们面前试讲,教研组会进行集体讨论,不合适的内容直接删减,可用的内容进一步优化。对于老师来说上这样一堂课需要花费很多的时间准备,但对我们来说也是一个极好的成长平台。"

三、基于实践的思考:课程总结与反思

体育素养作为一门普及性的体育课打破了体育课的传统模式,同学们坐在课堂中也能学习体育知识。学生从了解更多的体育运动入手循序渐进地了解与运动相关的项目介绍、基本规则、运动赛事等。本课程在拓宽学生视野、激发学生运动积极性的同时也为学生选择运动和挑战自我创造了途径。本课程目前形成了各年级不同层级、不同抓手的教学重点并将教学内容与学校选修课程及校园运动赛事结合。

在课程的实施中我们也在不断反思:体育运动作为学生能够受益终生的一项事业可以从体育素养课程入手,将其纳入我校的荣誉学生评价体系,从评价的角度提升学生参与的重视程度,同时和其他学科全方位搭建系统科学的评价体系。此外,此次新冠疫情期间的线上教学也让我们思考开发线上教学的可能性,希望进一步突破体育课对于场地要求的局限性,让学生从不同角度都能体会到体育的魅力。

（三）绽放艺术的化育力量——艺术教育的熏陶

1. 美术创意短课程

初中美术学科在传承优秀传统文化,提升个人审美素养、人文素养、创意水平和培养学生绘画能力方面所起的作用日益突显。我校在国家美术课程教学的基础上,结合学校、年级及班级的各种德育主题活动,通过教育理论学习与教学实践,探索开发出一系列从低年级到高年级层层递进的美术主题短课程,形成了每学期有主题、每学期有实践的美术创意主题短课程构建。

同时,美术主题短课程以美术学科教学为依托,在培养学生绘画技能,提高学生审美能力的同时更注重与年级的德育主题紧密联系,注重对美术教育的导向功能、熏陶功能、凝聚力功能的突破研究,力争体现美术学科的育人价值。

（1）预备年级主题:认识自我,悦纳集体

预备年级学生处于低年龄阶段,学生的动手创造能力、绘画表现能力都还比较低,所以其重点是基础技能的学习表现,如点、线、面的塑造和设计。为此美术组设计了"彩豆画"与"叶片上的脉纹"两门创意美术绘画实践课,实践练习了点的绘画创作,完成了技能基础的训练、临摹绘画及主题创意绘画的情景表达。认识基础技能是绘画和艺术欣赏的重要根基,通过教学环节环环相扣的设计,引导学生从认知到感悟,最后激发学生从中感悟到绘画的艺术价值与魅力。

（2）初一年级主题:放飞心情,快乐集体

考虑初一年级同学们尚未形成较强的集体观念,为了激发同学们学习美术的兴趣和更好地让大家融入集体,设计了"放飞心情　快乐成长"传统风筝扎制与春游社会实践风筝放飞体验课。

（3）初二年级主题:个性飞扬,梦想集体

初二年级的同学正值十四岁左右,充满活力,喜欢张扬个性,注重自己的外在形象。考虑到同学正处于青春期,设计了"我的理想我的梦"文化衫创意绘画系列主题实践课、班旗设计与绘画、文化衫舞台展示创意课。

（4）初三年级主题:憧憬未来,珍藏集体

初三年级即将面临毕业,很多同学都需要一本毕业纪念册,请老师、同学们写下美好的祝福,留下对初中生活最美好、珍贵的回忆。因而设计了"我的个性毕业纪念册"课程,发动同学们在美术课上自己动手设计有自己个性的、独一无二的,更有纪念意义的纪念册页,培养学生的审美情趣,陶冶情操,另一方面也可表达同学与同学、同学与教师的情谊。

2. 音乐拓展课程

音美组教师在各个年级分别开设了歌声绕着地球走、iPad音乐制作、电声乐队、小合唱、书法、素描、创意绘画等多门艺术拓展课程,深得学生的喜爱。每一门课程的任课老师都精心准备,制定详细的教学计划、教学目标和教学内容,并在学期结束的时候安排相应的考核。

例如iPad音乐制作课颇具特色。相对于一本音乐教材来说,iPad有着丰富的表现形式,清晰的视频、音频、图片等比单一的文字形式更能吸引学生的注意。教师创设音乐情境,让音乐内容变得既富有情趣又易于学习,充分调动了学生学习音乐的积极性,有利于启发学生的思维发散能力,发展学生的音乐创造能力。在学习过程中,让多位学生通过蓝牙联机的方式一起来创作和录制歌曲,对于培养学生的合作能力具有相当大的帮助,能够在潜移默化中培养他们的团队意识和自主创新能力。

3. 音乐艺术团体:总有高唱入云端

音乐课程在学校的各类艺术活动中多次进行展示,例如由音乐老师指导的合唱团、民乐团、昆曲团已经成为知名的特色艺术团队。合唱团、民乐团成绩斐然,多次代表长宁区参加各级各类展示比赛活动。如:2012年,民乐团获得悉尼国际音乐节亚洲唯一一个金奖。合唱团队伍也日益壮大,与时俱进,从2003年成立至今,在区级重大比赛和演出中脱颖而出。2015年7月我校预备(10)班以班队的形式,参加上海市学生艺术展演比赛,获得合唱专场二等奖第一名的好成绩。我们的昆曲团自成立以来,短短5年间更是多次获得上海市一等奖的好成绩,已经成为我校弘扬民族文化的窗口。2014—2016年间,多位昆曲队员获得上海市少儿组戏曲最高奖"小梅花""小白玉兰"的称号。2014、2015年我校昆曲团分获上海市学生艺术节戏曲比赛一等奖、二等奖的好成绩。

(四) 智慧点亮科技——科技拓展课程

为了拓宽学生的学习渠道,丰富学生的学习经历,努力让每一个学生全面发展、学有所长,延安初中科学组老师积极开发拓展型课程,目前开设了包括趣味科学、趣味化学、趣味生物的系列科普类课程,此外,还开设 STEAM 素养课程以及专业性更强的现代生物技术、Fab Lab 工程、智能机器人等进阶课程。

1. STEAM 素养课程

STEAM 课程是一门跨学科的理科综合拓展型课程。该课程通过科学、技术、工程、艺术和数学的相互结合,以项目研究学习为载体,使学生通过在线学习、实践动手体验等形式跨学科地解决真实情境中的问题,提升学生的实践创新能力、解决问题的能力、跨学科的思维能力和科学素养。

STEAM 素养课程通过一个个主题研究(如污水课题),培养学生设计方案的能力、数据获得的能力、数据分析的能力。

2. STEAM 进阶课程

(1)开心农场

开心农场就是老师带领学生在暖棚种植物,用种的植物反哺课堂。一方面学生可以观察植物的生长过程,另一方面可以为课堂实验提供材料。除此之外,学生还可以学习自动灌溉系统,了解现代农业,还可以开展一些实验研究,如光照对植物的影响等。

(2)Fab Lab

Fab Lab 采用 PBL(Problem-Based Learning)教学方法,把工程和技术相结合,教师提供需要解决的实际问题,引导学生进行学习,学生通过对问题的探究,设计改进方案,创制出一套解决问题的可行产品。比如工程创客这门课程,它主要是利用单片机进行激光切割,让学生设计、制作一个能够解决实际生活问题的作品。从作品的设计、编程、电路制作、安装到最后调试,在这个过程中,学生能够充分运用 STEAM 素养课程中学习到的方法,并将知识能力迁移到课程当中,进一步提升科技素养。

除了开心农场、工程创客,智能机器人也是开发的进阶课程,它也是用 PBL 的方法解决实际的问题。这些课程不仅仅包含了科学性,更重要的是实现了人文关怀的浸润,通过科技与人文的结合,培养学生的综合素养。

学校的教育功能主要通过课程来体现、来实现,简而言之,课程内容的完备与否、课程建设的精当与否、课程体系的健全与否,是学校办学水平、发展能力的重要衡量指标,是学校育人水准的直接反映。多年来,"延安人"以整体的布局、改革的决心、积极的创新和极大的耐心,不断丰富、完善着课程地图,形成了独到的覆盖全学科的课程和课程群。校本课程建设成就尤为显著,其与基础性课程组成有序衔接的梯次结构,并在校本化实施中占据了主导地位,既为孩子们提供了课程"大餐",也为孩子们开设了自主选择的课程"小灶",这是延安学子的幸事,更是延安老师的追求。

课程建设无止境。我们将不断以精致、周到的课程地图报答社会,滋润学子。

五、特色校本课程案例荟萃

课程是一个学校最重要的产品。不同学校所提供的课程知识总是各有特点、具有差异。学校的特色发展离不开课程建设,课程作为教育活动的基本载体,是学校发展的核心,也是学校通过特色发展满足学生个性发展、促进学校内涵发展以及提高教育质量的关键载体。一所真正意义上的特色学校必然需要特色校本课程作为支撑,学校特色课程的质量是衡量学校特色发展水平的核心指标。但是在当前的学校课程建设与改革中,学校对于课程特色的追求往往局限于"人无我有"的片面理解,忽视了课程实施本身蕴含的创造性需求。在延安初中看来,无论是课程内容本身的设计,还是课程实施过程中教师主动性、能动性的发挥,都是课程特色建构的重要表征,前者体现的是学校对于课程的个性化理解和建构,后者则体现了教师对于课程的独特理解与践行。学校的特色建设需要正确的课程立场,这种立场就是始终听取来自各方的声音。在课程建设中,通过调查问卷、访谈、课程满意度评估、自由选课等方式,全面了解学生、老师、家长乃至社会各界对课程的意见、建议,在这些反馈中不断寻找课程的成长点,这是学校提升课程想象力的关键所在。同时,当前学校的课程特色,往往不是来自一门单一的、孤立的课程,而是体现一种整体的、结构性的特色。特色校本课程,是学校课程顶层设计下的个性化实践,横向要与学校其他课程协调互补,以体现内容上的侧重、功能上的分工;纵向上则要与学校教育哲学、办学理念进行对接,以体现方向的统一与目标的一致。基于这样的理解,延安初中在狠抓教学质量的同时,注重课程实施方式的创新,既打造了富有特色的课程体系,也探索了具有特质的课程实施方式。

"模拟剧场理事会"课程

"还课堂于学生"说起来容易,实际教学中却总是困难重重。"模拟剧场理事会"是延安初中在实践与创新课程领域的全新探索。在延安初中众多的拓展课中,"模拟剧场理事会"开创了一条全新的实践之路并获得了不错的成绩。

一、从缘起看今朝:课程的发展概况

根据国家实施素质教育的基本要求——促进学生生动、活泼、主动地发展,教师应是学生发展的促进者与引导者,故延安初中师生在自主选修课的课程内容和课程形式上做了积极的探索。

长期以来,我们的课程都是以"教师主导"为主,虽然早就说要把课堂还给学生,但真正实施起来却有许多阻力,在学生学习中,教师讲授依旧是最常用的方式。这门课的内容和形式真正实现了"学生是课堂的主人"的要求,课程围绕着"让每一个学生的潜能得到充分发展"的办学理念,围绕"剧场"这一主题,让每一位学生均能在理事会中担任属于自己的角色,学生的能力也就在一次一次的思想碰撞、活动组织、沟通交流中得到快速发展。

"模拟剧场理事会"课程开设年级为从预备班到初二年级,课程在充分利用学校现有的教学资源的基础上,不但激发学生对于艺术剧场及其所承载的各类演出形式的兴趣,同时更激发学生对于"校园剧场管理者"这一身份的认同感和责任感,真正实现将课堂还给学生。

本课程的独特性在于其核心内容——学生自主运营校园剧场。学生通过模拟剧场活动,担任剧场组织活动中的相应人员,体验剧场运营中所涉及的宣传推广具体事项,不但掌握了一定的活动组织协调能力,更锻炼了与人沟通的能力。授课形式打破一般的"老师讲,学生听"的传统模式,取而代之的是"开会模式"。在学期的最后,所有的成员将合力呈现出一次完整的演出,而这其中所有琐碎的事情——宣传、海选、拟定主题、舞台灯光、剧本制作等,均由学生自己完成。"模拟剧场理事会"课程希望在艺术教育领域实现创新实践的新探索。

二、在探索中完善:课程的构建

(一) 多层次的课程目标

"模拟剧场理事会"是一门在音乐和艺术框架下设计的实践课程,根据新课标对于艺术课程价值的要求以及本课程实际架构中的特点,学校确立了四个层次的课程目标:

第一,文化传承目标:使学生了解国内外不同风格、功能、特色的剧场,感受剧场对于国民精神文化培育的重要性,以及实现对不同国家间的文化认同。

第二,创造性发展目标:使学生正确认识剧场内部分工架构,培养学生兴趣所在,形成以学生为主体的本校剧场理事会,为学生的终身学习提供方向。

第三,社会交往目标:体验剧场运营中所涉及的宣传推广具体事项,掌握一定的活动组织协调能力,养成沟通、合作、总结的能力。

第四,审美体验目标:能够欣赏和体验不同形式、不同风格、不同文化背景的艺术作品,能够形成并表达的自己的观点,培养学生的感受、鉴赏、评价和创造美的能力。

(二) "三段式"课程内容

"模拟剧场理事会"课程内容以"剧场"作为主线,将认知剧场的理论知识和筹备、运营剧场的实践课程紧密结合;将课程内容分为一个知识阶段和两个实践阶段。理论知识方面,剧场的由来、变迁,特色风格和运营模式等基础知识能够帮助学生从认知层面了解剧场,丰富他们的艺术常识并为后续实践操作打下理论基础。实践课程方面,前一阶段,学生通过部门分工、策划宣传等活动完成初步的"理事会"建立。在学习和沟通的过程中,学生有针对性地完成剧场活动的筹备工作,将理论知识转化为实践操作,并在实践中不断深化对剧场的认识。后一阶段,学生经过磨合,"理事会"初具雏形,课程的主要内容则围绕策划和完成一场完整的演出展开。"理事会"各部门分工协作,从宣传、策划、海选、设备操作等方面不断精进,最终所有"理事会"成员在课程结束时合作呈现一台面向全校师生的精彩演出。

"模拟剧场理事会"课程内容安排

认识剧场	1. 解释"什么是剧场",简要介绍剧场的由来和沿革。挑选国内知名的剧场,详细介绍其特色风格以及运营模式,组织学生查阅资料。 2. 选取国际上的特色剧场,对剧场的设置地点、内部装饰、具体演出内容等方面进行分析,与国内剧场形成比较,学生发表自己的观点。 3. 结合学校实际情况,学生陈述他们心目中的剧场应该具备哪些因素。站在剧场管理者的角度重新思考剧场对于公共环境的意义。 4. 以上海一座著名的剧场为例,介绍剧场内部人员基本设置。 5. 详细阐述剧场内各部门的具体工作内容。
走进剧场	1. 结合自身的兴趣特长,学生经过自己思考和小组讨论,决定自己的工作内容。 2. 回顾近几年本校艺术汇演的精彩节目、彩排流程,讨论汇演节目筛选条件及流程。 3. 学生经过讨论自主选拔不同部门的负责人,确定不同部门人员数量及安排。 4. 了解剧场活动的优秀宣传策划案例,学习设计及制作海报及宣传单页的方法。 5. 鼓励学生自主探索不同的宣传方式带来的不同宣传效果,经过总结和讨论设置调查问卷,进一步优化宣传方式,选择适合校园宣传的方式和渠道。
运营剧场	1. 进班宣讲,鼓励同学上报节目,参加海选,并对宣讲活动进行讨论和反思。 2. 成立负责剧场不同方面运作的项目组,例如具有延安特色的昆曲系列演出项目、话剧演出季等。 3. 进入本校剧场,学习各项设备操作,熟悉剧场空间环境,为之后的实践打下坚实的基础。 4. 讨论并形成策划案,进行海选和彩排,对内容做进一步调整。最终形成一场完整的演出。 5. 回顾一学期的学习和实践,教师引导学生从多角度多方面思考校园剧场未来的发展方向和运营方式,使剧场成为学生向往和喜爱的地方。

注:课程进度可根据实际教学内容自行增加,但不得少于15次。

(三) 重实践的教学方法

第一阶段"认识剧场"部分主要采用专题知识介绍和思考与交流两种形式,由教师介绍剧场的基本知识,学生以此进行思考并发表观点。第二阶段"走进剧场"部分主要由教师引导学生进行某一主题的小组讨论和协商。学生需要自行决定自己在"理事会"内的工作,并推选部门负责人。教师对宣传手段、策划案等方面进行启发性的教学,学生需要进一步讨论和优化适合当前实际情况的方案。第三阶段"运营剧场"几乎完全依赖于学生经验。学生根据各自的分工完成自己的工作,并在每一阶段的任务结束后开展经验分享和反思。教师仅在出现问题或学生寻求帮助时进行指导和协调。

三、从理念中落地:课程策略及实施

(一) 以"新三中心论"为理念基础

本课程以美国教育家杜威(John Dewey)的"新三中心论"为理论指导。以"儿童中心""活动中心""经验中心"作为展开教学活动的重要理念。

"儿童中心"——课程以学生需求作为出发点,在课程开发之初就致力于满足学生自身的能力需求。跳脱出学科原本的架构,将学科知识服务于培养学生的能力。以"剧场"为载体,调动学生自身的主观能动性,发展其创造性、审美、社会交往等能力。

"活动中心"——区别于由教师和教材组织起来的传统课堂,本课程由学生的活动来构建。课堂中,教师作为活动的组织者和引导者,学生则是活动的主动参与者。学生围绕"主题展演"这一活动来构建整个课堂,包括讨论活动策划案、反思成果、合作分工等。教师充分尊重学生的讨论决策,同时为学生活动提供指导。

"经验中心"——本课程中学生以直接经验的获取为主要的学习方式。学生在活动中获得有关于剧场运营、人际交往等方面的直接经验,进而转化为程序性知识。这与普通课堂学生获得间接经验,主要学习陈述性知识截然相反,是对学生能力培养的很好补充。

(二) 循序渐进的实施步骤

课程的实施主要有理论学习和实践反思两个板块。在理论学习部分主要包括剧场的历史由来、特色、风格、运营模式、了解著名剧场等。在实践反思部分主要包括人员选拔、活动宣传、策划、举办活动等。

此课程共分为三个阶段。第一个阶段,教师带领学生去探索剧场的历史文化、分工架构等,使学生们进一步了解剧场文化,在提高学生的艺术审美情趣的同时,也为后两个阶段学生自主运营剧场的分工协作打下理论基础。许多学生在完成这门拓展课后对剧场发展流派、剧场幕后工作分工、优秀的舞台剧作品等各个方面都记忆犹新。剧理会别具一格的课程模式令学生在学习活动中产生好奇感、新鲜感,帮助学生更深入地去回味过程。

　　在第二个阶段中,由学生自主筹备演出前的各种事项,教师只以鼓励的方式在旁指导。第二个阶段是最令学生印象深刻的部分。为了能够顺利地举办演出,学生们不得不鼓起勇气去宣传,海选结束后还需要与参选演员沟通。在各个环节中,学生们首先需要挑战自我,激发自己的信心,敢于开口与人交流,还要在此过程中不断寻求沟通技巧的进步。出色的沟通能力是现代社会生活中不可或缺的重要素养,通过在剧理会的学习,学生们变得更为阳光、自信,与人交流的能力也得到锻炼。

　　第三个阶段就是正式筹备剧场的演出活动。在这一阶段中,每位学生都化身为真正的剧场幕后工作人员,他们在教师的指导下理解自己岗位的意义并且在实践中努力追求完美,因为他们了解每一个岗位都是不可或缺的,演出的顺利完成必须依托于每个岗位环环相扣。学生们在这个过程中可以锻炼组织协调能力,培养团队合作精神。

　　四、以思考促成长:实施效果及反思

　　"模拟剧场理事会"是一门创新性强、非常开放的实践性课程。通过此课程的学习,学生各方面的能力都得到了提高。

　　(一)培养艺术审美情趣

　　学生在学习和体验剧场文化的过程中极大地萌发了对于舞台剧的兴趣,他们在课余时间自行去观看优秀的舞台剧作品,并且有自己独特的观赏心得。学生在欣赏优秀舞台剧的过程中陶冶了性情,逐渐培养起更高层次的艺术审美情趣。

　　夏同学这样感慨道:"在课程中间,我们还去参观了文化广场。我以前基本上是不看舞台剧的,由于这门课我开始尝试去看舞台剧,发现非常好看,尤其是张老师推荐的那部舞台剧《莫扎特》。我反复观看的时候发现自己懂得更多了,那些旁白里没有表达的情感变化,通过演员的表演,观众也能完全理解。我通过观看舞台剧提升了自己的审美观。"

　　(二)提高沟通和交流能力

　　出色的沟通和交流能力是现代社会生活中不可或缺的能力,而通过在剧理会的学习,学生们锻炼了与人交流的能力。学生在课程的各个环节中挑战自我,强化沟通和交流能力,不断寻求沟通、交流技巧的进步,学会面对不同的对象、针对不同的目标调整交流的内容和方式。

　　史同学回忆道:"我比较喜欢这门课是因为觉得在这门课上我可以学到课

本以外的东西,懂得如何去和别人交流。通过学习这门课,我平时和别人对话的时候也不会再感到很紧张很害怕。我学到最多的就是人与人的交流以及关于剧场的一些知识。在第一期的时候我比较害怕,做事也比较谨慎,面对海选落选的同学没能及时地去安慰他们。到第二期的时候,我就明白了要委婉地表达,不能刺激别人。"

（三）收获阳光、自信的性格

学生们在完成"模拟剧场理事会"的学习后,都变得更加阳光、自信了。剧理会的开放性和实践性使学生们大胆发言、积极实践。在教师的鼓励和帮助下,学生们在一整期课程结束后比以往更加活泼、阳光、自信,更加敢于表达自我。

杨同学提到:"我加入到剧理会后收获到了很多课本之外的东西,包括在情商方面有所提高了。我比以前更加胆子大了,更加阳光、自信了。"

夏同学提到:"在这个课程上我能有更多的思考的空间,而且比起一般的课堂,我有更多的自信去表达自己的想法。"

（四）反思与改进

尽管以学生为中心的课程理念逐渐被教师们接受并真正运用于课堂中,然而,如"模拟剧场理事会"一般,完全开放式的,彻底以学生为中心的课程依然鲜见。

"模拟剧场理事会"在开设之初是希望能够形成以学生为主体的剧理会,因此在课程中间都是以会议的形式进行的,目前基本达成预想。在这门课上,没有传统课堂意义上的"老师"和"学生",每位成员都是剧场团队的一员,而平等的交流和沟通,极大地促进了学生的积极性和创新性。最终呈现的盛大演出说明在这项课程中,学生们基本了解剧场的构造与分工,并且都能够有条不紊地操作各项幕后工作。同时,学生们还收获到更多的自信心和沟通的技巧,在创造性、领导力、独特性、阳光自信这四个方面得到了融合发展。

剧场理事会这样开放的、创新的、以学生自主学习为中心的实践性课程,在课本之外给予了学生更多的知识,使学生获得更多的锻炼机会,激发了每个孩子在不同方面的潜能。当然,剧理会还需要进一步对个别课程阶段和时间的把控加以细化和完善,以及在课程评价方面建构起更详细的指标体系,以帮助学生调整、改善自我……

把课堂还给学生,把学习的主动权交给学生,"模拟剧场理事会"这门课程做到了。或许说，它做到的原因，很大程度上是选对了其易于学生操作学习的内容与形式；或许说，它是一门拓展课的缘故，易于学生发挥。但是，纵有众多理由，仍无法掩盖这门课的创新精神和探索勇气。它的可贵之处，在于课程开设的理念引导、活动开展的理念实践、活动中全程放手的理念坚守。风起于青萍之末，突破往往先从外围开始。探索既起，相信"把课堂还给学生"的理念终将会以"滚雪球"般的连锁反应在延安初中生根、发芽、开花。

"财经中的数学"课程

让数学不再意味着学生学不会的理由、畏惧的心理、陌生的"路人"，延安初中的老师们创造性地将财经现象、知识与数学"嫁接"，使数学与人们熟悉的生活结缘，一下子打开了数学教学的新局面，也从数学出发让学生认识理财、学会理财，"财经中的数学"成为很受学生欢迎的"香饽饽"。

一、"数学为核，经济为壳"：课程缘起及概况

（一）贯彻数学生活化的初衷

《义务教育数学课程标准》中明确提出："通过义务教育阶段的数学学习，学生能够体会数学知识之间、数学与其他学科之间、数学与生活之间的联系，运用数学的思维方式进行思考，增强发现和提出问题的能力、分析和解决问题的能力。""财经中的数学"正是根据这一课程目标，针对现行学校中数学教学单纯进行运算训练，脱离生活实际的弊端所开设的。此课程将数学生活化，让学生在真实的生活情境下通过数学来解决财经问题，将数学与生活紧密联系在一起，培养学生运用数学的思维方式分析和解决问题的能力。

俄罗斯著名数学家罗巴切夫斯基说过："不管数学的任一分支是多么抽象，总有一天会运用在这实际世界上。"在贸易全球化的当下，金融经济与每个人息息相关，经济学和数学更是紧密联系。"财经中的数学"将数学应用融入财经知识中，同时也将数学教学扎根于学生的生活经验当中，把经济知识与学生已掌握的数学知识联系起来。这样既能够让学生充分体会到数学的奥秘和神奇，将数学知识运用于各种具体的生活情境中解决实际问题，同时也有助于学生建立起合理的理财观念、提高学生个人理财的能力，实现"数学为核，经济为壳"的理念。

"财经中的数学"课程面向六年级至七年级的学生开设，"数学为核，经济为

壳"是这门课程的核心理念。课程内容取材于与实际生活息息相关的基础财经知识,并与初中数学课程内容相辅相成。通过此课程的学习,希望学生能够将数学知识熟练运用于生活当中,且能够深刻地体会到数学来源于生活又应用于生活。此外,让学生了解并掌握简单的经济知识,也是将职业生涯教育融入此课程中的一个举措,或能为学生在经济学方向的深入学习提供一定的基础。

本课程的独特之处在于将数学问题完全置于真实的生活情境之中。在课程中,学生们需要依靠自己掌握的数学知识去解决生活中相关的财经问题。这种自我探究式的学习不仅能够很好地激发出学生的学习兴趣,还可以使学生更好地认识数学、理解数学和运用数学。并且,在此课程中教师采用"问题启发—合作探究—问题解决"的教学模式,有利于提升学生的思维品质,培养学生分析并解决问题的能力。未来的社会越发注重理财观念和理财知识,而这一课程对经济知识的普及也能够帮助学生建立起正确的理财观念。

二、数学与经济学间的统整:课程的构建

(一) 两相结合的课程目标

数学是我校的特色学科,数理与逻辑领域的课程是我校重点发展的课程领域之一。"财经中的数学"作为一门以数学为核心的课程理所当然地将促进数学学科的发展。同时,随着人们理财意识的增强,经济学成为一门用途广泛且学生感兴趣的学科。作为一门融合了两种学科的课程,"财经中的数学"从数学和经济两个维度确定了两相结合的课程目标,包括:

1. 获得适应社会生活和进一步发展所必需的经济基础知识、基本活动经验。

2. 体会数学知识之间、数学与经济学学科之间、数学与生活之间的联系,培养运用数学的思维方式进行思考、分析和解决经济类问题的能力。

3. 培养学生综合运用数学及经济学等有关知识与方法解决实际问题的能力,培养学生的问题意识、应用意识和创新意识,帮助学生积累实际经验,提高解决现实问题的能力。

(二) 单元式的教学内容

作为一门宏观学科,经济学包含金融、贸易、财政、税收、保险、会计、统计等多类下属学科。就初中学生的接受能力和数学水平来说,其大部分内容过于复杂。因此在教学内容上,我校教师选择了最贴近学生生活的货币、常见的金融活动及重大经济现象作为主要内容。具体来看,主要有经济活动概念的认识和货币活动计算两个部分,分为货币、投资理财、外汇、通货膨胀、经济危机等多个专题。货币是经济活动的重要媒介,也是学生有直接认识的概念,课程首先要求学生对货币的发展和功能,以及我国基本的经济发展史有基本的认识;接着向学生介绍货币储存和投资的基本类别,包括储蓄、股票、基金、债券等,使学生更加具体地了解货币的投资形式以及不同形式的基本原理;此外,学生还需要了解通货膨胀、经济危机等基础的经济概念。同时,投资相关的主题和热门实用的分期付款、最优决策等内容也将配合学生数学学科的学习进度进行模拟投资费用和收益的计算。

"财经中的数学"课程内容及安排

课程进度	第1周	钱币的发展: 了解货币的发展史、中国经济的发展及认识钱币在商品交换中的作用。
	第2周	怎样储蓄最划算: 1.掌握单利和复利利息的计算公式;2.会计算不同储蓄方式下的利息。
	第3周	股票基础知识: 1.股票起源;2.股票价格;3.股票市场;4.炒股人介绍。
	第4周	股票收益: 1.了解股票交易中产生的费用;2.会计算股票的收益。
	第5周	折扣问题(1): 使学生联系百分数的意义认识"折扣"的含义,学习打折在日常生活中的应用。
	第6周	折扣问题(2): 进一步计算购物中的折扣问题。
	第7周	汇率和外汇交易: 1.了解汇率的概念和两种标价法;2.计算汇率的相关题目;3.计算外汇交易产生的收益。
	第8周	基金、债券、期货: 了解基金、债券、期货类等其他金融产品的相关知识。

（续表）

课程进度	第9周	GDP： 1.了解 GDP 的相关知识；2.了解同比和环比的相关概念；3.会 GDP 的相关计算。
	第10周	博弈论： 研究博弈行为中斗争各方是否存在着最合理的行为方案，以及如何找到这个合理的行为方案的数学理论和方法。
	第11周	分期付款： 1.了解分期付款的概念；2.了解分期付款的规定时，学会计算每期付款的金额。
	第12周	经济危机： 1.了解和掌握 1929—1933 年资本主义世界经济危机；2.了解罗斯福新政的目的、措施、效果等有关史实；3.学习罗斯福本人身残志坚、不屈不挠的精神。
	第13周	通货膨胀： 1.了解通货膨胀产生的原因；2.了解历史上几次重要的通货膨胀；3.知道恶性通货膨胀的危害与适时通货膨胀对经济发展的好处。
	第14周	决策问题： 在多种选择中选择最优策略。
	第15周	期末小结

注：课程进度可根据实际教学内容自行增加，但不得少于 15 次。

（三）重实践的评价方式

"财经中的数学"是一门将社会发展和时代要求直接应用于课堂中的课程，在教学过程中非常注重学生体验，强调与实际生活相联系。该课程的重点不在于抽象的理论理解而是将数学和经济学知识融会贯通，应用于日常生活中。因此在评价方式上不局限于课堂教学成绩，重视过程性评价和多元评价，对于学生学习过程的积极性、参与度和潜能的激发提出了要求。教师会为学生设计模拟的投资或货币交易的综合环境，由学生提供"最优"的问题解决方案。评价时对问题解决的方案不设标准答案，教师根据解题思路和路径选择等实际因素酌情评判。

"财经中的数学"评价表

	评价标准	教师打分
期中作业 （50%）	积极参与小组讨论	
	对问题有自己的思考	
	经讨论给出合理的问题解决方案	
期末考试 （50%）	能积极、独立地思考数学问题	
	独立给出合理的问题解决方案	

三、知者行之始："财经中的数学"课程的策略

（一）学科与生活统整

杜威在《民主主义与教育》的开篇第一章中就提出："教育是生活的需要。"这意味着教育要关注学生当下的生活。因为真正的教育是通过对学生潜能的有效刺激而发挥效用的，而这种刺激是学生当下生活中各种要求引起的。因此本课程的开发与实施从学生在生活中会遇到的实际经济学问题出发，再将学生学习过的数学学科知识加以应用和深化，希望学生能够将对于数学的陈述性知识转化为程序性知识，解决生活中的真实问题。然而在本课程的建设中，也并非一味地遵循已有的理论，而是对杜威的"教育即生活"理论进行了实际操作层面的调整。杜威认为"教育是生活的过程，而不是将来生活的预备"，但是就目前的教育趋势而言，教育是面向未来的。考虑到学生的实际需求以及课程的连贯性，在课程的实施中，教学内容更侧重于为学生的未来生活服务。本课程注重学科与生活的统整，帮助学生将学习到的知识应用于具体情境中，进而形成解决生活中问题的能力。

（二）学科间的统整

本课程的实施将数学和经济学两门学科有机整合。针对六、七年级学生的认知特点、兴趣爱好和现有的知识水平，在经济学部分主要引入了投资的部分概念，如货币、股票、外汇交易等，希望学生了解这些概念的基本意义和运作原理，获得适应社会生活和进一步发展所必需的经济基础知识。在数学学科部分，本课程的设置与数学课的教学进度匹配，例如学生在数学课上学习了对于单利的计算方法后，"财经中的数学"课堂上将创造更加具体真实的情境，进一步学习复利的计算并应用到具体的问题中。此外，学生在学习了百分比后也会

将其应用到股票和外汇交易的问题中进行计算。通过这种方式让学生在实际的学习中体会数学与经济学之间的联系,运用数学的思维方式进行思考,分析和解决经济类问题。同时,在课程开发过程中也没有忽视人文领域,而是以经济学作为切入点让学生了解历史上最著名的经济危机以及相关历史人物,使自然科学和社会科学的内容在一定程度上实现了融会贯通。

四、行者知之成:"财经中的数学"课程实施效果

本课程将数学知识植入生活场景,让学生切实地感受到了数学的魅力和乐趣。在此过程中,学生的思维能力、问题解决能力、理财能力和对数学的兴趣都得到了一定的提升。不仅如此,老师对于课程不断修改精进,课程资源的整合能力也得到了提升。

(一)锻炼学生的思维能力

数学是一门逻辑性较强的学科。本课程结合学生的生活经验,让"生活化练习"走进数学课堂。学生在自主地参与生动活泼的数学学习活动的过程中,数学思想得到充分发展,数学能力以及逻辑思维能力得到锻炼。

参与课程的同学告诉我们,"我觉得我的思维能力得到了提升,因为老师给的题目都是生活中的例子,我很愿意去慢慢想,在买东西的时候我也愿意去思考怎样会比较便宜,以前我可能就懒得算了。"

(二)培养学生的理财意识

现在很多学生由于缺乏应有的理财观念和理财意识,往往会出现冲动消费、透支等现象,甚至有的接触校园贷等不规范贷款机构,严重影响了自己的生活和学业。本课程让学生接触最基础的经济知识,培养他们良好的消费习惯和正确的消费观,选择最适合自己的消费方式。

有学生这样回忆道:"这门课有点难,但我依然选了三次,因为我真的觉得很有用。我们在课上学的财经知识都是可以用的,这让我对这门课更感兴趣了。比如现在我出国玩,我就不会去便利店买东西,我会选择免税店,因为经过比较免税店比较便宜,老师跟我们讲过'税',所以我就知道了。"财经中的数学"让我学会了更好地花钱,更理智地花钱。"

(三)提升学生的数学兴趣

在老师精心编排后,课程内容十分有趣、充实。如在教学"利息"后,会让学生去银行实地调查、统计储蓄种类,并学着解决生活中简单数学的问题。比如

"把200元人民币存入银行,年利率为2.52%,存期一年,到期后可取出本金和利息共多少元?"这些问题和实地体验都大大提高了学生对于数学的学习兴趣。

李老师说:"每一节课我都要花很久的时间去备课,因为我要思考怎样让他们爱上数学。比如学到百分数的时候,我就想到了生活中的折扣问题。学生们对吃的东西很感兴趣,所以这一课是利用麦当劳和肯德基的折扣问题来进行学习的。实施下来效果也很不错,课堂反应热烈。"

某同学也说:"我通过上这门课觉得数学也没有那么可怕。我以前觉得数学好难,但是老师把它放在这些题目里,我就觉得很有意思,很愿意去做。"

五、学中求思,思中求进:"财经中的数学"课程反思

尽管新课改早已指出"数学教学中,教师应当突破传统的教学理念,要从学生已有的知识经验出发,加强教学内容与生活的联系",但限于数学学科的特殊性,我们的数学课堂常常延续传统的灌输式、题海战术式教学方式。而"财经中的数学"这门课程则将生活中的财经知识融入数学教学,非常好地做到了这一点。

数学源于生活但高于生活。本课程的教师在开设本课时就深知,只有将数学教学内容与学生的生活实际相联系,才能更好地激发起学生的学习兴趣,加强他们对数学知识概念的理解,故采用了情境化教学策略——"数学为核,经济为壳",以此来帮助学生更好地学习数学、理解数学。这样的教学方式让学生对数学的兴趣提高到了前所未有的高度。

本课程内容设置与学生的数学学习进度相吻合,这在很大程度上促进了学生对当前所学数学知识的理解与掌握,自主选修课程与主干课程起到了相辅相成的作用。但限于六、七年级学生的数学知识较为薄弱,经济学知识也只能点到为止,更多的依旧是提高学生的数学兴趣与数学计算能力,没法做到更加深入。故在今后希望能将本课程带入更高年级,引入更加深入、丰富的经济学知识,帮助学生更好地理解数学这门有用的基础学科!

数学是抽象的,但是一旦找到了合适的载体,却也可具象化,化身为孩子们乐于接受的生动形象的数学。"延安人"善于化繁为简,变难为易,由深入俗,"财经中的数学"就是一例,选择财经知识作为数学教学突破点,起到"一石多鸟"的作用,体现了"延安人"的智慧。

"校园大亨"课程

以学生发展为本的教育理念是延安初中财商教育探索与实践的核心,也是衡量财商教育有效运行和实施的重要依据。

一、落实素质教育,提升综合素养

延安初中将一项由英国皮特·琼斯(Peter Jones)爵士设立的比赛"校园大亨"引进校门。这是一项给年幼的孩子们一个经营自己生意机会的免费比赛,使他们能够有机会把自己的创业想法付诸实践。此项比赛于2017年首次落户中国,学校将该项目设置为一门短课程并招募学生参与,希望在课程实施过程中增加学生的财商知识,培养其正确的金钱观念和基本的理财技巧;培养合作精神和解决问题的能力;锻炼分析和演讲能力,从而获得综合素养的提升。

二、贯彻"从做中学"教育理念,彰显个性与能力

杜威的实践教学思想之一是"从做中学"。他反对"以书本为中心""以教师为中心",而倡导"在学习内部追求知识的真理",他认为学校课程的中心应该是在儿童的身上,是以儿童亲自体验过的社会生活实践活动出现的真知为根本,而不是在儿童以外的其他事物身上。杜威从孩子的实践经验出发,认为孩子在学习过程中应该显现自己的个性和着重培养自己的能力,孩子被动从老师口中学到的知识并不是真正的知识。学生应该要学会自由学习并从中学到经验,自己进行探究才是学习的根本。假如孩子们没有进行亲身实践,孩子的学习便只能依靠教师,这样势必会造成对他们才能的抑制,阻挡他们的自然生长和成才。

"校园大亨"项目的开展,就是在严格遵循"从做中学"理论的基础上,设计学生财商教育课程和活动的开展形式。首先,学生参与主办方提供的三到五场的讲座,学习公司运营、产品设计类等理论知识,为后期项目的开展打下坚实的基础。然后,由自己组建由不同部门组成的团队,分工协作,完成产品的设计和制作、宣传与销售等,在这一过程中锻炼学生的团队协作能力、理财能力和实际操作能力。最终在三个月内实现项目的盈利并进行成果汇报。目前,我校已组织参加两年"校园大亨"活动,共派出三个项目团队,团队成员由校内六到八年级学生组成,均实现盈利,最好成绩荣获项目二等奖。

三、将"时光续延",创立"延安人"的自主品牌

目前,经过"校园大亨"比赛的孵化,我校成立了"时光续延"社团,形成一个由学生自主运营的公司。首届社团成员由参加"校园大亨"比赛的学生组成,每

年招募新的社员。学校延续了比赛中设计文创产品的思路,将社团的产品定位在具有延安初级中学特色的学生自主设计的文创产品。经过两年的运营,社团发展基本形成了稳定的模式。社团主要有产品设计与制作、宣传销售、财务运营等部门,学生各司其职,校内教师团队进行各环节的指导。社团每学期会推出若干文创产品面向全校师生和家长进行销售。目前已经设计和销售了笔记本、文件袋、书签等产品,受到学生们的广泛欢迎。

一点创意,就能激发灵感;学做"生意",借以获取成长之利。"校园大亨"短课程的意义,在于"短"中见"长",由"此"及"彼",借助课程的有形平台升华为锻炼学生才艺和步入财商知识之门的无形影响。多元化的拓展短课程,为延安学生健康成长提供了丰富的、各具特色的"营养餐",愿类似"校园大亨"的短课程助力延安初中课程结构性调整,为学生营造"从做中学"的教学氛围,提供让学生真实体验能产生多重效益的实践途径。

"走进人大"课程

目前,我国正朝着建设现代化国家迈进。建设现代化国家包含许多方面,而其中最为重要的是人的现代化。人的现代化就是公民意识的觉醒。公民意识是法治国家的基础,是市场经济的保障,也是文化建设的导向。但在现实生活中,部分民众的公民意识淡薄,关于公民意识的宣传、教育也尚嫌不足,如何增强我国公民尤其是广大青少年的公民意识,一直是社会科学领域乃至全社会共同关注的重大课题。因此,延安初中开设了"走进人大"课程,旨在帮助学生了解人大及其常委会的工作,了解我国的根本政治制度,初步形成公民意识、民主意识和法治意识,使他们掌握参与社会公共生活的基本经验、知识和技能,培养学生的法制观念、社会责任感和爱国、爱他人、守法、履行公民义务的基本素养。

一、以公民意识为本:"走进人大"课程的核心

中学生是国家未来的建设者和接班人,是建设和谐社会的重要力量。加强中学生公民意识的教育和培养,对于提高广大中学生自身素质,促进学生全面和谐发展以及推动我国的精神文明建设和法治国家的实现具有很强的现实意义。我国真正意义上的公民教育起步较晚,学生所接受的公民教育主要是与学校思想品德或思想政治教育相结合,公民教育的独立体系尚未形成。随着我国

从"市民社会"向"公民社会"的社会转型,国家和社会需要高素质的公民。本课程正是通过"走进人大"的形式让学生深入了解人民代表大会这一国家根本政治制度,增强学生的公民意识、民主意识和社会责任意识。

（一）实现制度自信

人民代表大会制度是我国的根本政治制度,人民政府是我国国家机器重要的组成部分。了解人大有助于学生理解我国的国体与政体,以及中国特色社会主义发展道路的制度优越性。

参与课程的同学表示:"进入上海市政府的大厅立刻感觉到一股庄严的气息扑面而来。在赞叹它宏伟规模之时,也学到了关于政府的知识。我了解到了人大的制度以及人大代表的职责,我感受到了他们为了改善我们的生活所付出的辛苦。人民代表大会是为国家富强、为人民幸福所举办的会议。"

（二）培养法制意识

本课程通过了解人大制度并模拟人大代表提交提案、通过法条等一系列立法流程,让学生认识到法律的普遍性、规范性和严谨性,引导学生知法守法,维护法律的权威。

有同学说:"通过一段视频及市政府领导的演讲,让我们充分了解了人大制度、人大及其常委会的工作、立法工作,从而增强了我们的国家意识、公民意识、民主意识和法治意识,让我深刻认识到知法、守法的重要性。这次活动在我心中埋下了一颗'人大'的种子,希望有一天,我能真正参加人大,代表人民发言并投下神圣的一票。"

（三）锻炼思辨能力

在课程实施过程中,学生需要分析已有草案,学习撰写提案的方法和演讲表达的技巧。在发现问题、提出问题、学会表达的过程中,学生的问题解决能力、思辨能力、表达能力等各方面都得到了一定的提高。

有学生回忆道:"这次经历让我学到了如何写发言稿,如何主持会议等。在聆听他人发言的同时,也对交通法有了更深刻的认识,学会了如何对法条进行客观的评论与修改。这次活动让我的思考、分析、表达能力都得到了提高。"

二、从理论到实践:"走进人大"课程的构建

"走进人大"课程从理论、实践两方面对人民代表大会制度进行深入的剖析,形成多层次课程目标、理论与实践相结合的教学策略并存的课程体系。

（一）多层次的课程目标

"走进人大"课程从知识与技能，过程与方法，情感、态度与价值观三个方面设定了课程目标。

1.在知识与技能方面，学生需要了解我国的人民代表大会制度，理解人民代表大会制度的优越性。

2.在过程与方法方面，学生需要学习撰写提案和演讲表达的技巧，训练阅读分析、综合归纳的能力。

3.在情感、态度与价值观方面，需要初步树立公民意识、民主意识和法治意识，以及为完善和巩固人民代表大会制度作努力的观念。

（二）丰富的课程内容

"走进人大"课程主要围绕着"什么是人大""如何写提案""演讲与口才"三大板块展开。这三个板块主要是以理论学习为主，包括对人民代表大会相关知识的学习，对提案撰写的学习以及对演讲技巧的学习。通过课堂教学对学生进行系统的公民知识教育，建立和完善公民知识体系。

"走进人大"课程内容

1	初识—了解课程的意义、要求及内容
2	初识—人民代表大会制度是我国的政体
3	理论学习—关于提案那些事儿
4	理论学习—人大议案的相关知识
5	思考研究—精读相关人大议案
6	思考研究—寻找议案中的疑点
7	写作训练—议一议议案中的疑点
8	写作训练—撰写议案修改稿
9	演讲训练—学习演讲技能
10	演讲训练—模拟演讲

（三）在实践中感知——模拟会议

在进行了对课程理论知识的学习后，学生将在课程中以扮演人大代表的方式最终模拟一次完整的"人大常委会会议"。通过课程的学习，让学生进一步了解我国的根本政治制度——人民代表大会制度，提高学生的社会责任感和公民参政意识。同时,学生需要在教师的指导下,进行资料的收集与整合,对议案进行细致梳理,从中发现问题并提出解决思路,最终形成一份意见修改稿并模拟演讲。在此过程中,学生的信息检索能力、创新思维能力、表达能力、写作能力和演讲能力都得到了一定的训练与提高。在建设社会主义和谐社会的过程中,我们要深刻认识到,加强对中学生公民意识教育,是现代化建设和社会主义市场经济发展的需要,是青少年健康成长的必然需要。

"男生军营"课程

20世纪70年代,英、美、澳等西方国家最早注意到男孩在学业方面表现落后的现象,此现象拉开了"男孩危机"问题的序幕。至20世纪90年代,男孩学业落后现象就已普遍存在于西方各国,这一现象也逐渐成为教育领域讨论和关切的重心。2000年以后,我国中小学阶段的男孩学业弱势现象开始出现,并呈现逐渐扩大趋势,这引起了研究者的审视和思考。2009年,国内首次引入"男孩危机"这一概念,并称"男孩危机"是一种"全线性危机"。如今"男孩危机"问题已由最初男孩的学业弱势扩展至能力发展、行为习惯、性别认同等各个方面,并由一种较早在西方显现的个别现象逐渐发展成为世界各国普遍存在的社会问题。

现在的男生有"危机"么?从现有的研究看,"男孩危机"不仅指男孩在学业上落后于女孩,还表现在能力发展的整体水平上也低于女孩。这种能力的欠缺表现在多个方面,包括组织管理能力、人际交往能力、解决问题能力、承受挫折能力等。就我们的实践体会看,从不那么阳刚、吃不起苦、自理能力弱等方面来说,此话不虚。然而,现在的男生天然就有"危机"么?不尽然。延安初中的"男生军营"课程,为解决男生"危机"进行了有益的探索。

一、核心素养的渗透:"男生军营"课程的缘起

"男生军营"课程是延安初中颇具特色的一门走出校门的短课程,这不仅体现在其课程对象的选择性,还体现在其过程的丰富性。延安初中的"男生军营"课程突出学校对学生培养的卓越追求,同时也尊重学生年龄、性别的发展规律。通过开展军营课程,让学生既体验军队生活的乐趣,又锻炼了克服困难的勇气,也感悟到友谊的珍贵。这是延安初中"核心素养"在军营课程中的别样渗透与延展。

　　"男生军营"课程面向六、七年级男生展开,学校组织优秀学生在期末之后进入军营,开展为期四天的军营短课程。初中学生正处于身体发育的第二高峰期,心理上处于半幼稚半成熟的时期,是独立性和依赖性兼有的时期。在心理发展上表现出半幼稚、半成熟的状态。他们有较强的自尊心、自信心和渴望独立的愿望,而往往不能实行自我监督,遇到困难容易灰心丧气。他们既像大人,又像小孩,有时显得很懂事,有时又流露出稚气。初中阶段的男生最需要培养克服困难的勇气和坚强的意志,正是出于这样的考虑,延安初中开设这一课程,让男生在军队中学会克服困难、自立自强、迅速成长。

　　在课程内容的选择上包括国防教育、队列训练、内务整理、急救知识、枪械操作等,旨在让在校男生感受军事文化、体验军旅生活、增强爱国情怀。此外,纪律严明的军队住宿生活能让男生养成坚毅的性格与良好的生活习惯,培养集体意识与责任感。

　　部队是一所特殊的学校,"男生军营"课程将学校搬到了校外,用短短四天的集体生活让男生们学到不一样的知识。中小学军事教育以思想政治教育与国防教育为主,"男生军营"课程却让他们近距离感受现代部队的生活和官兵们的精神风貌,领略现代的先进军事科技以及过去的光辉历史,此过程在潜移默化中对参训学生起到了端正思想观念、强化遵规守纪和培养集体意识的作用。对绝大多数学生来说,军营短课程是他们接触军队生活最直接、最贴近的方式,课程充分发挥了军营文化的影响,对加强国防后备力量建设和巩固思想政治教育成果有着至关重要的意义。

　　二、卓越培养的追求:构建知、情、意、行相结合的课程体系

　　1.体验军队严格的纪律,养成良好的行为习惯。

　　2.感受军队的集体意识,形成胸有集体、心有他人的思想感情。

　　3.了解人民解放军的生活,体会军人的艰辛,激发对军人的热爱。

　　4.了解一定的军事、国防知识,进行爱国主义教育,形成初步的社会责任感以及爱国精神。

　　三、实践知识的生成:军事化与丰富性并驾齐驱的课程内容

　　延安初中的男生军营课程有明确、清晰的课程方案和具体的行程安排,这些都是活动有序且连续开展的制度保障。同时,理论知识与军事实践相结合,

不仅能让学生收获知识与技能,也在体验的过程当中锻炼了思维、意志品质以及生活态度。这些都是"核心素养"的应有之义。

"男生军营"课程 3 行程方案

	时间	行程	内容	备注
6月25日	8:00—9:00	出发	学校集合,集队前往军营	
	9:00—11:30	上午课程	1. 入营仪式:①部队领导致辞,②学生营长讲话,③分班,④分配寝室 2. 学习内务整理	
	11:30—12:00	午饭		
	12:00—14:30	午休		
	14:30—17:30	下午课程	1. 参观"好八连"连史馆 2. 队列训练	
	18:00—18:30	晚饭		
	19:00—20:00	晚间课程	1. 国防知识教育 2. 学习交流讨论会	带队老师组织
	20:00—21:30	自由活动	洗澡、洗衣,与家人联系	
	21:30	熄灯		
6月26日	6:00—6:10	晨间	起床	
	6:10—6:40		早操	
	6:40—7:20		洗漱,整理内务,打扫卫生	
	7:30—8:00	早饭		
	8:00—11:30	上午课程	1. 队列训练 2. 观摩实战演练 3. 学习急救包扎技术	
	11:30—12:00	午饭		
	12:00—14:30	午休		
	14:30—17:30	下午课程	1. 队列训练 2. 枪械武器操作	
	17:30—19:30	晚饭	野炊——挖灶生火,自己做饭	

（续表）

时间		行程	内容	备注
6月26日	19:30—20:00	晚间课程	学习交流讨论会	
	20:00—21:30	自由活动	洗澡、洗衣,与家人联系	
	21:30	熄灯		
6月27日	6:00—6:10	晨间	起床	
	6:10—6:40		早操	
	6:40—7:20		洗漱,整理内务,打扫卫生	
	7:30—8:00	早饭		
	8:00—11:30	上午课程	1. 队列训练 2. 学习拳术	
	11:30—12:00	午饭		
	12:00—14:30	午休		
	14:30—17:30	下午课程	1. 队列训练 2. 篮球比赛	
	18:00—18:30	晚饭		
	19:00—20:00	晚间课程	1. 国防知识教育 2. 学习交流讨论会	带队老师组织
	20:00—21:30	自由活动	洗澡、洗衣,与家人联系	
	21:30	熄灯		
6月28日	6:00—6:10	晨间	起床	
	6:10—6:40		早操	
	6:40—7:20		洗漱,整理内务,打扫卫生	
	7:30—8:00	早饭		
	8:00—11:00	上午课程	1. 训练成果展示 2. 结营仪式:①军训生活各项评比表彰,②学生代表发言,③部队领导总结	请军营协助联系
	11:00—12:00	返回	返回学校,解散	

四、硬汉风采的养成:"男生军营"课程的意义

"男生军营"课程是一门彻底走出校门的短课程,军营生活和训练对大多数

的学生而言是新鲜而陌生的。学生们在"男生军营"中体验了很多人生"第一次",这种新奇的学习环境和活动不仅让学生收获了许多知识,同时也磨炼了意志,提升了综合素养。

1. 培养习惯是基本要求

在此课程中,站军姿是一项比较重要的训练内容,也给学生留下了深刻的印象。队列训练与体育课是完全不同的,教官对学生的体态要求比较严格,虽然学生们都感觉到辛苦和劳累,但也从中意识到了身体锻炼的重要性。

有同学说:"其实印象最深的就是列队,就是站军姿。平时体育还可以,除了上课平时也有健身习惯,每周要出去锻炼一下,但不多,可能以后会增加。"

2. 磨炼意志是根本目的

军营生活无疑是辛苦的,学生们在课程中必须深入地去体验。在这种与往常家庭生活截然不同的生活环境中,学生们无疑会产生一些难以适应的问题,但学生们依然坚持到了课程的完成,面对困难能够依靠自己来克服,这就是学校所希望培养的学生的坚毅性格。

有同学表示:"我们站军姿的时候就已经很累了,但是还是坚持不动,然后一直到一天几小时都要站军姿,都必须要坚持下去。我感觉这种日子应该差不多能坚持一两周。"

3. 提升能力是关键要点

在"男生军营"课程中非常重要的一部分就是让学生体验劳动。在课程开展期间,学生要自己整理内务、打扫寝室、把被子叠得整整齐齐,还需要轮流负责打饭、清理餐后的食堂,其实这对很多学生而言是一个挑战。在课程学习中,学生们的劳动意识和自理能力有了一定程度的提高。

有同学感慨道:"因为在家里从来不洗碗,这一次是我人生第一次洗碗。以前我也不自己叠被子,但是这里教官规定每个同学都要像这样叠好,现在会觉得蛮好,暑假回去打算自己叠。"

五、创新课程的开发:"男生军营"课程的反思

作为一门时长仅为四天的学生体验军营生活短课程,实际让学生收获到的却是许多全新的知识和体验。大部分学生都是第一次体验集体生活、第一次打扫卫生、第一次了解军队,他们也都通过军训日记记录自己一天的经历。学生们在短短四天中认识军营、接触集体生活、体验自己劳动,基本达到了了解军事

知识、提高自律意识、磨炼意志的目的。

但在具体的实施过程中也存在着一些需要改进的地方。首先是在训练内容方面,学生很大一部分的训练时间是用于队列训练,使得内容较为单一和枯燥,学生感到比较疲惫。大部分学生感兴趣的内容包括枪械知识、野炊等活动,由于天气或其他原因课时安排较少。因此今后在训练内容的安排上可以进行适当的调整,加入一些学生感兴趣的内容以激发他们的学习动力,也让他们获得更多的知识。同时,为了体现出军营课程的特点,也可以适当地加入体能训练,例如晨跑等活动,让学生更加深入地体验军人生活。

总的来说,军营课程作为一门实践类的短课程正在不断地进行完善和发展,希望能够达到更好的效果。体验"男生军营"课程有别于一般的军训,它从较多的维度让学生直视军营内部,亲身感受军营生活。清一色男生参加,是课程的一个特色。男孩子的阳刚、担当、责任、耐受等品质,是在温室里培养不出来的。都说现在的孩子(包括男孩子)吃不了苦,那是因为没有给他们创造条件接受锻炼。这门短课程弥补了这方面的短板,迎合了男生要强的天性,深得男生的喜爱。如若其他方面加以配合,男生"危机"就会变成生机了。

"气质女生"课程

性别是教育无法回避的问题,性别公平也是教育公平的重要维度。从性别的角度看,真正公平、有质量的教育,应该是在满足男女两性性别差异基础上促进男女两性协同发展的教育。在通过针对性的课程化解"男孩危机"的同时,延安初中也注重研究和思考女性特征,打造适应女孩需求的特色课程,不仅对学生在品学方面有较高的要求,对学生的形象也有较高的期望。尤其对于女生而言,形象气质更是一张通行的"名片"。"气质女生"课程就是一项为女生打造的"靓丽"工程。

一、气质女生的培养:课程意义

气质仪态及素养在社会中的应用越来越受重视,成为人们对自身素质提高的一种追求、日常交际中一种基本必备要素。形体气质的优秀会给人带来更多自信,无形中也带来更多机会。学校在德育教育过程中,愈发明晰应启迪并激发学生的自我向上、向善、向美的渴望与需求。女生气质课程便应运而生。

"内里"是基础,是本质,"外表"是气质的外显,优雅的表露。"内里"不可缺,"外表"不可少。"内里"和"外表"的有机统一,能更好地衬托学生,尤其是女生的综合素质与涵养水平。本课程以短课程的形式,使优雅的气质自然而然地从优美的形体中流露、散发出来,为女生们未来的成长提供助力。

二、气质女生的追求:课程目标

"气质女生"课程在6—8年级的全体女生中开设,旨在培养女生气质、礼仪、文化修养,不断提升女生综合素质,体现了延安初中办学理念和教育思想中的传统美德与时代元素结合的培养宗旨。总体的教育目标可以细化为:

1. 促进女生在举止文明、仪表端庄方面的进步。

2. 提升女生在人际交往领域的得体、谦逊和宽容心。

3. 提升女生明辨是非、乐于助人的健全人格。

三、气质女生的养成:课程设计与实施

气质是内在美和外在美的统一结合体,是个人文化素质、知识积累、思想修养、道德品质的基础,它会在人们对待生活的态度、情感、行为中直观地表现出来。得当的礼仪是可以教授并训练的,然而内在涵养的养成则需不断输入榜样的影响与书籍的滋养。因此,该课程内容主要设置为礼仪篇与阅读篇,礼仪篇侧重了解、掌握规范的礼仪举止、文明习惯,是女生气质的外部体现;阅读篇侧重通过阅读各种书箱和读本、丰富自身内涵来提升气质,是女生气质的内在基础。两者并进、相互补充方能实现内外兼修的"女神气质"。

礼仪篇——礼仪部分主要有礼仪基本常识的学习和礼仪的实践训练两部分。课程外聘专家向学生们传授礼仪的定义、历史发展、特征属性、不同国家的礼仪风俗等,使学生对礼仪的基础知识有一定的了解。实践训练部分则是通过游戏和教学相结合的方式,让学生练习坐姿、站姿、谈吐等日常生活中的基础礼仪。此外,学生还需要学会运用社交礼仪来解决生活中遇到的问题。

阅读篇——阅读部分主要是由学生阅读相关书籍,将阅读体会内化为对"气质女生"的认识,帮助建立对自己的培养方向。阅读老师会推荐女性励志书籍或由学生自选相关书籍,学生阅读完毕后要以读书小报的形式汇报自己对"气质女生"的理解和目标,以及其他读书心得。

四、气质女生的成长:课程反思

初中阶段的女生在生理和心理上都会发生巨大的变化,而就在这一从孩童成长为青年的过程中,开设一门让女生了解自己、了解社会的课程显得极为关键。该课程从女性的形象要求出发,从气质培养入手,充分考虑了女生的成长和未来发展,其意义不仅在于在女生身心巨变的成长阶段及时正向引导学生的发展,更在于用合规的礼仪、典雅的姿态、文明的修养来衬托女生的内在美、人生美,让女生认识到现代生活中女性应该具备的素养以及女性自身的价值。

在具体实施中我校也进行了深入的反思,希望在课程中更加注重女生的多样化发展。如今的社会是多元化发展的社会,女生的形象也越来越丰富。从学校教育的角度而言,我校尊重学生个性化的发展,希望能在课程中让学生认识到不一样的女性和不同的精彩人生,帮助她们从小建立对多元文化的尊重,也有助于引导她们明晰自己的发展方向。

"外教科学"课程

开放视野,塑造格局。格物致知,行稳致远。为培养学生的科学素养,提升英语口语表达能力,延安初中开发了以"求同""兼容"为特色的"外教科学"课。"外教科学"课是在本校学生对传统中文科学课表现出浓厚兴趣的基础上,延安初中以学生为中心,对牛津大学出版社教材进行本土化改造后,进行全英文科学教学,帮助学生巩固科学知识、提升英语口语水平。

一、科学英语,兼容教学:课程缘起

《义务教育初中科学课程标准(2011 年版)》明确界定了科学素养的概念,即"科学素养包含多方面的内容,一般指了解必要的科学技术知识,掌握基本的科学方法,树立科学思想,崇尚科学精神,并具备一定的应用它们处理实际问题、参与公共事务的能力"。科学课程是以培养学生科学素养为宗旨的义务教育阶段的核心课程。新课程改革使科学课堂教学真正贴近自然、贴近经验、贴近生活,充满活力,它使科学课堂走上了生活化、活动化、自主化的道路。在以往的调查中发现,学生对科学课程的学习兴趣非常浓厚。所以我校在原有的科学课程的基础上,尝试用英语讲授科学课。

"外教科学"课程是一门在六、七年级开设的学习自然科学知识的综合性课程,让学生在全英语的氛围中学习科学知识,接触更多学术词汇,同时感受外教的教学方式与课堂氛围。全面提高每个学生的科学素养和英语水平是课程的核心理念。

二、依据兴趣,自主选择:课程改进

起初,"外教科学"课仅提供给每个年级英语程度较好的 3 个班级的学生,但经过 6 年尝试,我们发现这些班级中有部分英语较为薄弱的学生对"外教科学"所授的内容难以消化,而另外一些班级中英语程度较好的同学则希望有机会选择该课程。所以自 2019 年起,我校提供全年级 10 个班级进行自主选择,即在口语课上,学生可以自主选择"外教科学"课或"国际视野"课。且在每个学期初的第一、二周,各提供 1 节"外教科学"课或"国际视野"课给学生试听,学生试听后,根据难易程度、个人兴趣,自主选择。

学校教学部门在"外教科学"课实施的过程中,进行全程跟进评估,通过问卷及学生访谈了解课程的实施情况,及时对课程进行调整。

三、求同存异,兼容并包:课程内容

(一) 引进原版教材,重构校本教材

我校在"外教科学"课程中引入了英国牛津大学出版社的 *Mastering Science* 原版教材。但由于该教材的适用年级为中学七、八、九年级,部分内容难度偏大,所以我们结合中文版的《科学》教材,对其教材内容进行调整,选择适合我校六、七年级学习的内容进行重新编排,设计了我校"外教科学"校本课程,使学生系统地掌握科学知识、提高学生的实验动手能力、探究能力及科学素养。

好的科学课不应束缚学生的思维,而应具有开放性,这种开放性表现在时间、空间、过程、内容、资源等多方面能给教师、学生提供选择的机会和创新的空间。科学课的开放性还体现在"用教材教"而不是"教教材",比如在教授某个科学知识时,老师会自己设计实验或活动,让学生在体验中掌握科学知识。

(二) 集体备课,中教辅助

我校招聘的科学外籍教师都是具备科学专业背景的教师,具有较好的科学素养。但我校科学外籍教师和中文科学教师坚持每周一次定点定时开展集体备课活动,通过备教学目标、备教学内容、备实验备活动、备学生、备教学策略为每一节课做充足的准备。

为了更有效地落实课程,提升课堂教学的有效性,每一节课中都有一名中文教师辅助外教进行教学。中文教师主要负责记录学生的课堂表现并及时与外教进行沟通反馈,对教学策略及活动设计进行修改;帮助学生掌握部分词汇以及在实验活动开展过程中辅助外教指导学生活动;把控课堂意识形态等。

四、综合素养,稳步提升:课程成效

（一）通过实验培养学生的创新意识

科学知识大多来源于生活实践,因此科学课的课堂教学要关注学生的生活、贴近学生的生活、返回到学生的生活,要注重学生的亲身体验,让学生有所思、所悟、所感,引导学生主动去发现生活中更有趣的知识。兴趣是学生获取新知、参与探索活动的内部动力。激发学生兴趣是提高课堂教学实效的关键。

因此在"外教科学"课中,教师非常关注培养学生的兴趣,深入分析"学生喜欢什么、爱好什么",采用科学的手段充分调动学生的积极性、主动性、能动性,引导他们主动参与到实验过程中来。学生天性喜欢参与动手动脑的实践活动,外教就设计了一系列有趣的实验,落实"做中学"的教学理念。通过实验教学、理论教学落实科学课程标准的要求。

例如,通过让学生完成敲击音叉、敲击鼓面、弹动橡皮筋等实验,引导学生思考得出声音是由于物体振动产生的;通过用棉签蘸取不同味道的液体涂于舌头表面的实验,引导学生感受到舌的味蕾对不同味道的敏感度不同;通过干冰实验,了解干冰的性质;让学生开展马德堡半球拔河比赛,体验大气压的存在;在课堂上玩起灭火器,让学生了解灭火的知识等,营造宽松、有趣的学习氛围。

学生们在这些丰富多彩的活动中有所思、有所悟,体验获取知识和应用知识获得成功的喜悦,培养初步的创新意识和创新能力。

（二）浸润的语言环境提升学生语用能力

对语言的良好学习要在特定的语言环境中进行。在"外教科学"课开展的过程中,浸润式的教学方式为学生提供了较好的语言环境,使学生的英语水平普遍得到提升,不仅词汇量有所扩大,口头表达能力、阅读能力都有了提高。有些学生在六年级的时候听课比较吃力,但经过一年的坚持,在七年级的学习中已深刻感受到听力、口语表达都有了很大程度的提升。

（三）活泼的课堂氛围带动学生阳光、自信

"外教科学"课的氛围非常活泼、轻松。教师会用热情洋溢的语调将学生的注意力牢牢地抓在课堂中,学生也普遍不拘束,更加敢于表达自己的想法。对于学生不会或者是不理解的内容,教师会非常耐心地教导,不会为追求进度而忽略学生的问题,学生的心理压力在课堂上是非常小的。在访谈中,学生都表示非常喜爱外教,认为外教善于鼓励、激发、表扬学生,课堂氛围较为轻松幽默。

一位六年级的同学这样说:"我非常喜欢'外教科学'课,它不像一般的科学课那样讲授科学知识,外教的表情、动作都更加夸张,我胆子比较小,但是在外教的课上说错了也不怕,有单词不会说光比画,外教也能听懂并表扬我。"

（四）教师学习改进教学方法

外教的课堂教学方法与国内教师稍有不同,学生都觉得新颖有趣。其课堂教学本质是以学生为中心的。外籍教师非常擅长利用图片、视频、录音以及影视作品甚至是游戏来进行教学,让课堂内容变得更加生动,学生理解、接受起来也更加容易。这些多样的教学方法能够极大地增强学生的学习兴趣。如在学习物质是由粒子组成的这一内容时,外教带来了不同的彩色小圆片,让学生进行粘贴,感受不同状态的物质的粒子排列有何不同,学生能更加形象地学习有关粒子模型的知识,这在以往的中文科学课中是没有的。由于这个活动取得了非常好的效果,所以在中文科学课中,老师们也尝试让学生体验了这一活动。

在"外教科学"课堂上,教师组织了非常多的展示活动,如做英文小报、英文演讲等,还让学生进行知识思维导图整理,帮助学生更加清晰地理解知识。这些新颖的方法都对本校老师的教学有很大的启发。

五、紧密合作,趣味教学:课程反思

"外教科学"课开设以来,六、七年级学生对于课程的反响都很好,因为在这样浸润的语言环境中学习科学不仅仅能学到科学知识,更能感受学习科学的求知、求真氛围,同时锻炼自己的口语能力,成为更加阳光、自信的自己。在对同学们进行访谈时,同学们均表示如有机会会再次选修这门课程。

在未来的"外教科学"课上,我校老师将与外教更加紧密地合作,设置体现科学课程标准的教学目标,有效调控和驾驭课堂;共同开展更加有趣味性的、多样的活动,让学生从中体验学习科学的乐趣,提升科学探究能力,获取科学知识,形成尊重事实、善于质疑的科学态度。同时,对于学生的口语的表达练习也会相应加强,让学生不止步于听英语、学科学,更能将自己的观点大胆表达出来,在口语交际上也能更进一步!

育人篇

践行"立德树人"的根本任务

　　立德树人是教育的根本任务,是回答"培养什么人""为谁培养人""怎样培养人"的时代之问的最核心表征。立德树人倡导的不仅是一种学校人才培养的价值导向,也同样呼唤学校教育教学实践领域的系统变革。延安初中深刻认识到立德树人的时代价值,通过转变教师观念,打造育德体系,实施校本德育课程等方式,切实提升学校德育的有效性,夯实立德树人的实践基础。学校对照"五育并举""核心素养"等理念,深刻系统地思考新时代学校人才培养的目标、理念和路径问题,对学生核心素养体系进行了校本化解读,形成了与之相适应的课程、教学、教材体系。明确了指向于未来的创新人才、新型人才的培养标准,通过研学旅行、特色活动、课程教学改革等系统作用,形成了学校在人才培养上的特色理念与做法,切实承担起了时代发展赋予学校的人才培养使命。

一、"立德树人"价值的延安理解

党的十八大报告指出,"教育是民族振兴和社会进步的基石",要"全面贯彻党的教育方针,坚持教育为社会主义现代化建设服务、为人民服务,把立德树人作为教育的根本任务,培养德智体美全面发展的社会主义建设者和接班人。"这意味着,学校不仅要传授知识、培养能力,还必须切实把社会主义核心价值体系融入教育全过程,并转化为学生的自觉追求。

近年来,习近平总书记对"立德树人"教育理念阐发了许多精彩的论述,这使得"立德树人"教育理念进入深化时期。2016年,习近平同志在全国高校思想政治工作会议上指出:要坚持把立德树人作为中心环节,把思想政治工作贯穿教育教学全过程,实现全程育人、全方位育人,努力开创我国高等教育事业发展新局面。习近平同志在高校思想政治工作层面指出了"立德树人"的地位,即"立德树人"是学校思想政治工作的中心环节,是"根本任务"地位的深化与细化。习近平同志在党的十九大报告中强调:"要全面贯彻党的教育方针,落实立德树人根本任务,发展素质教育,推进教育公平,培养德智体美全面发展的社会主义建设者和接班人。"这充分明确了"立德树人"在新时代教育事业中的地位。"立德树人"作为我国教育事业的根本任务,必须要贯彻落实到各个层次的教育和教育的各个方面。在2018年全国教育大会上,习近平同志指出"要把立德树人融入思想道德教育、文化知识教育、社会实践教育各环节,贯穿基础教育、职业教育、高等教育各领域。"实践表明,习近平同志对"立德树人"这一教育根本任务十分重视,并且从"培养什么样的人、如何培养人以及为谁培养人"的历史高度上对"立德树人"赋予了崭新的时代内涵。

在延安中学看来,"立德树人"是教育的根本任务,需要学校层面通过课程、教学、师资、文化等一系列的建构来予以保障和落实。学校坚持创新德育实施的途径和方法;坚持德育内容贴近实际、贴近生活、贴近学生。注重强化全员育人,实施教育教学全过程育德。进一步完善了"学会做人、学会求知、学会办事、学会健身"的"四会"教育体系,创建具有时代内涵的"新一代延安人"和谐行动教育的氛围,全面提升学生的综合道德能力,培养中华传统美德与现代素质相结合的"延安人"。

（一）改变教师育德观念

以专题培训研讨的形式，更新教育理念，拓宽教育视野。学校邀请原德育室主任张邦浩老师开设"怎样上好主题教育课"专题报告；请原教育处老师、获"师德十佳"称号的许玎一老师对青年教师进行"有效沟通"的校本培训；请华东师范大学心理系李晓文教授作"认识压力与减压"的心理辅导讲座；请现德育室主任刘璟旭老师开设"'拨动心弦的艺术'——如何撰写个别化教育报告"的培训讲座，等等。

以专项比赛促育人专业能力的提升。在"第二届延安杯德育研讨活动"中教育处整理复习资料，选编班主任工作基本理论知识试题，班主任在年级组的组织下进行自培和组培。教育处组织班主任进行基本理论知识大奖赛，主题教育课大奖赛，优秀德育案例、论文评比。积极推选优秀班主任参加区德育年的各项比赛。

（二）构建全员德育网络

学校坚持通过学科媒介，有效开发德育资源；坚持国际交流，增进跨文化的国际理解，以实践活动培养国际意识；坚持分层递进前提，以小课题带动学生自主自立的社会实践体验。

学校围绕育人目标，挖掘、整合各学科的育人资源，逐渐形成具备延安特色的文化周。三月的数学周——欣赏数学的美妙，五月的科技周——科技创新美好生活，九月的运动会——阳光体育赛，11月的语言节——走进中华经典，12月的冬之韵——展现艺术才华。教职员工充分认识到"师法课内，得法课外"是一条重要的教育准则。

学校成立"中华经典诵读"领导小组，制定相关方案。语文组按照方案，通过组织学生诵读中华经典古诗文的方式，弘扬祖国优秀的传统文化，让学生在诵读过程中获得古诗文经典的基本熏陶和修养，接受中国传统美德潜移默化的影响和教育，提高文化和道德素质，增强民族自信心和自豪感。六年级在进行"童心是诗"这一单元的教学时，便有意识地增添一些中国新诗的诵读。八年级在举行"十四岁生日"之前，通过诵读中国新诗，让学生表达自己对青春的向往。

在 2013 年 5 月,我校两位年轻教师就"中华经典诵读"开设了两堂面向全区的展示课,颇受专家和其他学校同仁的好评。其中,杨震茵老师就古文的诵读课教学做的这次展示,更是极具创意的一种尝试。这也说明我们对于"中华经典诵读"的探索教学是有一定成果的。

2011 年正值辛亥革命百年和中国共产党建党 90 周年,是落实两纲教育的重要契机。学校整合政史地教研组、语文教研组、少先队大队部、年级组等教育力量,开展了系列主题教育活动,通过升旗仪式、观看电影、征文、课本剧等形式进行两纲教育。

我校与德国柏林勃兰登堡国际学校建立了每年互派交流生项目,已先后有两批学生共 29 人前往德国的学校、课堂与家庭,实地了解当地学生的学习和生活情况。寒暑假后,学校结合学生的海外游学经历——参观西方的著名高等学府,如斯坦福大学、加州大学伯克利分校、墨尔本大学等,深入美国、澳洲、英国等国家的中学课堂,组织学生交流他们体验的西方的课程特点与教学方式。

(三)重视学生实践体验

自 2010 学年起,我校结合长宁区教育局提出的初中实施社会阅读领航工作,以学科教材阅读、学科拓展阅读、社会实践阅读为突破口,实现学生素质的综合提升与全面发展。我校的社会实践阅读领航活动旨在为学生提供接触社会的各种机会,帮助学生在社会实践活动中获得宝贵的人生体验。通过走进社会的实践体验活动,引导学生增强文明意识,培养学生文明礼仪,关注学生综合素质的发展,全面引导学生走可持续发展道路。

我校从 2010 学年实践至今,已经过去 10 个年头,学校每学期开展一次社会观察,每次六年级组织 60 支学生小队走进社会,观察社会,30 名老师参与指导。2020 学年开始,改为每学年开展一次。在这个过程中,学生开动脑筋,集思广益,用心发现生活中各种不文明现象、不合理现状,积极探寻问题所在,思考解决办法。他们不仅对改进社会秩序、改良公共设施提出了建议,也对自己的行为重新进行审视,明白了遵守公共秩序、遵守社会公德的重要意义,逐步养成良好的行为规范。同时,走出校门,走上社会,可以很好地锻炼学生们的动手能力、交往能力、自理能力。而小课题探究更有助于锻炼他们的思维能力、创新意识,激发学习兴趣,还能帮助他们形成正确的世界观,学会客观地看待这个社会。

近年来,随着素质教育的深入推进,新高考改革从浙江、上海两地试点到全面展开,特别是核心素养的提出,中学生涯教育开始提上议程,对于生涯教育的研究和探讨也成了一个热点问题。但由于普通中学生涯教育在我国尚属于新生事物,没有现成模式和成功经验,而理论界对普通中学如何开展生涯教育,也远远没有形成共识,所以造成绝大多数普通中学对生涯教育知之甚少,想开展生涯教育却无从下手,甚至在实践中出现了盲目跟风,流于表面形式,看不到实际效果,人为地加重学生和教师负担等问题。

在延安初中看来,生涯教育的核心内容和指向是为学生未来职业生涯奠基。职业生涯发展教育要从初中生开始,其中职业体验是重要的环节。学生将来从事的工作,是所有职业门类中的一个,况且一个人不可能终身从事一个职业。对某些职业敏感,有偏好和兴趣是正确选择职业的前提。正确认识职业,从小培养职业感觉,对学生正常融入社会,谋得立足社会、发展自我的能力,有着非常重要的作用。职业教育与职业体验是一项惠及学子未来幸福的工程。

案例:职业体验 为未来蓄能

延安初中的职业体验主要在六、七、八三个年级中开展。

一、"跟着父母上一天班":增加职业感知,增进亲子关系

这项活动在六年级学生中开展,让六年级学生感知从事职业的人们平凡中见伟大,辛劳中见光荣,奉献中见收获。通过跟着父母上一天班,让学生看到平时未能观察到的父母的真实工作情况,在加深职业体验的同时,也增进亲情。

"'我的未来职业梦想——跟着父母上一天班'实践体验活动"要求学生观察父母的工作内容,了解父母工作的辛劳,可适当通过摄影、摄像、访谈等方式记录实践过程并制作小报,来展示自己的所见所得。

学生们走进父母的工作单位,观察父母上班时候的模样,了解父母工作的辛劳,并将所见所得绘制成各种精美的小报,不但记录了父母工作的情况,更写下许多真挚的感想。学生们体会到父母工作的不易,初步树立起了属于自己的职业理想。

二、多种类职业"菜单":开阔眼界,憧憬未来

职业体验该打开视野,要有值得体验的内容,要有覆盖面比较广泛的职业门类,让众多的学生能够从中发现适合自己兴趣与志向的职业,萌发职业理想,

产生职业憧憬。

七年级的生涯教育邀请了从事不同职业的家长给学生介绍各自的职业。在每年的"六一"儿童节,票选学生最感兴趣的职业,邀请从事这些职业的家长代表为学生介绍职业精神、职业内容,开阔学生的眼界。

家长们曾经来校给学生做过"学好语文,当好律师""社会安全卫士""新时期大学教师的职业素养""光荣与梦想""一个歌手的成长""主持人去哪里了""刑事科学技术""CEO的梦想不遥远""如何成为称职的新闻工作者""飞船舷窗的奥秘""当兴趣变为职业""基层警察的一天""冲向云霄的梦想""医院与我""口译、笔译和机器翻译""把梦想变成现实的人""烧脑的建筑师""坚持梦想,努力拼搏""用画笔记录生活的美""智能革命的推手""怎么当好摄影记者""电竞之路""从学生到校长""人人都是设计师""游戏的诞生"这些主题的介绍,为学生提供了初识职业、感知职业、憧憬职业的体验渠道。

三、"职业小达人"活动:感受各类职业的不凡与伟大

在活动中认识,在参与中感知,是学校职业体验教育的抓手。利用暑假开展职业体验活动,可以让学生有比较充裕的时间和精力去认真参与。

暑假期间,学校组织七年级部分学生前往上海市建筑工程学校参加职业体验活动。参加活动的学生分为两个体验小组。一个小组从事"创意面塑"项目,先由该校指导老师示范"面塑"技术,随后小组学生自己进行创意制作,试用面塑装饰一个半成品小木屋。在志愿者学长的帮助下,经过反复尝试,终于成功完成,并将自己的作品装进展示盒中,收获了满满的成就感。另一小组学生参加了"小小观测员"项目。在一个开阔的大厅中,里面摆放着各式各样在工地中常见的设备。在志愿者学长的带领下,学生使用仪器勘测物体的距离与高度,亲自体验了工人们如何检测房间的地板是否水平。

最后,建筑工程学校领导向学生介绍了该校建设情况,并邀请学生参观了校园。学生代表向校长表达了参与活动的体会和感受。

同时,八年级的团员学生来到位于上海文化广场附近的卢湾二中心小学参与手工活动课程——制作手工肥皂。老师向学生讲解了做肥皂的主要原理——物质的三态变化:固态、液态、气态。首先要先将固态的皂角放在热水中融化,然后加入香精以及色素,再倒入模具,最后放入冰箱速冻室冷却。通过动手实验,学生们弄明白了肥皂制作原理及过程。

通过这两次活动，学生们深切感受到了"行行出状元"的道理，认识到职业不分贵贱，每一个职业都是社会发展中不可缺少的，都有着独特的地位和作用，只要肯在一门学科或一项工作上投入时间，定能终有所成。

四、挖掘家长资源："近水楼台"先得学生体验

延安初中充分挖掘本校学生家长资源，利用有些学生家长从事不同职业的有利条件，招募家长志愿者为学生职业体验活动牵线搭桥，为学校职业体验活动开辟了新的，而且含金量很高的职业体验选择。这一举措，极大地丰富了学校开展职业体验的内容，且由于学生家长的加持，提升了活动效能。

家长志愿者曾经提供了"海上'钢铁侠'诞生记——船舶建造""神盾局招人啦！——小小面试官""麻醉就是打一针睡一觉吗？""编剧与导演""开启神奇科学世界的金钥匙——纳米材料""企业中的神医华佗——商业咨询师""免疫细胞——你体内的'杀手'""云端之上 冲上云霄——飞行员的生活""带你走进黑猫警长、兔子朱迪与名侦探柯南的神秘世界""速度与激情——关于汽车那些事儿""世界那么大，带你去看看——旅行二三事""市中心的速度与激情——走进120""做根网线带回家！""带你一起走进中国海军军舰'大白'""化学成就你我，chemistry that matters！""'懒人'福音——大学中的科研教师""从绝地求生和平精英的急救药箱说起……""青砖黛瓦 高楼大厦——古今建筑的不同形态""最靓丽的国门名片""大'咖'来了！——走进星巴克"等精彩讲座。

瞧瞧，这些精彩且具前沿性的职业讲座，即使是成人也会为之心驰神往，相信学生听了一定会心生向往，产生好奇，萌发兴趣，职业模型的雏形可能就由此产生。如果将来延安初中毕业生中有人在事业上做出了成绩，很有可能追溯到当初开设的家长职业讲座给他（她）的启示与引导。

延安初中希望职业体验教育课程能真正帮助学生，让学生与未来职业的谋划挂钩，让现在的职业体验为未来的职业生涯蓄能。

二、"核心素养"体系的延安诠释

核心素养在当前国际教育改革进程中越来越受到人们的重视。它的提出是基于全民终身学习视角，是为培养能够适应21世纪经济社会发展的世界公

民所构建的概念。核心素养的研究肇始于世界经济与合作发展组织(OECD)于1997 年启动的"国际学生评定计划"(Programme for International Student Assessment,简称 PISA)。该计划认为,学生在完成基础教育后应该获得成功参与社会所需的核心知识与能力,而为了客观评定各成员国学生的知识与能力水平并为之提供适切的评价框架,OECD 进一步启动了素养界定与选择项目(Definition and Selection of Competencies Project,简称 DeSeCo)。该项目于2003 年发表的最终报告《为了成功人生和健全社会的核心素养》,标志着 OECD核心素养框架的完成。随后,欧盟参照 OECD 所研制的核心素养框架,于 2006年在教育与培训领域推出了引领终身学习的核心素养框架。美国"21 世纪技能合作组织(简称 P21)"也于 2007 年发布了引领 21 世纪技能融入中小学教育的"21 世纪学习框架",认为"在核心知识学习的背景下,学生还必须学习在当今世界获得成功必备的一些技能,如批判性思维、问题解决能力、交流与合作能力",这实际上构成了核心素养体系的雏形。受国际社会核心素养研究潮流的影响,我国于 2013 年启动了"基础教育和高等教育阶段学生核心素养总体框架研究"项目。2014 年 3 月 30 日出台的《教育部关于全面深化课程改革　落实立德树人根本任务的意见》中正式提出"核心素养体系"这一概念,并将其置于深化课程改革、落实立德树人目标的基础地位。2016 年 9 月,中国学生发展核心素养课题组以"全面发展的人"为核心,从文化基础、自主发展、社会参与三个方面界定了学生应该具备的人文底蕴、科学精神、学会学习、健康生活、责任担当、实践创新六大素养。核心素养被界定为学生应具备的、能够适应终身发展和社会发展需要的必备品格和关键能力,从学生学习结果的角度描述了未来社会所需要的人才规格,成为进一步深化基础教育改革,推进课程建设与教学改革的切入点,从这个意义上说,核心素养提供了适应未来社会的人才培养目标体系,符合人才培养的国际趋势,对于设计学校教育目标,推动教学理念和方式的转型具有直接的借鉴价值。

　　发展学生核心素养旨在推进教育教学改革。如何将核心素养从一套理论框架或者育人目标体系,落实与推行到具体的教育和社会活动中去,进而真正实现其育人功能与价值,是教育领域面临的重大问题。在延安初中看来,立德树人是学校最根本的任务,学生发展的核心素养培育是学校教育的重中之重。铸魂立德、培根育人历来为学校教育同仁重视与践行。尽管学校办学形式的几经变更,但是"延安人"的育人情怀与实现途径的探索追求初心不变,以"延安诠释"的方式彰显了"延安人"的信念与智慧。

延安初中历经 1998 年的初高中脱钩办学,更名为上海市东延安中学,到 2003 年 3 月更名为延安初级中学,这期间,完成了从一所市重点完全中学到公办初级中学的发展转型。

为了践行"让每一个学生的潜能得到充分发展"的办学理念,延安初中以精耕学校特色课程作为推动学校课程改革的契机,构建了多维度、综合化、生长性的学校特色课程框架,并在此过程中致力于激发学生学习潜能,同时又促进学校教师开发课程、实施课程的综合能力,使得学校课程改革进入了又一个高质量的持续发展阶段。

延安初中在精耕学校特色课程的实践探索中,紧紧围绕以下思路来展开:

(一) 初心勾线:以时代精神定义"延安人"特质

延安初中的校名中就蕴含着学校独特的办学文化指向和育人基因特质。伴随着上海市课改三十年的时代浪潮,一代代延安师生也在筚路蓝缕的办学探索中为"延安"注入了极为丰富的内涵。进入新世纪以来,特别是党的十八大以来,延安初中围绕"培养什么人、如何培养人、为谁培养人"的根本问题,结合时代精神和初中生身心发展的特点,以新的话语表达方式,对作为学校育人目标的"延安人"的特质做如下表达:

1. 新时代"延安人"的特质

G-CLUB 中的字母"G"代表"Growth",即不断成长的"延安人"。

首先,"Growth"表明了我们对"教育本质"的理解:教育即生长。学校办学实践最主要的就是给受教育者创造适合其充分发展的条件。办好延安初中就是要创造适宜的环境,以促进"延安人"的生长和发展。这与学校办学理念"让每一个学生的潜能得到充分发展"一致。

同时 G 也代表每一名"延安人"的一个必备品格:Grit(坚毅)。

2. 新时代"延安人"的关键能力

结合上述对"延安人"特质的表述及学生发展核心素养的要求,我们对新时代"延安人"的关键能力表述如下:

CLUB：代表着 G 统领下的"延安人"需具备的两大关键能力与两项基本特质。两大关键能力指：C（Creativity，创造力）、L（Leadership，领导力）。两项基本特质指：U（Uniqueness，独特性）、B（Brightness，阳光自信）。

综上，新时代"延安人"核心素养的基本内涵为：

一个必备品格：Grit（坚毅）

两大关键能力：Creativity（创造力）、Leadership（领导力）

两项基本特质：Uniqueness（独特性）、Brightness（阳光自信）

（二）匠心施彩：以系统思维绘制课程图谱

延安初级中学的"G-CLUB 课程"主要表现为"一核四维六域"的课程结构。

一核：指字母 G 代表着一个核心培养，指向"Growth"，也代表坚毅（Grit）。

四维：代表着 G 统领下的"延安人"需具备的两大关键能力与两项基本特质。两大关键能力指：C（Creativity，创造力）、L（Leadership，领导力）。两项基本特质指：U（Uniqueness，独特性）、B（Brightness，阳光自信）。其中的每个词都是对"中国学生发展核心素养"的校本化诠释。

六域：指六类课程领域。针对目前学科庞杂的问题，我们在学校课程总体架构下把课程门类统整为六个领域，分别为数理与逻辑、科学与技术、人文与艺术、公民与社会、健康与生活、实践与创新。六大学习领域的架构源自学校"数学特色，科技见长，人文相济，和谐发展"的十六字办学特色。其中"数理与逻辑"学习领域聚焦学校的"数学特色"，"科学与技术"学习领域彰显学校的"科技见长"，"人文与艺术"学习领域回答如何实现学校的"人文相济"，"公民与社会""健康与生活""实践与创新"为学生的"和谐发展"奠定了有利于身心的、创造性的基础。

（三）精心组织：以自主理念实现"跨年级"选择

在上述课程图谱和框架建构的基础上，延安初中精心组织课程建设与实施，注重开发多样化、可选择、高质量的课程，打破传统的年级界限，引导学生充分自主选择。

延安初中在特色课程的设置上，面向全体学生开设了丰富的可供学生自由选择的特色课程。目前，这类课程已经达到了近 80 门。2014 学年起学校又对拓展型课程体系进行了进一步的优化，并实行跨年级走班教学，让有共同爱好的学生能够走到一起，体验学习的成功，增强自我效能感，践行"经历挑战，学有所长，和谐发展，收获成功"的理念。

（四）慧心启创：以融合视角推进"无边界"学习

延安初中特色课程的开发除了考虑上海市课程计划、学生的需求，还考虑到了课程载体——内容的综合性。具体表现为对不同教材版本相同知识的融合、对不同学段同一知识的深化、对不同学段不同领域的统整，而在这些知识内容统整的背后，更深层次的是对不同学科知识和学科能力的融合。通过这样的"无边界"学习的探索，更好地培养延安初中学子的创新素养。

1. 以单元为主线的"学科内部间的统整"

以指定教材为主要教学资源，对多版本教材进行比较、分析加工，作学科内容的结构性调整，以期达到适合学生学习的教学资源的优化。例如针对物理、化学、生命科学课，在课程实施上加强单元教学设计，加大了实验的数量，提高了实验的质量。科学教师改进教材实验、校本实验，共设计了 368 个实验活动。物理学科实验经过优化改进后，在 145 个实验中，除去一些教师演示实验，其他近 131 个实验都由学生参与或完全由学生进行操作，充分体现了学生的主体作用。

2. 以体验为中心的"必修与选修的统整"

在课程选择方面，以必修与选修方式结合，给予学生更多的课程选择权，满足不同个性学生的差异化学习需求。延安初中的拓展课可用"百花齐放"来形容，既有新生入学课程、社会观察、"明德·修身·养习"等课程，更多的是由学生根据自己的兴趣、爱好和特点进行自主选择的课程。剧场理事会、服装设计、男生军营课程、STEM 课程、阳台花园、野外生存、动漫设计、健美操、Fab Lab 创客工坊、校园电声乐队……共计 80 余门拓展课充分舒展学生的个性特长。

3. 以综合为导向的"学科与学科的统整"

即学科融合，打破学科壁垒和界限，从学习者出发，以学科间的共同主题设计统整单元或科目。例如，由四门学科教师联合担纲的校本课程"中华传统文化"，以历史为主体，整合书法、美术、劳技等多门学科资源，让学生对玉文化、书法艺术、陶瓷文化、民间手工艺术等中华传统文化进行全景式的体验,涵养其人文情怀。

4. 以融合为旨归的"课堂与生活的统整"

对学生课内外的各种学习活动作统整,作系统安排。延安初中的数学课是富有生活气息的。学生在教师的引领下,读数学书,听数学家的故事,了解数学史;在一年一度的数学周上,参与 24 点比赛、魔方比赛、孔明锁等数学游戏;学着用数学知识解决生活中的数学问题;学生很喜欢"财经中的数学"拓展型课程,这门课不是教理财,而是尝试解决财经中的数学问题。

（五） 匠心不负:延安特色基本形成

在课程管理、开发模式不断提升的前提下,学校课程领域不断拓展,走向多维综合化;学校课程文本逐步深入,走向多层系列化;学校课程实施不断开放,走向多元参与化。这些持续的探索和实践也在很大程度上促进了学生素养的提升,实现了教师综合能力的发展,推动了学校的整体改革,最终提升了学校的办学品质。

课程统整成果的主要特色与影响力体现在以下两个方面:

1. 形成课程生长机制:从"延安人"特质的 G-CLUB 到延安课程的 G-CLUB

在这一探索实践的过程中,我们逐渐形成了对一所学校如何挖掘自己的血脉基因和历史文化传统,建构校本特色课程的生长机制的规律性、策略性的认识。我们围绕着厘清育人目标、绘制课程图谱、做精课程实施、培育关键能力的实践思路,提炼出了 G-CLUB 的育人表达,并使之成为课程形态的 G-CLUB,这一课程生长机制可以为兄弟学校探索体现自己特色的育人模式提供可借鉴的思路。

2. 贡献课程共享机制:从延安初中的 G-CLUB 到延安集团的 G-CLUB

延安初中作为长宁区首批挂牌成立的集团化办学领头学校之一,把校本课程资源辐射到了集团内其他两校,实际上我们的 G-CLUB 已经不仅指延安初中的课程形态,已经成为延安初中教育集团的 G-CLUB。作为集团的 G-CLUB 更多地体现着一种校际协同发展的教育生态,也即是"互联互通,共享共治"。

通过多年办学实践与探索,在挖掘、构建"延安精神"中,我们形成了以核心素养培育为指向的校本诠释,开创了具有"延安人"特质的育人模式,又在贯彻实施的方向上找到了课程建设的方式及其途径,即多维度、综合化的课程统整,实现"延安精神"在课程建设上的"镜像",把最适切的教育奉献给每一位学子。

三、"创新人才"培养的延安思考

人才是创新驱动的"核心要素",实施创新驱动发展战略,根本上要依靠人才资源作支撑。2020 年抗击突发的新冠肺炎疫情,再次让我们意识到,未来的世界,人才的竞争、人才的培养是永恒的话题。面向未来培养创新人才,是国家和民族振兴的强大基础,毫无疑问是教育自带的属性与使命。疫情下的在线教育,促使我们对既往的教育做出更多的反思,思考适应未来社会发展的人才应该具有的素养,以及怎样的教育才真正有益于人才的不断涌现。

创新人才的培养,培养的应该是人才的创新素养。创新是一个过程,指人产生新的、好的精神或物质产物的思维与行为的总和。"新"是指首次出现的或首次体验到的,也指性质上的改变,还指过去没有的事物、过程和状态;"好"的含义是指优秀的或使人满意的,最重要的一点是指对社会有正向价值的。创新人才的素养形成必然是动态发展的过程,并且这种发展是积极的、向好的。相较于今日,面向未来的创新人才,应该具备更高的素养,甚至具备我们今日还不十分清楚知晓的能力。从应对未来的不确定性的角度看,可以用从容、好奇、迭代、理性四个关键词描述创新人才最起码应该具备的素养。

(一)创新人才的必备素养

第一是从容。为什么首先要讲从容?这些年来人们比较多地谈论面向未来的教育。为什么大家这么关注未来的教育?因为未来有很多不确定,未来这个词,意味着未知、未明、未尝,意味着不了解、不熟悉、不简单、不确定,等等。人们对未来的担忧甚至恐惧,在很大程度上源自对可能发生的一切不知、不熟、不懂。因此,在未来,每一个人都会受到无法预知的挑战。从来就没有一个面对挑战慌慌张张、忙忙乱乱的人能成为一个行业或者一个团队的领军人物。所以培养未来世界的创新人才,具有应对挑战的勇气非常重要,有了直面挑战甚至挫败的勇气和毅力,才能做到岁月款款而来,自己从容以待,有条不紊地解决不熟悉的问题,化解危机。

从容不是一下子就有的,需要在学习成长中不断历练。延安初中的学生经历这次疫情下的在线学习,就是一次很好的挑战,有助于落实"让每一个孩子经历挑战、学有所长、和谐发展、收获成功"的课程目标,培养学生坚毅的意志品格。在线教学实践让我们意识到,具有坚毅的意志品格,才能从容应对未来社会的各种挑战。"坚毅"应该重新成为教育词汇中的关键词之一。

第二是好奇。这些年教育一直在讲培养学生的终身学习能力。什么样的人有终身学习的能力?什么样的人有创新能力?其实一个有求新、求异愿望的人,才会有不断学习的动力,才会不断学习、终身学习;一个有求新、求异思维的人,才会有不断探索创新的冲动。教育要为孩子打开了解世界的窗户,激发并保护好孩子的好奇心,让孩子对新事物、未知事物保持探索的热情。就像在疫情期间,我们推出在线教学,不仅仅让孩子们学习课本上的知识,把常态的课堂教学向线上延伸,还设计了"延安小达人"系列拓展性学习,健身、科技、体育、艺术等等,都在其中,让孩子有更多的机会去发展他的兴趣爱好,保持好奇心和探索的热情。

第三是迭代,或者说自我迭代。社会在变化中发展、前进,最能确定的就是未来具有不确定性。人们今天掌握的本领,今天所具有的品格、能力,都需要在解决新问题、应对新情况时不断修正、完善、升级,个人的素养能力要在过去的基础上不断地提升,这就是迭代。一个人要成为拔尖领军人才,能不断创新,就一定要具备这种迭代的能力,在解决问题的过程中,经历试误、审辨、反思,不断调整、完善自己,从而不断迸发出活力和创新力。

第四是理性。人生做出正确的选择、正确的决策,理性思考是关键!在这个世界上,每临大事发生,总是跟风、起哄的多,也不少见造谣生事者。就以这次疫情来说,我们看到了诸多纷纷扰扰的信息,或真或假。在信息狂轰滥炸之下,能不能保持清醒,对今天的成人和孩子来讲,都是一种考验。具有理性精神,才会有真正的独立思考,才会有真正的批判性思维,才有可能以一种非常稳定的心态带领一支队伍去创新、去创造、去发展,看问题做事情,才不会有非此即彼的极端表达。理性和独立思考是怎么来的?其实是经历了对事情的判断、思考之后的审辨反思而积累形成的。疫情之下的在线学习期间,我们推出的主题为"众志·抗疫"的跨学科项目化作业,如:"谣言止于智者""疫情中的从众效应"等,收集真实的或者说是不真实的信息,去加以辨别、证明。通过这样的学习,致力于涵养学生理性辨识能力。

(二) 创新人才的培养路径

好的教育过程,是在用人类积累的知识,教会孩子们学习解决不熟悉的问题,提高应对未知事物和不确定问题的本领。知识只是发展能力的载体,学习过程、解决问题的过程,其重要性远远超过知识本身。因此,人才培养的关键在于涵养,人才是教育过程涵养出来的,而不是催生出来的! 学校对人才培养,应该从以下几个方面着眼、着手。

一是厚植基础,厚积薄发。学习需要积累,没有人靠梦想就能成才,人才的成长过程一定是伴随着知识的储备过程。对学生而言,没有坚实的学科基础,就很难有不断发展的机会,没有厚实的知识积累,就很难有突破性的发展空间。但是只有积累,没有对知识的加工,就不可能蓬勃迸发出灵感。

怎样征服中考数学的压轴题就是很典型的例子。学生都怕这道题,因为一般来说这是没有见过的题目。解决这道题单纯靠操练积累经验可行吗? 肯定不行。尽管练有促进作用,但更重要的是要悟出"道"来:该怎么根据条件和所求去思考? 该尝试用什么样的解题策略? 这就要依靠在平时学习中弄清知识的来龙去脉,涵养独立思考消化知识的能力、独立解决问题的能力。毕业班的数学教学,乃至各学科教学都应该控制好节奏,给学生悟的机会,前面慢一点,后面才能快的起来。前面过快的"催生"只会让学生越学越"虚弱",在前面的知识没有夯实、没有真正理解的情况下,有很多能力是很难生发出来的。

所以,水到渠成,厚积薄发,学生解决复杂问题、未知问题的内生能力就会油然而生、喷薄而出,到了高中阶段,他一定会锻炼出更强的学习力。

二是适性扬才,发展个性。人的千差万别,决定了教育理当千姿百态。我们要正确理解和处理教育的全面发展追求与个体的个性化发展需求之间的关系。就学校办学而言,要致力于创生有利于每一个学生都享有全面发展的公平机会和课程,让每一个学生通过不断提高综合素养获得全面发展成为可能。另一方面,学校教育不但不能偏执地一味追求分数,而且一定要尊重人的差异,不用一个标准、一把尺子量所有人,要让每个学生的潜能得到充分激发,为每一个学生的个性特长发展提供真实的时间和空间。概而言之,适合的,才是最好的教育。

三是丰富阅历,见多识广。如果说一个人的聪明是与生俱来的资质,那见多识广就是可以后天养成的优势。从学校教育的角度看,给学生更多的机会,丰富他的阅历,让他见到更宽广的世界,就能使他在应对未知的、不确定的问题时更有底气,更加自信、自强。

从学生的角度看,一个孩子通过阅读,通过对拓展型、探究型课程的学习,通过跨学科项目化综合学习所能见到的新事物、新东西越多,他就越有可能保持好奇心和探索兴趣。对孩子来讲,经历就是财富。我们常对学生说:在学校里,在人生的成长过程中,你所经历的每一件事都是学习!如果一个学生对自己经历的每一件事,都有这种主动悦纳的态度,那他就会有宽广的胸怀和更开阔的视野。有鉴于此,延安初中每学期开设近百门校本课程,其实就是让孩子去发现自己的个性特长,找到适合自己发展的空间,让孩子从初中开始,在各种实践体验中逐渐开阔视野,为他以后的生涯发展奠定基础。

四是手脑双挥,心灵手巧。教育家刘文典先生曾说过:"做学问必脑、眼、手紧密谐合,手脑双挥放眼量。"今天强调五育并举,重视劳动教育的目的何在?其实就是要让"手脑双挥"成为教育常态,也是对教育培养人的返璞归真。劳动创造世界,劳动创造了人。很多人认为劳动教育让学生热爱劳动、尊重劳动成果,是以促进人的品德发展为指向。其实,从生物学的角度出发,劳动促进学生动手能力的提高,有助于人大脑神经系统的发育,必定会促进智能的发展,也是发展学生创新创造能力的重要途径,中国人讲心灵手巧,非常有道理。

中考新政颁布以来,延安初中积极整合资源,充分利用原来的春游和秋游时间,开发资源,开展劳动教育,组织学生到农场、劳技中心、职业学校、高校等实践教育基地,让孩子们换个脑筋、换个地方、换个方式学习,干农活,喂牲畜,学金工、厨艺、修车,练消防,多样化的体验让孩子对生活、对世界有了新的认识,提高了动手能力,开阔了眼界,活跃了思维。这样的学习不但很有意义,也颇受学生和家长欢迎。

五是艺体并举,涵养灵性。培养有灵性的人,离不开体育的塑造和艺术的熏陶。艺体并重,并不单指艺术和体育教育对等,而是指要像重视其他所有学科一样加以重视。对学生而言,体育运动不仅仅能锻炼身体,增强运动技能和体质,更重要的是在塑造人的骨骼、肌肉的同时,培养人的领导力、合作能力、团队意识、规则意识、竞争意识。因此我们常说:体育有着远远超越运动本身的价值。

对学生而言,艺术塑造人的灵魂,培养人的理解能力、创造力。从某种意义上说,艺术是创意灵感的结晶,也是新灵感涌现的源泉。学生在音乐、美术、书法等课程的学习中,迸发出灵感,把创意变成作品,同时,在创作中,学会观察、思考、审美,生成更多的创意,必定会发展创新意识和能力。

总之,培养面向未来的创新人才、领军人才,需要教育与社会发展同频共振。学校教育用正确的理念、丰富的课程、有效的方法,实实在在地为创新人才的成长打下良好的基础,就一定能让创新人才如雨后春笋般拔节而生。

四、"人才培养"特色的延安追求

(一) 在研学旅行中实现特色人才培养

教育活动和人才培养是一种开放性的社会行为,不能拘泥于固定的场所,不能依赖于单一的方式。研学旅行作为育人的一种有效形式,是近年国内教育界、文化界特别是旅游学界广为关注和热议的话题。研学旅行是立足实践、体验与互动相结合的教育活动,是引导学生走向社会的研究性、探究性的学习,其本质是一种校外素质教育活动,即通过旅行游览的认知、体验、感悟过程,获取有益的知识。众所周知,传统教科书是学生校内学习期间获取知识的重要来源,而研学旅行是获取书本以外的知识,加强学生素质教育、历史教育、传统文化教育、理想信念教育、爱国主义教育、革命精神教育和乡土情怀教育的有效方式,有利于增强学生的品德素养、家国情怀和社会责任。因此,研学旅行与一般意义上的旅游活动有着本质区别,教育性是研学旅行的本质属性。

但从现实的视角、观点和方法看,当前的中小学研学旅行在实践之中仍存在一定的认知偏差,主要体现为两个方面的问题:其一,把研学旅行简单理解为传统意义上的"春秋游"现象,忽略"学"与"游"的关系,从而造成研学旅行教育要素和育人体系的缺失,一定程度上影响了研学旅行的实践走向;其二,出于对学生安全的过度考虑,担心研学旅行活动会带来安全隐患,不敢组织相应的活动,导致培养学生的校外资源得不到充分的利用。

案例:消失了的"春秋游"

对于中小学而言,"春秋游"是基本的也是主要的研学旅行方式。有人说,"春秋游",不就是去公园玩一玩,有什么独特之处? 延安初中却不以为然,按照现代研学旅行的理念,将人人皆可为的"春秋游"改头换面,寓教于游,打造了一门独特的研学旅行活动课程,拓展了学校教育的载体与范畴。

一、打造三位一体的"春秋游"

"春秋游"是延安初中面向全体学生的活动课程,为学生打开了探索社会实践之窗,让学生能够有目的地亲历社会实践,接触、了解平时在学校和家庭所无法观察体验到的自然与社会等内容,成为学生成长阶段中一次极佳的人生体验和一段难忘的成长经历,深得学生喜爱。

为了组织好"春秋游",老师们从"游"前的准备、"游"中的安排、"游"后的总结与感想三方面出发,制定了三位一体的活动方案。

(一)"游"前的准备方面

俗话说"良好的开端是成功的一半",做好活动方案是保证"春秋游"顺利进行的基础。为此,学校针对不同的年级制定了详细、周密的活动方案,包括对活动目的、活动地点、活动内容、活动时间、注意事项、带队老师等方面的安排与落实。

例如在确定活动目的方面,学校明确"春秋游"活动是为了让学生感受大自然,激发学生热爱生活的真情实感;培养学生合作学习、乐于探究、勇于探索的科学精神以及严谨、求实的科学态度;丰富学生课余生活,在社会实践中增强学生的文明素养,提升他们的集体荣誉感和组织纪律意识;通过实践各项体验活动,提高青少年的综合素质。翔实、操作性强的目的,不仅确保了活动质量而且便于学生选择评估。

例如在确定活动内容方面,学校从学生的心理和外部内容两方面加以思考。一方面,从学生自身出发,既充分考虑到相应年级学生的客观情况,包括年龄、心理承受能力和心智成熟水平,又考虑到学生的最近发展区,即实际能够达到的认知水平。另一方面,活动资源丰富,按大类分,有革命传统教育基地、名人故居、知名高校、图书馆等知识聚集场所、科学技术场馆和先进制造业研发生产基地、先进农业生产示范园、公安消防相关单位等,对应上海拥有众多革命教育资源以及国际大都市、先进的第一产业第二产业集聚地、一流科教水平城市的定位,在让学生了解上海的城市基本概貌的同时,走进社会,观察社会,了解社会。因此,在地点选择上,力求精心、精确、精准,确定"春秋游"具体内容及其合适的地点,使不同的学生各"游"其所,"游"有所得。

(二)"游"中的安排

延安初中在安排活动流程时的方案极其细致,成功打造了"微笑农场"这一实践活动。具体的安排将在下文详细阐述。

(三)"游"后的总结与感想

"春秋游"活动不同于一般的旅游,它是借助"游走"的形式参观、考察社会现象和与学生成长密切相关的实践内容,让学生在经历的过程中获得对自然与社会的感性认识。学校在春秋游活动中,都非常注重事先让学生明确活动的目的,提前让学生进入活动角色,有的放矢地引导学生认识活动的意义。

二、成功的实践活动:微笑农场

"微笑农场"是延安初中一次成功的社会实践活动,从方案的细节中不难看出安排紧凑、内容翔实、组织有序、管理到位的特质。下面将详细阐述这次活动的具体流程,包括讲解、参观、动手、休息、总结环节。

1. 生态农园讲解(30分钟)

学校老师提前向学生讲解当天活动流程,说明安全注意事项,并进行分组,每个班级分3组。到达农场后由五位讲解员分别带领一个班级参观、讲解。

2. 看菜识苗(20分钟)

每个班级到指定区域观察蔬菜实物,根据蔬菜实物到种植区域寻找与蔬菜实物相符的菜苗,确认无误后与菜苗合影。

3. 测土施肥(40分钟)

每个班级的每个小组分别从园区内寻找三种不同的土壤带到实验区,使用渗水实验器皿对三种土壤进行渗水实验测定,同时使用肥力测量仪进行肥力测定,根据渗水实验数据和肥力测定数据对照蔬菜水分、肥力需求表,填写正确的蔬菜种植品种。

4. 堆肥达人(40分钟)

每个班级的每个小组到指定区域领取镰刀后到指定区域割草,将割好的草送到堆肥区,按照堆肥手册进行堆肥。

5. 变废为宝(40分钟)

农园小渠内(水深20cm)含有大量浮萍,由于浮萍覆盖水面导致水里鱼虾缺氧死亡,但浮萍是鸭鹅的完美饲料。每个班级到指定区域领取打捞网,到指定沟渠内打捞5包浮萍,并投放到指定动物喂养区。

6. 蔬菜卫士(40小时)

每个班级的每个小组到指定区域提取碎草覆盖物,到越冬蔬菜区为蔬菜做一层保温层,确保蔬菜安全越冬,为益虫及微生物提供越冬场所。

延安初中"春秋游"活动内容犹如一道丰盛的大餐,吸引着学生前去品尝。

从上述的流程我们不难看出,延安初中在安排"春秋游"活动时注重理论与实践的结合,尤其重视对学生动手能力的培养。

三、反思与提升

学校通过丰富的活动设计让学生"游"有收获。老师们认为,光"游"而无提炼,等同于普通的参观旅游;仅"游"而无交流,看不到不同学生各异的思想闪现。

这里仅举几例:

七年级(7)班郑尧天自豪地说:"今年的社会实践活动,学校组织我们七年级同学参观中国首个专业汽车博物馆——上海市汽车博物馆,里面陈列了各式各样、各个年代、各个国家、不同型号的汽车。通过本次参观,我们了解了汽车世界历史与中国汽车历史,知道了汽车的发明对人类社会发展的重大影响。在可以预见的未来,汽车会更加先进,对人类的进步会发挥更大的作用,令人期待!"

七年级(5)班郁丰豪同学颇有感触地说:"我们在宝山杨行消防支队与消防员叔叔度过了非常快乐的时光,他们展示给我们看各种消防工具,带领我们参观消防车、内务、健身房和队史馆,安排我们每个同学乘坐云梯体验高空灭火的刺激,离开之前我们还和消防员叔叔来了一场篮球友谊赛,甚是精彩!随后我们前往上海解放纪念馆。在馆内我们认真听讲解员的解说并完成试题,我们禁不住感叹身处和平时代是多么幸福,离开前我们向那些为国捐躯的英勇战士们,深深地敬了一个礼。最后我们前往淞沪抗战纪念公园,参观淞沪抗战纪念馆并享受了美好的午餐时光。"

八年级(1)班的陈家瑞同学由衷地说:"随着现代农业的发展,传统的堆肥技术依然是最自然、最环保的工艺。我们在老师的指导下将肥料拆包倒入塑料壶里,然后加入水搅拌成糊状,准备工作就绪。我们又一次扛起干草叉将干草放成一米乘一米的正方形,把准备好的肥料均匀地铺在草堆上,铺一层就洒一层肥料,直至干草垛堆至半米时,再将一块大塑料布把草垛覆盖得严严实实的,四周用砖块压住。这种通过发酵工艺制成的粪肥,能给予农作物需要的养分。内容丰富、形式多样的学农实践课程让我们体验到中华农耕文化和现代农业技术。农耕劳作、农俗体验,让我们在田园课堂里感受农人的辛勤劳作,舌尖上的美味都来源于每一天艰苦的劳动。饮水思源,珍惜生活!"

开展研学旅行活动,必须遵循教育教学规律,按照"培养什么样的人、为谁培养人、怎样培养人"的这一根本要求,准确把握研学旅行的构成要素,突出研学旅行活动的教育价值。延安初中通过一个个精心设计的"春秋游"活动,体现了对现代教育理念的信守和对立德树人根本任务的落实。延安初中老师们用科学的态度、缜密的安排、精细的组织,让学生沐浴在大好时光中,收获在城市的快速发展中。

(二)在主动参与中实现特色人才培养

当前,教育改革参与主体已经成为教育领域学者们关注的对象,诸如改革主体的构成、改革主体之间的相互关系、改革主体在教育改革中的分化与组合等,都是这一领域的研究热点问题。教育改革常常将学生视为承受教育改革效果的客体,而忽视学生作为一个主体所能发挥的积极作用。学生参与教育改革的合理性没有得到足够的重视。从概念上说,学生参与教育改革指学生对教育改革从启动、政策制定、实施到评价,都能够根据自己的立场和需要发表意见、提出建议,进而可能采取一定的行动。学生是受教育者,是教育的对象,他们在教育改革中理应以自己独特的方式参与。但是从实践的角度看,不同年段、层级的学生在参与学校教育改革的过程中应该有不用的方式,应该体现出不同的价值导向。对于初中阶段的学生而言,他们的思维方式、综合能力还都处于基础性的积淀和生成阶段,他们对于学校管理和学校教育改革的参与往往不能够体现在政策的制定层面,而是体现在具体的学校管理活动之中。

对于学校而言,要倡导和保障学生参与学校管理和教育改革的权力,就是要通过针对性的活动设计让学生能够在学校事务中发声、出力,体现其应有的主人翁价值。

案例:不一般的外事接待员

在延安初中,有这么一群活泼可爱、天真烂漫的学生,脸上还带着未褪去的稚气,却俨然一个个久经"沙场"的小小"外交家",他们帮助国外教育同行了解上海基础教育和学校办学发展,起到了专职外事工作者不可替代的重要作用;他们是延安初中外事接待活动中的重要参与者,不愧为中外教育文化交流的民间使者。

一、小小"外交家"们的外事风采

从容大方,是他们在外事接待中展现的风度。从容大方,是充满自信的表现,是优雅得体的呈现,是新时代少年应具有的素养。在学校安排下,在老师指导下,在每次外事接待活动中,他们在外方的"大人"们面前表现得稳重自在,在与外方小伙伴的交谈相处中显得落落大方,给外方人员留下了深刻的美好印象。第14届国际校长联盟成员来延安初中访问时,学生志愿者们流利地用英语向来访者们介绍了学校设施,如体育场馆、车库内的学生涂鸦墙、各类实验室等,还介绍了学校的办学历史及校园文化,受到来访贵宾的称赞。

展示文化是延安初中在接待活动中的重要内容,既展现中华传统优秀文化,又展示延安初中学生们的文化艺术修养与美好情操。展示文化,是小小"外交家"们的职责。2018年5月25日,学校迎来了来自姐妹学校韩国新木中学的师生一行。两校自2012年缔结为国际姐妹学校以来,每年都有师生间的互访交流活动。这次新木中学由金副校长率领一行20余人来我校进行为期1天的交流访学。上午,韩国学生与我校负责结对接待的同学们见面,同学们热情欢迎小伙伴并把他们带入了各自的教室,让韩国小伙伴接触中国课堂,给他们留下深刻印象。下午在实验楼召开欢迎会。为了让双方同学感受彼此的文化传统,双方同学都奉上了精心准备的节目。我校同学带来了中国传统的空竹表演与韩语独唱,韩国的小伙伴们带来了她们合唱的《朋友》以及一段充满活力的舞蹈,传统与现代的碰撞让同学们意犹未尽。

交流技艺,是增进与来访嘉宾友谊、展现延安初中学生精神风貌的"窗口"。

2019年9月26日上午,已经在延安高中学习、生活多天的澳大利亚布里斯班教会文法学校的15位男生和3位随行老师来到延安初级中学进行访问学习。他们一行先观看了延安初中的广播操,延安初中学生在做广播操前举行了一个简短的欢迎仪式。与延安初中同学们共进午餐后,澳大利亚男生和我校初二年级同学进行了一场激烈而友好的篮球比赛,比赛后双方都表示BOTH WINS(都获胜了),这是因为他们觉得双方都赢得了友谊,赢得了快乐。

真情流露,是延安初中的小小外事志愿者对外方小伙伴们缔结友谊之情的由衷表达。小小外事接待者、志愿者,虽然年龄不大,但是小小的身躯却蕴含着大大的能量,在国际交流中发挥了巨大的作用。

二、小小"外交家"展示世界视野

《中国学生发展核心素养》以培养"全面发展的人"为核心,确立了人文底蕴、科学精神、学会学习、健康生活、责任担当、实践创新六大学生核心素养。其中,"责任担当"核心素养下,又明确提出"国家认同"的细分要点,即:具有文化自信,尊重中华民族的优秀文明成果,能传播弘扬中华优秀传统文化和社会主义先进文化。延安初中深知,在全球化的今天,我们更需要文化自信。如何培养文化自信一直是学校思考的问题。在外事接待员这一特色项目中,延安初中有意识地将弘扬传统文化融入其中,在继承中创新,展现新时代的风采。

除了文化自信,国际理解包括全球意识和开放的心态,这也是新时代对学生的要求。作为一名具有国际视野的学生,要能够尊重世界多元文化的多样性和差异性,积极参与跨文化交流;关注人类面临的全球性挑战,理解人类命运共同体的内涵与价值。延安初中一直鼓励学生积极参与文化交流。

总而言之,上海作为国际化大都市,一直走在与世界各国进行文化交流的前列,学校也顺应潮流,积极参与其中。我校打造了"走出去"和"请进来"两条路线。走出国门学习先进的教育文化理念,请国外同行来平等交流,展现上海基础教育发展成果,已成为学校工作中的一部分。国际视野,开放心态,对培养学生的民族自信心、自豪感和从容对待国外事物的心理,有着不可低估的作用。

现在的学生见多识广,有着充沛的精力和等待释放的能量,只要有适合的机会与场合,他们就能绽放自己。学校积极为学生的健康成长搭建发展的舞台,是深思熟虑的举措。他们现在是不一般的外事接待员,未来将成为不一般的杰出公民。

（三）在展示体验中实现特色人才培养

体验是学生成长的基本方式,也是教育赖以生存发展的重要载体。在狄尔泰的哲学视界中,体验被视为生命最基本的存在形式,通过理解则可进一步展开体验的生命意义。生命是一个历史过程,所以理解没有开头和结尾,而是一个循环,人的生存意义在历史中随着理解境遇的变换而不断生长。教育源于人类的生活经验,在其诞生之初就是经验传递的过程。但是在学校教育日益发达的今天,人们惊讶地发现,教育愈发展,人类却离纯粹的、鲜活的、真实的经验越来越远。人类接触到的经验往往是经过包装、加工、修饰过的经验,最常见的就是所谓"经验知识"。仿佛只要学生学习了"经验知识",就代表尊重学生的经验,尊重学生的主体地位,就是杜威口中的"经验教育"。对教育经验过于草率的认识只会遮蔽教育中的很多问题,因此对当下学校教育中的教育经验进行考察就成为一项紧迫的工作,丰富学生的真实体验成为变革的重要突破。对于学生而言,其体验的积累主要依靠活动开展,学校应该充分考虑每一个学生的发展需要,通过合理的平台设计让学生获得更多展示自我、张扬自我的机会,让学生在丰富的体验和展示活动中释放潜能、激扬生命、实现发展。

案例:越办越小的"冬之韵"

大与小的变化,不仅是规模与数量的转换,而且还反映了舍与取的立意。"冬之韵",这个展现延安师生风貌的才艺平台,叙说着学校办学理念的故事。

从入学到毕业,四年的时光,每一个孩子的初中生活看似很长,其实不过是弹指一挥间。师生的缘分,注定了我们要看着孩子们的背影渐行渐远。但是,他们的笑脸、率真,甚至顽皮,会永远定格在老师的记忆深处。每一年的毕业典礼上,总会留下欢歌笑语和惜别的泪光,还会有师生之间更坦诚的对话,或感慨,或遗憾。有时,回望孩子们的成长历程,发现留下的遗憾,更会触发我们对教育的思索和改进的冲动。

曾经有一年的毕业典礼,一个孩子说了这样一段话:"初中四年,什么都好,可惜的就是我从来没登上过舞台。"这是孩子的遗憾,难道不是我们的遗憾、学校的遗憾吗?

孩子的话,让我们想到每年学校的"冬之韵"艺术节。一年一度的"冬之韵",历来是延安初中最令人瞩目的年度压轴大戏,被师生誉为"延安春晚"。孩子们在各年级艺术老师、年级组长的指导下，用一个月左右的时间，精心编排节目。一般来说，经过筛选，每个年级有两个精雕细琢的节目登台演出，再加上学校民乐、昆曲、合唱等"专业"团队，打造出一台内容丰富且具有较高水准的节目。演出时，学校租借场地，外聘专业队伍搭台、布置灯光、摄影摄像，除了在校学生、老师、家长代表、退休老教师参加之外，还广邀宾朋，花费不少，场面不小，观者无不为节目的精致、精彩而鼓掌喝彩。

但是，激动之余，结合孩子们说过的话，我们想想，这样的精彩秀出的是众多孩子们成长的精彩吗？他们是这精彩中的参与者还是旁观者？

为了落实"让每个学生的潜能得到充分发展"的办学理念，2017 年我们对"冬之韵"做了新的设计，致力于让更多孩子获得锻炼成长的机会。在演出前的一两周时间里，老师鼓励孩子们自己创意、编排节目，由参加"模拟剧场理事会"课程学习的学生承担整个"冬之韵"演出的剧务，负责演出的策划、组织，老师成为站在幕后的支持者和欣赏者。

2017 年 12 月 18 日，新版"冬之韵"由九年级的老师、同学、家长共同拉开了帷幕，在每个年级的专场之后，学校专业团队和社团登台演出。在为期一周的时间里奉献了五场演出，每个年级、每个班级都有自己的节目，参演人数不限，更多的孩子站在了舞台中央，站到了聚光灯下，获得艺术表演的体验和欣赏艺术的机会。据演出后统计，参加登台表演的孩子，最多的一个年级达到了 34%，最少的年级也有约 13%。舞台真正成为孩子们经历挑战、收获成功的平台。

五场演出在热烈的气氛中落下帷幕。"余音绕梁，三日不绝"，新版"冬之韵"给众多参与者留下了深刻印象，也让老师、家长更加认同校园里发生的改变。筹备"冬之韵"时我们曾说，今后"冬之韵"分大小年，大年在外租场地办，小年在学校办。结果有一位班主任看了孩子们的演出，在微信圈里发图发文："这才是大年，这才是'冬之韵'应有的模样。"有媒体人这么说道："九年级办专场，有底气；短时间排练，有才气；师生家长共度，有默契。"就连上一年参演的学生今年也在回味："好怀念去年'冬之韵'，当时自己上台演的时候还感冒了，嗓子都是哑的，简直紧张到爆炸。"我想，多多经历这样的体验和锻炼，孩子就会满怀自信而不是紧张地站在舞台上。

没有了千挑万选、精雕细琢的新版"冬之韵"，也许没有原来那么恢宏、精致,但是,许多原本没有登台可能的孩子站上了舞台纵情歌舞。在我心里,每一场演出都无比精彩,每一个孩子在舞台上表现自我的样子都无比优美。因为我和老师、家长看到了孩子们更多的创意、更多的合作和更真更美的艺术表现,显现了延安学子课堂里聪明伶俐,舞台上多才多艺,聪慧而有才华,坚毅而又快乐,阳光而充满自信的特质!

　　七年级有一个曾经问题频现的班级,刚刚换了班主任,语文、英语老师上任还不到一学期,班集体缺乏凝聚力,孩子们普遍缺乏进取精神,得过且过。就是这样的班级,在班主任的鼓动下,全班一起商量要在"冬之韵"舞台上打个"翻身仗"。于是,为了筹备演出,同学们主动寻求语文老师的帮助,结合语文学习共同编排了节目,最后全班同学一同精彩亮相,一炮打响。演出的成功,为这个集体增强了向心力和集体荣誉感,也让同学从内心里接纳了老师们。在此后一年的"冬之韵"舞台上,已升入八年级的他们想法更成熟了,他们在语文老师指导下,编排了难度更高的课本剧《为中国人脱帽致敬》,赢得了满堂喝彩。

　　在这个例子中,我欣喜地看到了学校教育中的"蝴蝶效应":以"冬之韵"演出形式的小小改变为起点,唤醒学生的参与热情,进而推动师生间和谐互动关系的形成,最终促使整个班集体迅速迈入正轨,并持续良性发展。这样的改变,让我心存慰藉。

　　2018年我校"冬之韵"的主题是"华彩律动,梦耀延安"。然而,我们在意的并不是节目有多么"华彩",我们更在意的是演出前后,学生的行为有没有发生积极变化,他们的认知水平有没有取得进步,他们的修养有没有得到提升。

　　英国戏剧大师莎士比亚说过:"凡是过往,皆为序章。"音乐和欢乐已为过往画上休止符,来年我们会为更多的孩子点亮舞台的灯光。期待孩子们走上舞台,奏响属于他们的华彩乐章!

　　一出"冬之韵",牵动师生心;一台"冬之韵",展现延安情。"冬之韵"的变"小",映衬了"延安人"教育格局的放大。"让每个学生的潜能得到充分发展"这一办学理念的内涵,在"冬之韵"内容与形式的嬗变中,得到了完美的演绎。

(四) 在积极变革中实现特色人才培养

　　进入新世纪以来,信息技术的广泛运用深刻改变了人们的生产、生活和思维方式,也对教育的变革与发展带来了新的机遇和挑战。在这样的背景下,学界开始关注教育将来的可能存在状态,"未来学校"逐渐成为教育研究的重要领域。从某种程度上说,"未来学校"并非一个严谨的学术概念,而是一个与时俱进的教育话题,是人们对于不同于传统的学校样态的多种期待。对于这一话题的讨论主要是基于对未来社会发展状态的判断和对未来社会人才培养的思考。

放眼全球,重新设计学校以应对未来挑战已成为各国推进教育发展的研究热点和重要举措,2020 年 9 月 15 日,世界经合组织(OECD)发布了《回到教育的未来:经合组织关于学校教育的四种途径》(Back to the Future of Education: Four OECD Scenarios for Schooling)报告,指出了未来学校教育的四种可能性图景:学校教育扩展,教育外包,学校作为学习中心,无边界学习,全面规划了未来学校和未来教育的整体风貌。在此热潮中,"未来学校"也逐渐成为我国基础教育改革的政策出发点和创新立足点。2016 年中国教育科学研究院发布了《中国未来学校白皮书》,2017 年 10 月,我国教育部学校规划建设发展中心发布了《未来学校研究与实验计划》,随之而来的一系列理论研究和实践探索,推动了我国未来学校的形态变革和全方位创新。

在"未来学校"的研究中,除了技术层面的支持外,学校更应该思考的是教育如何直面未来的挑战,为学生适应未来社会的"未来发展"赋能。也就是说,未来世界正在向我们招手,承担为经济社会发展和时代进步提供所需人才重任的教育,尤其是基础教育,对还处在成长阶段的学子们,需要深入思考如何通过适切的教育,帮助他们坦然地踏上拥抱社会的征程,和谐地融入未来世界之中。

2018 年中国国际进口博览会华丽登场,丰富的展品让我们看到世界日新月异的发展变化。在进博会上,感慨自己还没学会驾驭会跑的汽车,少儿时代读过的《小灵通漫游未来世界》里会飞的汽车,已经静静地停在离我们不远的展台。让我们感慨的还有富士康的转型。富士康从简单的劳动密集型的代工工厂,转向"赋能智能未来",引进、开发机械手和智能设备。面对机械手抓着智能化的电器设备工作的场景,我们不禁想到,那些流水线上的年轻工人,即便心甘情愿日复一日从事简单、重复的工作,恐怕也将失去机会了。

世界在变,教育呢?有人说,"教育是变化最慢的行业。"但是,我认为教育的问题根本不在于变化的快慢,而在于怎样培养能从容应对未来挑战的人。

还有人这么批评教育:"教育是在用过去的知识教今天的孩子,让他们应对未来的世界。"这样的表达,看似很正确、有道理,但仔细推敲下来却未必。在科技日新月异的时代,知识更新周期已经缩小到两三年。今天的教育者,甚至科学家,并不确定地知道未来会出现什么样的新知识、新行业。即便是大学生、研究生,他们正在学习的知识,也未必是未来现实世界里的知识——因为,那些东西很可能今天还不存在!所以,在可以预见的未来,基础教育甚至高等教育教给学生的,基本上是过去的知识。

我们都认可,在未来世界里,人的生存与发展会更多地靠智慧、靠素养来支撑、去实现。教育的使命,就在于让今天的孩子通过有意义的学习,更加富有智慧和灵性,而其他途径不可替代。正如密涅瓦大学创始人之一 Stephen Kosslyn 在介绍密涅瓦大学的时候,经常会说的一句话:"我们要通过教授思维模式和基础概念,帮助密涅瓦的学生在目前还不存在的岗位中更好地适应并成功。"

那么,学校教育应该怎样向孩子们教授思维模式和基础概念呢?怎么看待学校教育过程中的知识学习呢?

长期的教学让我们意识到,我们教给孩子们的初中数学知识,在他们走出校门、走进社会之后大都会被淡忘!离开学校之后,无论他们是从事公务员、医生、律师、商人、法官等职业,不大会列一元二次方程解应用题,也不会通过平面几何证明来解决工作、生活中的问题。除了简单的计算外,他们直接用到我们所传授的数学知识的场景,大概是他们辅导自己的孩子读书时,抑或是当他们跟我们一样成为数学老师时。

但是,这并不意味着我们的数学教学没有意义!因为正是数学课有章法的教与学,教会孩子们通过对数学知识的学习和数学解题练习,正确理解、准确计算、严密推理、清晰表达,从而学会对遇到的数学和数学以外的问题都能有条理地思考、有方法地解决、有逻辑地表达。这个过程,就是孩子们发展数学思维、建立思维模式的过程,体现了孩子们学习古老的初等数学知识的价值。

我们一定要意识到,人的思维模式不会凭空而来,一定是通过对知识的有效学习逐步建立起来的。根据学生学习掌握知识、技能的规律,思维的发展是在递进式的教学中发生:首先,以系统学习知识——甚至是陈旧知识为基础,建立系统化的概念;其次,通过对概念的理解和应用掌握思维方法,进而在解决问题的过程中获得不断成长所需要的关键能力。从这样的角度看,知识只是积蓄能力、培育素养的载体,因此,没有必要过于纠结是用过去的知识还是今天的知识教学,适合孩子们当前阶段学习发展水平的知识,就是有效的教学资源。

培养今天的孩子们,让他们拥有应对未来世界不确定性的能力,就要找准教育的问题与缺陷之所在,不断做出改进。对比东西方教育,我认为当前困扰初中教育的主要问题不是知识的新旧,而是学生获取知识的过程和方式是否桎梏了他们本身思维能力的发展,尤其要关注教育评价和教学过程自身的"缺陷":

一是教育评价选拔机制造成的缺陷。高中自主招生的高选拔性,让参加校外超前、超难、超标准辅导,孤注一掷冲击学科竞赛的学习方式蔚然成风;另一方面,中考的相对低难度、低思维要求,让刷题获得高分成为可能,选拔基于高分而没有很好地体现基于高能,从而使机械重复式的刷题训练蔚然成风。这个问题造成以高分进入高中的学生短时间里就出现"挂彩"的尴尬。而解决这个问题,可能更多地要依靠宏观、中观教育政策的改变。

二是教育过程自身的缺陷。学习过程、作业、考试,记、背、默、算形式的负担过多,而让学生感到生动、有趣、有深度的学习体验不足。换言之,有意义的学习负荷不足,造成学生简单模仿能力强,思维和解决问题能力弱。解决这个问题,靠的是不断改良教学过程。

再以数学教学为例,发展数学思维的教学肯定不能只靠肯下功夫,更不能恨不得穷尽天下的数学题,占满学生的学习时空和思维空间。要从"就事论事"式的低层次解题训练,向较高层次的"一题多解"和更高层次的"多题一解"转变,让满怀着好奇心和探究新鲜事物兴趣的学生通过对数学知识的融会贯通,理解数学,喜欢数学,会学数学,获得更高水平的数学思维。

巨变的时代,教育不会超然物外。"周虽旧邦,其命维新"。今天的教育已然在改变中启航,不但关注教孩子们什么,更要关注怎么教,教师首先应在教育理念的传承与创新、守正与变革中脱颖而出,真正成为孩子从容面对未来世界的启迪者、领路人。我们坚信,当一个学生经历了重视知识背后的知识学习过程所蕴含的思维方法、解决问题能力的蓄能式教育,从而有促进不断成长的必备品格和关键能力,有不断学习成长的内生动力和发展能力,他就一定能在未来世界里从容地找到自己的一席之地。

教师篇

打造"专业发展"的师资队伍

教师是第一教育资源，是学校改革发展和人才培养质量高低的第一决定因素。促进教师专业发展，打造高素质教师队伍不仅是国家政策制定的重要出发点，也应该是学校治理过程中的重要抓手。延安初中以"让每一个学生的潜能得到充分发展"的办学理念和实践方向，作为学校师资队伍建设的指导原则，对接区"三好两优"系统工程，把培养一流的师资队伍作为重点工作，以项目制为抓手，通过研训一体化激发教师专业成长活力，建设示范辐射、引领发展的优势学科，形成人才聚集、成果显著的优秀团队，造就党和人民满意的高素质专业化创新型教师队伍。

一、对教师专业发展的理性认识

教师专业发展的概念是近代以来对教师职业发展的总结。联合国教科文组织和国际劳工组织《关于教师地位的建议》报告对教师职业的属性、特征做出了较明确的界定,提出"应把教育工作视为专门的职业,这种职业要求教师经过严格的、持续的学习,获得并保持专门的知识和特别的技术"。这是国际上首次以官方文件形式对教师专业化做出明确的说明。"专业"一词最早从拉丁语演变而来,原始的意思是公开表达自己的观点或信仰。德语中"专业"一词是beruf,其含义是指具备学术的、自由的、文明的特征的社会职业。《现代汉语词典》中关于"专业"的解释包含三个方面的内容:高等学校的一个系里或中等专业学校里,根据科学分工或生产部门的分工把学业分成的门类;产业部门中根据产品生产的不同过程而分成的各业务部门;专门从事某种工作或职业的。1933年,社会学家卡尔·桑德斯和威尔逊在他们的经典研究《专业》一书中,首次为专业下定义,他们认为:"所谓专业,是指一群人在从事一种需要专门技术的职业,是一种需要特殊智力来培养和完成的职业,其目的在于提供专门性的服务"①。

(一) 教师专业发展的概念阐释

在笔者看来,教师专业中的"专业"不是指所教的学科"专业",而是把教师的"教育行动与教育活动"视为其专业表现的领域②。在世界范围的教育改革浪潮中,人们越来越认识到,教育改革的成败在教师,只有教师专业水平的不断提高才能造就高质量的教师队伍,才能提高教育的整体水平。因此20世纪80年代在教师专业化的进程中,出现了一个转折,即从追求教师职业的专业地位和权利功利主义转向追求教师的专业发展③。人们对过去忽视教师专业发展和教学技能提高的做法给予了强烈的批评,教师专业化目标的重心开始转向教师的

---

① 王立国.基于教师专业发展的教师素质标准研究[D].西安:西北师范大学,2007.
② 刘捷.专业化:挑战21世纪的教师[M].北京:教育科学出版社,2004.
③ 刘微.教师专业化:世界教师教育发展的潮流[N].中国教育报,2002-01-03.

专业发展。

从某种程度上说，教师的专业发展是指教师多阶段的连续的专业成长过程，是职前教育、上岗适应和在职进修提高的一体化的过程。教师专业发展的本质是教师素质的提升。教师专业发展具有的三个主要含义"专业地位的提升""专业自主的建立"和"专业尊严的维持"必须有赖于教师素质的提高得以实现。

近年来，随着国内外教育变革的演进，教师队伍建设和教师专业发展问题日渐成为教育科学研究的"显学"。值得一提的是，尽管人们概括出来的专业发展特征很不统一，但在一些基本问题上还是形成了比较一致的看法。总括起来，教师专业发展特征和其他职业专业发展一样主要涉及以下方面：强调长时间的系统培训；掌握专门的知识和技能；拥有自己的专业伦理；强调工作的智力性实践和在实践中不断学习的需要；重视专业团体对工作质量和不断学习的监控；强调严格控制入职标准等。结合对专业化概念的理解和教师职业特点，概括地说，教师专业发展是指教师个体的专业水平提高的过程，以及教师群体为争取教师职业的专业地位而进行努力的过程和结果。前者是指教师个体的专业发展，后者是指教师职业的专业发展，二者共同构成了教师的专业发展①。

（二）教师专业发展的价值厘定

教师专业发展是教师的毕生使命，具有重要的价值，这些价值集中体现在两个维度：

其一，教师专业发展能够重构教师对教育的理解。随着人们对教育意义的深入研究，大众对教育的基本理解也在逐渐发生转变。纵观当前教师教育改革的各种理论，虽然这些理论的话语表述各不相同，但是这些理论使教育的意义发生了转变。即开始由单纯强调普适性的教育规律转向寻求使某种教育得以可能的意义。这些理论不再强调科技理性下的概念、法则、确定性，而转为对生命、意义、价值、不确定性、复杂性的关注。因此形成了"教育是以一个灵魂影响另一个灵魂"等结论。关于这一点，科学家钱学森曾经对教育进行了精辟概括——"教育的最终机制在于人脑的思维过程"。综合各种教育论点表述，教育

---

① 滕明兰.对推进我国教师专业化进程的思考[J].中国高教研究，2004(5).

的本质不在于知识传授,而在于对学生生命个体的激励、唤醒、鼓舞。正如怀特海在《教育的目的》一书中所指出的"教育的全部目的就是使人具有活跃的智慧"。一直以来,对于教师专业发展都是强调教师专业知识和技能的培养,而根据现行教育的本质,教育是在学生理解的每一个瞬间,教师需要促成学生更多的知识理解,使其对相关问题产生更多的有意义的思索,要达成这个目的,显然单靠现行教育培养模式是不够的,传统的教师培养方式由于在实践中的无力感也面临着种种危机。教育本质的全新理解意味着进行教育的教师在专业发展方面也必须以此目标达成来促进。基于教育的本质意义,教师专业发展可以理解为使教师能够打破当前的认知壁垒,跳出对问题的思维窠臼,对待问题有理性态度,不盲从、不迷信,能够以自身的思维发展帮助学生思维的发展。从根本上讲,教师专业发展需要教师改变现有的教学模式和教学方法,能够结合实际问题理性创新。维特根斯坦曾经说过:"一旦新的思维方式得以确立,旧的问题就会消失。"由此可见,教师专业发展实际是一种思维方式的变革,其核心的价值在于帮助教师形成对教育工作的正确理解,激发教师基于教育正确理解的思维与行为变革。

其二,教师专业发展能够重构教师对自我的理解。教师专业发展有助于唤醒教师的主体意识。虽然教师的教学活动是在鲜活的情境中进行的创造性活动,但是在以往历次教育改革中,教师总是被认为是课程知识的消费者,关于教师对教育的理解及其教学实践体会在教育改革中都鲜有关注。教师被理解为课程的执行者,其对于所有教育改革建议只能接受,但是在教学成果、课程改革的衡量中,教师往往又被列为课程成效不彰的批评对象。从根本上讲,教师是课程教育改革的参与者和实施者,是教育的主体角色,要使这个角色能够充分发挥主体意义,就必须通过教师专业发展来尊重和唤醒教师的主体意识,使其正视自己的主体角色,从而对自身的信念、价值及外来环境都有客观认知,使其愿意突破习以为常的教学现状,愿意积极投入课程与教学改革,能够在课堂教学中充分发挥自身的主观能动性,而不仅仅对知识进行运输传递,只有这样,教师才不会只是在成果评价中成为原因分析的影响因素①。

---

①　姚志敏.教师专业发展的意义重建与教育变革[J].教育理论与实践,2017(8).

（三）教师专业发展的特征分析

教师专业发展，既需要教师职前教育的有效设计，也依赖于教师职后的学校层面的培养，特别是学校的针对性培训工作。随着教师培训走向深入，各国都探索出教师培训的有益经验，特别是发达国家，中小学教师在职培训经过半个多世纪的改革发展，已经形成了较为完善的教师培训模式，其中显著的特征包括：

其一，关注教师需求。如法国教师教育模式经历了从教师培训大学院到高等教师教育学院的转变过程，致力于完善教师的专业化培养与多样化培训方式相结合的教师教育模式，为一线教师提供多样化、全方位的在职培训①。这种培训机构的转变意味着教师培训组织实施方已经逐渐认识到，"受训者"不仅仅应被"告知"，而应还其主体"在场"地位，通过关注和促进"受培训者整体"，发现中小学教师是有着一定的培训经验和基础的"需求主体"。其二，关注发展阶段。教师专业发展会经历不同成长阶段，从新手到胜任到成熟再到专家型教师，其发展的需求不同，因此，需要依据教师的职业生涯理论和专业发展阶段设计不同的课程。以英国为例，为了满足和实现不同层次、不同级别教师参与在职培训的不同需求和目标，英国为中小学教师设计了一年以上的全日制脱产课程、半脱产制的中期课程、业余不脱产短期课程②。其三，关注专业实践。在美国，大学与中小学合作，以中小学为基地成立教师专业发展学校，形成融职前教师培养、在职教师培训和学校改革为一体的教师教育新模式，基于教育现场的教师专业发展，强调教育教学实践性能力培养③。大学与地方学区合作，设立类似"教学医院"的教师进修机构，帮助中小学教师掌握新的教学技能。而学区则通过聘请大学教师、研究人员、工程技术人员和退休老教师及在职优秀教师到学校或教师中心，对本学区的教师分批进行指导或咨询。除美国外，芬兰的教师教育一直以高学历水平著称，但其以往的教师在职培训偏向理论，实效不佳。为了纠正理论优先的培训模式，芬兰推出了以学校为实施单位，针对青年教师

---

① 范士龙,孙扬.法国教师"培训—研修"模式转变研究[J].比较教育研究,2019(5).

② 杜静.英国教师在职教育发展研究[D].重庆:西南大学博士学位论文,2007.

③ 雷蕾,钟文芳.浅谈美国教师专业发展学校(PDS)——美国教师专业发展的新型模式[J].现代教育科学,2010(3).

的,由管理者、教育专家、资深教师、青年教师共同参与课程设计、执行、评价,为期一年的"合作行动计划",努力使理论学习与教育教学实践相结合①。其四,关注个性化发展。教师的专业特长也千差万别,这就需要教师发现个人优势与专业特长,并在此特长上嫁接教师的其他专业能力,最终实现专业上的全面发展②。如美国颁布《力争上游法案》(Race to Top)后,各州建立了教师评价与支持系统,大力推进个性化的教师培训活动。美国要求确保所有老教师和最近参加工作的教师都能获得与其本人优点特长及需求相应的专业发展与职业提升机会。各州都认为:教师的成功与学生发展密切相关,与学校及本地区的发展密切相关。为了实现这一目标,许多州引入了多样化的测量教师专业实践的手段,如通过训练有素的观察者利用指标体系到教师课堂上去观课,根据教师教学状况来判断其有效性水平,并据此组织专项教师辅导或培训活动以实现培训活动与教师需求之间的吻合。其五,关注真实学习。在教师培训活动中最核心的目标是让教师的学习真实发生,这就需要培训内容与教师的背景知识与经验发生联结,换言之,"只有在满足一些硬软件条件要求之后,有效教师培训活动才能出现。"大量研究认为,有效教师培训活动的发生需要满足一些基本条件:培训者必须创设相应的教学情境,因为教师培训是一种情境性学习,尤其是实践问题发生的情境,它是帮助受训教师理解培训内容及其重要性的催化剂;培训必须提供实用的教学内容,注重培训内容的实用性,即所授理论知识能够帮助教师解决实践问题,或为教师应对工作中的现实问题、教学难题提供一种解释框架、认识思路、建议策略等;培训必须有系统讲授环节,以有效发展教师的逻辑思维,因为缺乏系统讲授的培训活动无助于教师教育认识的深化,增进教师解决问题的系统思维;培训必须考虑学生的以前经验,毕竟教师培训的最终目的是要增进教师对学生的理解,提高学生的学习成绩。

二、对教师专业发展的路径设计

《中共中央 国务院关于全面深化新时代教师队伍建设改革的意见》强调,

---

① 虞伟庚.合作行动计划——芬兰在职教师教育实践模式[J].外国中小学教育,2011(5).
② 龙宝新.论国外教师培训的时代性特征[J].中小学教师培训,2015(11).

教师承担着传播知识、传播思想、传播真理的历史使命,肩负着塑造灵魂、塑造生命、塑造人的时代重任,是教育发展的第一资源,是国家富强、民族振兴、人民幸福的重要基石。提出到 2035 年,要实现教师综合素质、专业化水平和创新能力大幅提升,培养造就数以百万计的骨干教师、数以十万计的卓越教师、数以万计的教育家型教师。这一目标的实现,既需要外部的政策保障,也需要学校内部的实践创新。

应该指出的是,教师的成长总是发生在一定的外部环境之中,换言之,成长的场域是教师专业成长机理的重要构成要素。这也就意味着,学校需要通过个性化的设计帮助教师形成专业发展的有效推动体系,以实实在在的行为推动高水平、专业化教师队伍建设。延安初中着重从四个方面入手,打造适合学校改革发展和人才培养需要的高素质教师队伍。

(一) 完善教师培训管理机制

促进教师专业发展是实现学校办学目标和育人目标的基础,是学校高水平办学的重要保障。为落实这一目标,学校规划采取以下几条措施:

第一,建立以校长为组长的教师专业发展领导小组,统筹学校师资队伍建设工作。

第二,改进、完善师资队伍建设管理机制,加强过程管理和目标考核。

第三,探索延安初中教育集团新型教师专业发展培养模式,加强教育经验集团辐射,推进集团内教育资源共享共荣。

第四,系统规划学习活动安排,在增进文化认同中促进文化建设,营造成长氛围。

第五,修订《延安初中师德条例》,完善奖惩条例,落实师德规范。

(二) 规划教师专业成长路径

基于学校教师专业发展需求,构建教师专业成长序列梯队,提升教师学历层次,增加学科名师、名班主任在学校教师队伍中的比重。

对接区"三级六层"培训体系,为职初期教师(包括新进教师、青年教师)、成熟型教师(有一定教育教学经验的教师)和骨干型教师(市区级骨干教师、教学名师)规划不同的成长路径。通过涵盖基础培训、专项培训和高端培训三类的项目制,以"任务驱动、专家引领、合作研究、共同发展"为培养模式,为三级对象搭设发展平台。

职初期教师:通过青年教师基础培训项目、课例研讨项目,助力职初教师站稳课堂,打造精品课。

成熟型教师:通过专项培训项目、课程开发项目等,在国家课程校本化与校本课程特色化的实践研究中促进自身专业特长。

骨干型教师:通过高端培训项目、名师培育工作室项目等,参与课题研究,引领教育教学实践改革,提升知名度。

在课堂教学实践中修炼——以职初教师"站稳课堂"为例

职初教师这一阶段教师的发展目标是:站稳课堂,逐步适应教育教学工作。

从 2017 年开始,我校结合学校集团化办学的总体发展部署及学校的实际情况,组织优秀教师围绕师德修养、课堂教学、班级管理等方面开发青年教师培训课程。这门完全由我校教师自主开发的自培课程被老师们亲切地称为——"青椒课程"。

目前,"青椒课程"围绕专业精神、学科专业、育德能力、科研创新四个模块,已形成 30 多个培训专题。内容涉及专业(教学设计,说课,听评课,评优课)、专题(有主题的校本研修)、专项(如数学组例题、习题、考题三题研究,各学科作业开放性研究等)等多种门类。

延安初中"青椒课程"一览表(节选)

课程模块	培训专题
1. 专业精神	专题 1:造就孩子,成就自己
	专题 2:管窥体制内外教育生态
2. 学科专业	专题 1:新教师如何评课
	专题 2:深入文本钻研,浅出教学设计,打造高效课堂
	专题 3:教师职业发展的感悟
	专题 4:以学科课堂教学环节(导入、衔接、重点、难点、结尾等)处理为例,有效实施课堂教学
	专题 5:借助现代技术,有效实施课堂教学
	专题 6:把握课堂教学细节,有效实施课堂教学

(续表)

课程模块	培训专题
2. 学科专业	专题7：增强师生互动，有效实施课堂教学
	专题8：创设积极课堂氛围，有效实施课堂教学
	专题9：通过学法指导，引导学生自主学习
	专题10：个别辅导与集体辅导
	专题11：激发学习兴趣，促进学生自主学习
	专题12：如何关注资优生，促进其自主学习
	专题13：如何关注学困生，促进其自主学习
	专题14：如何关注中等生，促进其自主学习
	专题15：建立良好师生情感，促进学生自主学习
	专题16：通过作业/练习的设计/反馈，提升学习有效性
	专题17：如何开设拓展课
3. 育德能力	专题1：科学制订班级计划，落实常规、树班风
	专题2：培养班干部，增强班级管理有效性
	专题3：以个性化班级活动为载体，促班集体建设
	专题4：如何进行有效的家访
	专题5：家校交流的得与失
	专题6：如何与任课教师有效沟通
	专题7：孩子，把你的手给我
	专题8：借力班级家委会，共建班集体
	专题9：遇到个性鲜明的学生怎么办
	专题10：如何对家长进行家庭教育指导
	专题11：班级学生突发事件、意外伤害事故处理
	专题12：如何上好主题教育课、主题班队会
	专题13：以心换心，睿智交流
4. 科研创新	专题1：今天怎样做教育科研——课题申请书的撰写
	专题2：怎样总结教科研成果
	专题3：论文案例的撰写

"青椒课程"不仅包括外请专家的专题报告，学校还通过公开招募，在校园

内甄选培训讲师,积极盘活人才资源,鼓励各级各类教师主动开发与研究校本"规培"课程。目前,在集团化办学进程中建立课程共享,把学科前沿、教育改革和教育研究的新成果充实到教学内容中,形成集团课程库,促进成果辐射共享。

在课程建设中获得成长——以成熟教师"开发课程"为例

通常来说,成熟型教师已具备一定的教育教学经验,能胜任基本的教育、教学工作,且初步建立起教科研意识。这一阶段教师的发展目标是:开发课程,努力发展自身专业特长。为实现这一目标,学校引导教师积极参与课程建设。

课程是学校教育的核心,课堂是课程的核心,课堂的关键点是教师。课程的设计与实施都离不开教师,教师在课程实施的过程中不断成长,成长后的教师又不断优化、完善课程,使学生享受到优质的教育。

1. 国家课程的校本化实施

案例:"科学"课程是一门在六—七年级开设的,涵盖生命科学、物质科学、地球、宇宙与空间科学等各领域相关内容的综合学科。从知识方面讲,单科背景的教师,其原本的知识结构难以满足"科学"课程教学的要求,为了保证课堂教学质量、提升学生的科学素养,学校通过统筹规划,从原物理、化学、生物学科的教师中选拔教师组成了科学六、七年级备课组,每个备课组至少各有一位生物、物理、化学专业的教师,以利于进行相互学习研讨。

备课组内教师发挥各自专业的优势,相互交流,合作学习,一起探讨,共同进步,在课程开发与实施的过程中不断优化教师队伍,满足"科学"课程教学的要求。为了进一步提升师资水平,课题组还专门聘请教育科研专家、教改专家和有成就的同行来校指导、培训教师。通过培训与实践,我校科学师资力量有了明显的提升,形成了一个具有较高科学素养的稳定的科学教育团队。

科学组教师先后通过"开发'科学'学校课程,提高初中学生科学素养的实践与研究"以及"教育均衡视野下初中生理科综合能力培养的实践研究"两项课题研究以及学习英国牛津出版社的原版科学教材 *Mastering Science*,不断完善我校的"科学"课程,提高课程的教学品质,提高学生的科学素养。

2. 校本课程开发实施

在校本课程的特色化实施方面,学校构建自主选择、多元优化的校本课程体系,面向全体学生,开设了丰富的可供学生自由选择的课程。目前,这类课程已经达到近80门,并实行跨年级走班教学。如击剑、攀岩、高尔夫、模拟剧场理事会、服装设计、男生军营课程、STEM课程、阳台花园、野外生存、动漫设计、健美操、Fab Lab创客工坊、校园电声乐队、校园大亨……这些课程有的是我校教师根据自身特长开设,有些是通过外购引进。在外购课程的实施过程中,对此感兴趣、有一定专业基础的教师参与听课和指导学生,这也是我校教师的一种培训方式。

推行国家课程校本化实施与校本课程开发实施,不断促进教师专业发展。为了将本校的办学经验、办学成效进一步扩大,延安初中教育集团通过课程共建、资源共享的方式,积极推进集团学校特色校本课程建设和基础型课程校本化实施的实践研究。2017年9月1日开始,延安初中率先向集团内学校输出了一批优质课程,做到优质课程资源共享。

学校在对现有课程进行梳理、完善、再开发的过程中,积极探索"基础课程校本化、拓展课程系列化、探究课程精品化"的模式,进一步推进课程教学改革,在此过程中我们获得了教师专业发展的宝贵经验。以物理学科为例,在组长领衔的课题研究进程中,实现了成熟期教师的高速发展,促进了组员从"学科层面"到"课程层面"的转化,实力大幅提升。

(三) 构建"研训一体"校本研修模式

通过校本研修完善教师职业生涯发展规划、全面提高教师素质、有效提高教学质量。构建研训一体化的校本研修模式,立足学校、立足教研组、聚焦课堂、聚焦教师教育教学实践能力的提升。

第一,以课例研究为载体的课堂行动研究。完善管理制度,通过合理的评定、奖励机制调动教师参与课例研究的积极性与创造性。确保教师有较足够的时间开展课例研究,保障课例研究活动的效果。通过引入学科专家和教研人员,为课例研究提供技术与资源的支撑,为教师专业发展层次的提高提供充足的保障。

第二,以科研课题(项目主题)为载体的课程建设研究。通过"项目制"建设,逐步形成学校课程科目群建设的项目团队,并将一流师资梯队的建设融于项目团队的建设中。针对学校发展实际,共建"学习共同体",通过总结及成果交流活动,实现教师的互相学习,共同成长。在课程开发的过程中,通过成熟期教师的引领,促进高端型骨干教师的提高,并逐渐形成学校的高端型骨干教师梯队。

在课题研究中获得提升——以骨干教师"研究课题"为例

成熟期教师具备扎实的教育教学功底,教育教学效果良好;在学科教学和班主任工作中起骨干作用,在学校和市区里具有一定的影响力。这一阶段的部分教师能承担教育教学工作以外的其他工作,如教育教学管理等。这一阶段教师的发展目标是:研究课题,突破平台期,教有所长。

拥有较强的开发能力是成熟期教师的重要能力,也是延安初中在学校发展过程中必须拥有的能力。学校通过课程开发项目组或者课题组,以科研课题(项目主题)为载体,实现对于学校课程的开发,也帮助学校成熟期教师逐步形成自身的课程开发能力,并且以这种能力带动教研组内教师共同提高。

1. 项目研究——基于"项目制"的创新团队建设

学校在五年规划的实施过程中,通过"项目制"建设,逐步形成学校课程科目群建设的项目团队,并将一流师资梯队的建设融于项目团队的建设中。"项目制"建设的目的是针对当下学校的发展实际,共建"学习共同体",在"学习共同体"内,通过总结及成果交流活动,实现教师的互相学习、共同成长。

创新团队是学校这一轮五年规划的重点项目,九支团队由学科带头人担任领衔人,通过优化青年骨干教师的培养机制,带动和引领全校各项教育教学工作再上一个新台阶。目前学校的九支创新团队分别是:"中华传统文化"创新团队、"班主任主题活动设计工作坊"创新团队、"物理网络课程开发"创新团队、"信息技术推进初中理科实验教学"创新团队、"阅读领航优化策略及成效"创新团队、"新技术支持下的个性化教学实践研究"创新团队、"学科背景下的数学教师专业发展探索"创新团队、"英语优质学生课程开发"创新团队、"基于视频分析的教师发展研究"创新团队。

数学教研组成立了"学科背景下的数学教师专业发展探索"创新团队,与华师大熊斌老师主持的"上海市核心数学与实践重点实验室"合作,使我校成为上海市唯一一所与该实验室合作的公办初中。团队着力探索研究数学资优学生潜质的甄别方法,指导数学资优学生的发现、选拔和培养;探索并建构适应数学资优生培养的评价与跟踪机制。此外,还参与了上海市教育科学研究重大项目"中小学数学教材的有效设计"的一个子课题"中小学数学教科书中渗透核心数学素养的整体设计"。九位成员教师对教材的例题进行梳理,正逐步形成资优学生培养的校本教材和平行班校本化作业。他们通过创新团队的形式,从数学核心素养角度全面地审视我们的教育、教学行为,审视教材,力求做到各类学生都能体验到数学的美丽和价值,且能对学有余力的学生有更好的引领作用,同时将数学组打造成一支具有较高学习力、研究力的师资梯队。

2. 学术研究——基于课程建设的课题研究

在课程开发的过程中,通过成熟期教师的引领,促进高端型骨干教师的提高,并逐渐形成学校的高端型骨干教师梯队。

物理学科组在对区级重点课题"初中物理实验教学的创新设计与实施研究"的研究过程中,实现了成熟期教师的高质量发展,促进相应教师完成了从"学科层面"到"课程层面"的转化,师资队伍质量得到了大幅度提升。课题组的王霞、刘虹、周芳等教师评上了高级职称。物理组成为全校高级职称比例最高的教研组。

"中华传统文化"创新团队结合学校特点与学生实际,呼应课程改革的需要,积极探索,反复论证,立足教师的历史使命与社会责任,发挥各学科教师专业特长,整合历史、美术、劳技三个学科的资源,根据学生情况和教育目标及可操作性等确定了课程的基本框架,形成中国玉文化、中国书法艺术、中国古钱币、中国陶瓷文化、中国布艺、中国服饰文化六个专题。目前已开设中国玉文化、中国古钱币、中国服饰文化等"中华传统文化"课程系列。汇聚教师智慧,通过集体备课、研课磨课、评课发现问题,提炼教法与学法,形成课例(不仅作为课程开发的案例,更作为课题研究的积累资料)。与此同时,学校引导教师积极编撰相应专题文本材料,在完善课程整体架构的同时,将经验转化为研究成果,激发内驱力。

(四) 搭建优秀教师成长平台

以教育教学和学校管理实践中的重难点问题及对策作为需求导向,紧密围绕学校五年发展规划目标,优化学校重点项目,搭建优秀教师成长平台。

第一,任务引领与团队发展相结合。通过教研组、中心组、工作室、课题组、项目组等三级教师学习共同体,针对教育教学中的问题,开展丰富多样的研究与实践活动,分享经验和成果,树立榜样,并在此过程中促进优秀教师的个人学习、研究和实践与团队成员的共同学习、共同进步和共同发展相结合,在任务中接受挑战,在团队中实现成长。

第二,优秀教师培养与梯队培养储备相结合。进一步实施人才分层培养的策略,加强高峰建设,扩大优秀教师影响力,同时加强梯队建设。通过主题论坛、课题研究、论文发表或国际交流等多种形式,为优秀教师搭建广泛的经验分享、思想交流、智慧启迪和建构新知的平台,促进优秀教师在实践经验和理论素养方面的提升。

近年来,学校师资队伍建设成绩斐然。有 1 人获评"上海市金爱心教师",1人获"上海市园丁奖",9 人获"长宁区园丁奖",1 人获评"长宁区师德十佳标兵",1 人获评"长宁区百佳师德先进个人"。同时共收到表扬、感谢教师的信件 14 封。有 16 位教师获得国家级各类奖项,87 位教师获得市级各类奖项,70 位教师获得区级各类奖项等。学校有 8 位教师成为第五轮学科带头人,1 位教师成为第六轮拔尖人才。有两位教师参与上海市初三学生学业考试(中考)或学科结业考试(会考)等命题工作。在上海市"双名工程"中,学校有 4 位教师成为上海市普教系统"名校长名教师"培养工程后备人员,4 位教师成为长宁区普教系统"优秀青年教师"培养工程后备人选。

在四年一度的 2017 年上海市教学成果评选中我校独中三元,在全市初中学段学校中获奖最多。物理教研组课题"初中物理实验教学的创新设计与实施研究"获市级一等奖,语文教研组课题"基于初中生阅读力培养序列研究的语文'阅读领航'课程的构建"获市级二等奖,拓展课项目组课题"精耕学校特色课程,激发学生学习潜力"获市级二等奖。

在 2017 年"两堂工程"中,我校有五位教师的课入选"部优"课,八位教师的课入选"市优"课,名列全市榜首,一批批优秀延安教师脱颖而出。

案例:打造王牌数学团队

锲而不舍地攻坚,苦心孤诣地磨砺,奋发向上的朝气,潜心育人的初心,让数学教研组站上了学校教研组建设的巅峰,成为延安初中一颗璀璨夺目的明珠,特色中的"王牌"。

在这所以理科见长的初中公立学校,数学教研组素来是校园里的"明星组室"。近年来,数学组以其优质的教学质量,持续推动着数学学科的建设与发展,学科教学质量在区域乃至全市不断跃上新台阶,所培养的莘莘学子在中考以及各类学科竞赛中不断摘金夺银、屡创佳绩。

高品质的教学质量离不开一支有灵魂的教师队伍。数学教研组拥有一支师资实力雄厚的队伍。在"让每一个学生的潜能得到充分发展"的办学理念指引下,数学教研组通过对国家课程创造性地校本化实施,开展了一系列分层教学和分层作业的设计,努力实现学生基础能力和思维品质的共同发展。

数学学科的课程教学改革不限于课堂教学。在课堂外,为了展现数学之美,彰显数学文化魅力,提升学生学习数学的兴趣,数学组老师开设了"财经中的数学"等一系列拓展型课程和探究型课程,着力培养学生利用数学解决实际问题的能力。这种课内外并举、"学—思—行"合一的思路,进一步丰盈了延安初中数学特色的内涵。

一、汇聚众智——打造专业团队,拓宽交流视野

延安初中数学教研组是一支朝气蓬勃、锐意进取的教学团队,多次被评为市级与区级的优秀教研组,曾荣获"全国职工职业道德建设百佳班组"和"上海市职工素质工程 500 强智能型班组"称号。

教研组现有教师 33 人,其中高级教师 9 人、学科带头人 2 人。组内教师人才辈出,其中,沈洁老师荣获"上海市教育系统巾帼建功标兵"、长宁区教育系统第四、第五、第六、第七轮"优秀学科带头人"等荣誉称号;教研组长杨欣乐老师获第二期"上海市普教系统优秀青年教师后备人选"称号,以及"上海市中小学中青年教师教学评优一等奖""长宁区第五轮优秀青年人才""全国'华罗庚金杯'少年数学邀请赛优秀辅导员奖"等多项荣誉。他指导的学生有数百人次在全国初中数学竞赛等各级各类比赛中获奖。

实现学业之成功、体悟数学之魅力、助力生活之应用,是延安初中数学教师对于学生数学学习的殷切期望。数学团队的专业性也得到了高校教师的高度认可,多位教师被上海师范大学等高校聘为兼职教师,与大学合作开展师范生的培养,为上海教师队伍的质量提升作出了贡献。

近年来,延安初中越来越重视数学教学领域的国际交流,希望通过走出去、请进来的方式,突破限制优势学科发展的瓶颈,通过与国际同行和数学教育专家分享经验,实现进一步提升理念、转识成智的发展愿景。延安初中的优秀数学教师屡屡被选拔为上海与英国"中英数学交流项目"的代表团成员。

2015 年,数学组朱琛、杨君老师成为项目的首批交流教师赴英国开展教学

交流,并对英国教师加以培训。2019年1月,朱磊、陈子群老师作为上海教师代表远赴英国学校,开展为期两周的交流,与当地教师分享上海的数学教学经验。教师的表现获得了国际同行的高度认可,也使得国际教育界重新认识了上海的中学教育质量。

随着对外交流的不断深入,学校得到越来越多的国际数学教育专家的青睐。2018年9月26日下午,以色列总统科学顾问、Bar-llan大学教授、博士生导师Mina Teicher女士莅临指导,开展以"Math and Beauty"(数学与美)为主题的通识讲座,此次报告为全校师生开启了全新的数学视野,对于进一步提升教师专业水平、提升学生的数学兴趣具有积极的意义。2018年11月27日至11月29日,英国数学教学卓越中心(NCETM)主任Charlie Stripp以及中学部主任Carol Knights带队的专家及数学教师代表团一行七人来校进行交流。在三天的访问中,专家和教师们走进延安课堂,全方位地了解了延安初中的数学教学,感受充满生命活力的校园文化。英国同行们对延安初中的教育教学水平给予了极高的评价。

跨国教育学术研讨与双方教师之间的实践互动,增进了双方教师在基础教育领域内的合作与互信,共同提升了两国在这一领域内数学教师的专业发展,也为延安初中的数学教育乃至课程的全面质量提升找到了具有前景的方向。

二、秋得其实——凝聚组室精神,收获累累硕果

作为一个有着优良传统的文明班组和先进集体,延安初中数学组始终将教师的职业道德建设放在突出位置,引领教师以高尚的人文修养、师德风范与精湛教技去关爱学生、感染学生,为学生营造人格魅力、道德情操和学识水平。数学组在不断内化职业道德的过程中,形成了特有的四种精神:

团结协作、合作为先的团队精神;

锐意进取、不断开拓的创新精神;

尽心育人、无私奉献的敬业精神;

求真务实、一丝不苟的实干精神。

正是在团结、创新、敬业、实干的集体精神的引领下,在学校的大力支持下,通过全组教师的共同努力,数学教研组获得多项市区级集体荣誉:1999年获评"长宁区优质服务立功竞赛活动优胜集体";2000年获评"'共青团号'优胜集体";2004年获评"长宁区先进集体";2008年获评长宁区首届"工人先锋号";

2018年学校获评"上海市'立德树人'数学教育教学研究基地实验学校"。同时教师也获得众多个人荣誉,如朱琛老师获评"长宁区教育系统优秀共产党员",沈洁、戚双决、罗晓敏和杨欣乐老师获得"长宁区园丁奖"等;顾怡宁老师在2018年"长宁区'活力教育'研讨活动班主任基本功大赛"中获得一等奖,充分体现了数学组的组风建设成就。

数学组的老师们不仅以立德树人为己任,而且立足于教学,开发出一套完整的课程体系。他们苦练教学"内功",提高专业素养,注重教育教学研究,获得了显著的成效。如沈艳秋老师参加区级说课比赛获得一等奖,杨君老师参加区级说课比赛获得二等奖,李寅老师在长宁区首届说题比赛中获得一等奖等。戚双决老师领衔的课题成果"培养六、七年级学生数感的数学教学活动研究"荣获长宁区科研成果二等奖,该课题被立项为市级课题,与"上海市核心数学与实践重点实验室"合作进行资优生培养的行动研究;王若昀老师在2016年长宁区"活力教育"研讨活动中,荣获教育科研"长教杯"教育论文(论文类)三等奖等。

延安初中在培养学生的过程中,跳出了题海战术的樊笼,始终关注对学生数学学习兴趣的开发与良好学习习惯的养成,关注学生思维能力的培养和数学思想方法的渗透,关注学生个性化发展和意志品质的培养,关注学生创新精神和实践能力的培养,关注学生解决问题和应用数学能力的培养。正是在这样的理念引领下,在老师们兢兢业业的努力下,数学教育成为延安初中引领教学变革的一面旗帜。

面对荣誉加身,数学教研组不忘初心;展望前路关隘,他们志在必得。数学教研组的故事还会继续,"王冠"还会继续"加冕"。

案例:以研讨为途径,加强组内建设,促进教师发展

课程是学校教育的核心,课堂是课程的核心,课堂的关键点是教师。课程的设计与实施都离不开教师,那么如何建设一流的师资队伍也是值得我们思考的问题。为不断精进教师专业能力,生化教研组尝试对处于不同专业发展阶段的教师采用不同的培训模式,以三种培训模式对应三个梯层的教师队伍,每一梯层均有明确的目标指向。如职初期教师的目标是"站稳课堂",成熟型教师的目标是"构建课程",骨干型教师的目标是"课题研究"。

首先是新教师的规范化培训。利用师徒带教的方式加强师傅对新进教师

或年轻教师在备课、上课、听课、命题、作业等环节的指导,做好教师的规范化培训,使职初教师可以尽快站稳课堂。

其次是加强组培,提高中青年教师教科研水平。教研组内青年教师比例较高,也有特级、高级等教学水平精湛的教师。教研组每学期利用教学研讨课的契机,通过磨课、开课、评课的过程提高组内教师的教学水平;利用出国培训等契机提升组内教师理念,开阔视野。例如,教研组教师先后前往澳大利亚、美国等国家参观学习,了解国外的科学教育现状,从中吸取先进的教育经验,促进我校科学教育的发展;一位科学教师去 NASA 培训,把带回来的资料和照片用于课堂教学,拓展学生的知识面。同时,教研组鼓励中青年教师积极参与区级、校级的课题研究,指导青年教师撰写各类案例、论文、课堂实录、教案反思等,提升组内教师的科研水平,促使青年教师不断思考、成长和发展,最终使教师能够构建课程。

再次是利用各种区域平台促进骨干教师的成长。对于有一定工作经验的青年教师,充分利用好组内、区内的教学水平精湛的教师资源,通过区优青项目、区项目组活动、教学能手评选等平台促进骨干教师开展课题研究,使这些骨干教师的教科研水平得到全面提升。

课程建设的经历及各类培训提升了教研组教师的教学理念,提高了教师的教科研能力,促进了教师的成长。教师的成长又不断地完善我校的"科学"课程,为学生带来优质的教育,激发学生的学习兴趣,提高学生的创新能力、探究能力、自主学习能力,培养学生的质疑精神、乐学好学的态度,最终全面提升学生的科学素养。

让学生浸润在课程里,通过学习、实验、实践,汲取科学养分,发展科学思维,培养科学素养,"孵化"出与培养要求相符的当代初中生,这是科学教研组一直以来努力的目标。科学打底,素养奠基,让有着科学头脑的小公民成长为具有热爱科学、拥抱真理的大情怀的社会公民,这是科学教研组孜孜追求的价值。

管理篇

追求"高效卓越"的学校治理

　　治理是审视新时代学校办学和发展的重要领域。新时代的学校治理变革,要直面时代发展衍生的教育新问题,要整合学校内外部资源,建构高效卓越的治理体系。在疫情常态化下,如何办出高品质的在线教育,做到线上线下互为融合?在一校多址的办学条件下,叠加学校办学规模的迅速增长,如何保证章法有度的学校管理?如何落实学校教师专业发展规划?如何构建教师专业成长序列梯队,进而打造一支有灵魂的教师队伍?追寻卓越的优质教育,是"延安人"共同的教育情怀和精神追求。探索"高效卓越"的教育治理模式,则是摆在每一名延安干部面前的课题。在管理体制与方式上,"延安人"持续创设行之有效的机制、模式,引入先进管理理念与方式,找准原有管理上的薄弱环节和发展瓶颈,为学校再启新征程、再夺新成绩加装管理机制"新引擎",为学校深化教育教学改革提供现代学校制度保障。

学校治理(school governance)指与领导、管理和指导公共教育相关的各个方面①。治理是审视学校办学的重要视域。联合国教科文组织全民教育全球监测报告《消除不平等：治理缘何重要》指出，教育治理不是一个抽象的概念。它可以影响家长的生活、孩子的在校经历以及教育供给的效率与公平②。为更合理配置教育资源，更有效提高教育质量，更明晰多元利益相关主体责权，更妥善依法依规处理教育问题，学校治理倡导多元利益相关主体参与学校事务，在讨论学校事务时这些利益相关主体更倾向于平等，信息向决策与决策影响的主体公开。在我国当下教育政策语境下，我们讨论学校治理，有着特定的问题背景，对学校的改革发展也有着重要意义。

一、追求公平而优质的学校治理价值

学校治理要不忘初心，牢记与坚守学校治理的主题与价值定位，把建设与实现更加公平、更有质量、更富活力的教育作为现阶段学校治理的使命。

办学者要有梦想，教育人应有追求，"逢山开路，遇水搭桥"，方能使学校发展与时代要求齐头并进，为实现公正优质教育添砖加瓦。

在多年办学过程中，延安初中牢牢继承延安传统，积淀了丰厚的人文底蕴，形成了丰富的办学经验，取得了丰硕的办学佳绩，2019 年被评为全国教育系统先进集体。面对不断变化的生源和办学形势，延安初中与时俱进，开拓创新，坚持"让每一个学生的潜能得到充分发展"的办学理念，取得了一系列优异成绩，彰显了学校特色。

①　理查德·C.亨特,等.学校治理[M].秦玉友,译.北京:北京师范大学出版社,2017.
②　秦玉友.新时期学校治理的现实挑战与积极应对[J].东北师大学报(哲学社会科学版),2018(5).

（一）理念：追求公平正义，尊重个体差异

1. 社会公平，教育为先

"大道之行，天下为公。"——《礼记·礼运篇》

建立公平、公正的国家和社会一直是我们的共同追求和价值表达。社会公平的起点便是教育公平，同时，教育公平也是社会公平最基本最重要的体现。

追求教育公平是人类社会古老的理念，是人类社会发展进步的必然。从历史上看，古希腊的思想家柏拉图最早提出"教育公平"的思想，亚里士多德则首先提出通过法律保证自由公民的教育权利。

两千年前，我国的教育家孔子也提出"有教无类"的朴素教育民主思想。善政不如善教，教育的至高理想，便是孟子所讲的"以斯道觉斯民"。只有实现了公平的教育，才能建设真正意义上的和谐社会。

中华人民共和国自成立之日始，就确立了为人民办教育的宗旨。七十多年来，教育上最大的普惠性就是实现了基本普及九年义务教育。接踵而来的是，人民不止满足于有学上，而且还要上好学。党的十六大以来，党和政府不仅把"教育公平"列为教育最为核心的主题，而且提出了义务教育均衡优质发展的新的历史任务。

作为长宁区一所优质公办初中，在均衡教育的背景下，我们理应通过办公平而优质的教育，努力提升百姓家门口学校的教育品质，回应百姓对教育公平的诉求，回应社会对长宁教育、对延安初中和延安初中教育集团的高期待。

2. 尊重差异，适性扬才

公平不等于绝对的平等，承认差异的存在是公平提出的前提。无论是整体的教育还是个体的教育对象，必须承认差异的存在。如何认识和处理差异，才是教育公平，乃至优质公平的关键问题。

我们认为：追寻适性扬才、因材施教、适合个体发展的教育是公平优质教育的目标指向。平等地对待每一个学生，让他们享受平等的教育，就是公平正义的体现。只有正视个体差异、发展的不平衡的事实，努力为每一个孩子提供适合其"自身个体"的教育，使其身心得到充分的发展，才能真正意义上保证他们在教育过程中得到公正的对待和高品质的教育。

（二）行动：精耕学校课程，锤炼品质教育

一部名为《他乡的童年》的纪录片在网络平台上热播，引起教育人的热议。制作人周轶君女士走访芬兰、日本、印度、以色列及英国五个国家，最后回到中国，踏上一趟关于教育哲学的思考之旅。

没有竞争的芬兰教育，怎样告诉孩子什么是成功或失败？贫富差距极大的印度，怎样用网络教育弥合孩子之间的差距？集体意识浓厚的日本怎样让孩子理解个人和团队的平衡？所有的这些教育方式的差异主要在哪？我们的回答是：课程设计！

课程建设是学校教育变革的核心事务。课程是学校发展的核心竞争力。延安初中的课程领导团队始终在深耕课程与教学改革，为实现公平而优质的教育落实、落细、落小。

随着课程与教学改革的深入推进，社会各界对于学校应如何正确培养学生有了更多的期待和关注。延安初中在办学过程中常常自问三大问题：

一问：怎样让"自信，自强"成为孩子们内生的精神骨骼？

二问：怎样的课程学习才值得孩子们付出美好年华？

三问：怎样不断发展学校的办学特色？

为了回应社会各界对学校办学的期待和关注，为了解决办学中时时自省的三大问题，2017年，学校明确提出"让每个孩子：经历挑战，学有所长，和谐发展，收获成功"的课程发展目标，着力构建多维度、综合化的学校课程体系，大力推进课程教学改革，为学生提供轻负担、高效益、高品质的学习，显著提升办学品质。

对孩子们而言，初中学段是从儿童向青少年转进的关键时期，他们就此开启人生中最美好的时段。在这个黄金般的时期，有意义的学习才值得孩子们付出宝贵年华，为参与更高水准的学习蓄能，为未来的人生发展奠基。时间对师生而言都是宝贵的稀缺资源，我们要更加关注、研究学生应该学什么、怎么学。从人的成长来看，孩子们在生活中经历的每一件事都是学习，学校应该精耕学校课程，创设"经历挑战，学有所长，和谐发展，收获成功"的学习情境，让孩子们不断经历挑战，战胜挫折，收获成功，逐渐因身心强大而变得自信、自强。

从这个角度看，不断完善课程教学，形成以丰富性、系统性、挑战性、选择性、综合性为标志的学校课程体系，是当下学校的重要使命。

1. 用"丰富性"的课程丰盈学习经历

曾经有欧洲文化心理学专家到访延安初中,在了解到延安初中每学期有百门左右的校本课程之后发问:"开设戏剧和科技、艺术、体育等这么多的课程,对提高孩子们可以测量的学习成绩有用吗?"

学校教学实践对这个问题做出了很好的回应:开发开设丰富的拓展课,对孩子的成长有着非常重要的价值。这显现于:当孩子们经历了丰富的、可选择性的学习后,他们会更加喜爱校园生活,对学习产生更多的兴趣与热情。见多识广,眼界的开阔,带来阅历的丰富和解决问题能力的提高。而且,他们在自己选择、自己喜爱的拓展学习中,会养成更加专注、认真的习惯,形成探索的意识,掌握实践、研究的方法,这样的习惯、意识、方法,毫无疑问会迁移到更多的学习领域中,对基础课的学习必定会起到促进作用。

丰富的课程实践给校园增添了无数道亮丽的风景线。以往每年12月延安初中总会上演一场精心准备的盛大文艺演出——"冬之韵","延安人"亲切地称它为"延安春晚"。然而有学生毕业后表示在初中四年的学习活动中最遗憾的是没有机会登上"冬之韵"的舞台。为了能创设更多的机会,让学生参与到文艺活动中,学校将"冬之韵"拆分成5场,每个年级演一场,最后由艺术社团压轴演出。学校充分利用现有的教学资源开发了"模拟剧场理事会"课程,学生通过模拟剧场活动,担任剧场组织活动中的相应人员,体验剧场运营中所涉及的宣传推广等具体事项,激发对于"校园剧场管理者"这一身份的认同感和责任感。"冬之韵"从关注节目精美和舞台华丽转而关注舞台运营、关注学生参与体验,从追求"高大上"实现到小而美的审美转变,希望创设更多的机会让学生发现自身的兴趣特长,激发他们的潜能。

丰富的课程实践还能确保每一位学生都参与其中,为每一位学生提供学习机会,让他们发现自己的兴趣与特长所在,越来越多地探索自身蕴藏的可能性,这有助于学生找到适合自己的人生跑道,这是保证他们未来持续成功的前提。

2. 用"系统性"的思维勾画顶层设计

如果学校在课程建设中,只是追求丰富性,难免"乱花渐欲迷人眼",迷失方向。学校课程教学必须服务于促进办学理念的落实、育人目标的达成和办学特色的发展,重要的是紧扣学校的办学理念、育人目标、办学特色,对学校的课程进行整体设计、重构。只有做好顶层设计,对课程资源、课程实践积累不断进行梳理、整合,形成课程建设的灵魂、主线,才能把学校现有的、不断积累的课程实践,从散乱的珍珠,串成熠熠生辉的项链,才能使课程建设持续有效推进,不断完善,使之有系统成体系而不至于杂乱无章。国家课程如何校本化实施,校本课程如何特色化实施,都要顺应时代要求,满足学生的发展需求和选择愿望,不可随心所欲。

　　学校通过挖掘校名中蕴含的"延安精神"基因,展开对新时代"延安人"特质的追问和凝练,形成了"G-CLUB"的"一核四维"的育人素养模型。

延安初级中学G-CLUB育人素养模型

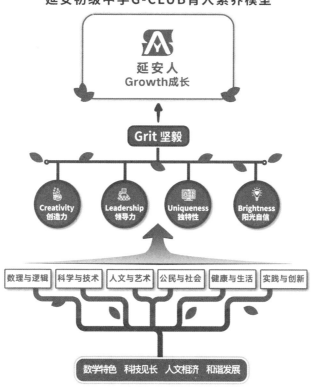

图 4　延安初中育人素养模型

　　在这一模型的统领下,结合对延安初中"数学特色,科技见长,人文相济,和谐发展"办学特色的传承,构筑了"数理与逻辑、科学与技术、人文与艺术、公民与社会、健康与生活、实践与创新"六大学习领域,从而形成了"一核四维六域"

的学校课程图谱。

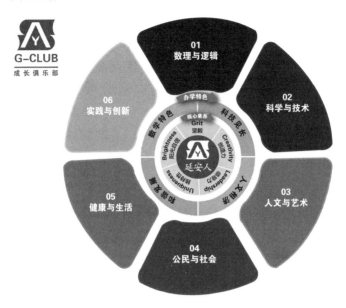

图 5　延安初中课程图谱

3. 用"挑战性"的任务引领自主探究

PISA 之父 Andreas Schleicher 在题为《利用数据创建更好的学校》的 TED 演讲中说:"你想让一个学生变得有创新能力的话,你必须要让他经常去冒一些风险。只要冒风险就会犯错误,犯错误承受失败以后是否能够从原地继续前行,这一点非常的重要。"如果孩子们的学习始终处于思维舒适区,那么,他们的思维发展很可能就会停滞或发展迟缓。根据最近发展区原理,让孩子经历富有挑战性而又跳起来能够摘得着果子的学习,他们所获得的成功,就不仅是知识和能力的增长,还有心智成熟和情感、态度、价值观等收获。这样的教育才具有一定的品质。

例如,每一所学校都有社会实践课程。这些课程让学生走出校门,走进社会,了解社会。但是,当他们走出校门,是走马观花,还是有确定的挑战性任务,收获将是完全不同的。近年来,延安初中实施的"社会观察"课程,孩子们在老师的指导下,选定主题,设计方案,深入调查,撰写报告,交流分享,接受质疑,修订完善,就邻里关系、流浪猫狗、网约新政下的网约车发展、中运量公交利弊分析……诸如此类的课题,在社会实践的基础上开展富有挑战性的学习,形成自己的观点和成果,获得挑战之后的成功,有效地发展了认知能力。在这样的挑战性课程学习中,学生经历社会调查的过程,掌握调查研究的方法,能力的提高也就不难水到渠成了。

4. 用"选择性"的自由促进个性发展

人的千差万别决定了教育理当千姿百态。有品质的教育,一定能关注到每一个孩子,顺应人的成长规律,因材施教,发展多元智能。一刀切的要求、规定,并不能体现教育的公平,遑论品质。学校应该被打造成为一个大平台,有内容丰富的、不同的课程供选择学习,或者就同样的学习内容,有不同学习过程、学习方法的选择机会,让每个孩子都能获得真实、有效的个性化学习体验,获得满足个体发展兴趣、爱好、特长的机会,从而学有所长,形成宽基础、高兴趣、大视界、强能力。

延安初中尊重每一个孩子的兴趣、能力差异,为学生开设了丰富的、可供自主选择的拓展课。例如,在六年级的古诗文教学中,对于讲解学习四十首古诗这样相同的学习任务,教师把教学目标设定为:理解词句,了解诗意,想象画面和品味意境。教学内容则包括课内鉴赏、课外背诵、课后改写等。一个月后,要求学生以主题阅读的方式,从"四季诗歌""传统节日""山水诗""乡愁""边塞诗""哲理诗"等各类诗歌中自选角度,写成读书报告。

考虑到孩子们表达能力、表达习惯的差异,语文组教师还设计了"诗歌写画"作业,"读""写""画"相结合,要求学生把学过的诗歌改写成白话散文,或者"看诗写画",用绘画表达对古诗文的理解,并遴选优秀作品刊于校刊《小荷》。该项作业不仅锻炼了学生的写作能力,更对学生传统文化素养的提升带来了助益。

5. 用"综合性"的视角推进课程统整

社会发展的趋势,决定着教育改革的走向。学校课程教学逐渐打破学科界限,开展跨学科整合,有助于发展学生分析、综合、评价和创造的高阶思维能力,以及综合运用不同学科知识解决实际问题的能力,以使他们有能力应对未来的生活。这是学校课程教学改革的重要任务,也是非常具有挑战性的任务,需要整合教学资源,提升教师专业素养,改进教与学的方式。

在长期的教学实践中,延安初中以"轻负担、高效益、多类别、有层次、综合化"为教学追求,探索研究教师跨学科整合教学、学生综合学习的有效途径。我们先后尝试过英语与科学,英语与音乐,历史、美术与劳技,思品与戏剧,语文与戏剧,思品与写作、演讲,科学与数学、物理、劳技、信息等学科的跨学科综合学习,学生的综合素养得到有效发展,获得了强劲的发展后劲。

我们尝试以融合视角推进"无边界"学习,以课程统整的理念推进课程属性由单一性、封闭性向综合性、融合性发展。统整的方向具体体现为:

以单元为主线的"学科内部间的统整";

以综合为导向的"学科与学科的统整";

以体验为中心的"必修与选修的统整";

以融合为旨归的"课堂与生活的统整"。

为促进不同学科的教师在教学过程中更好地进行跨学科融合,学校以"六年级'中华传统文化'校本课程构建的实践研究"课题为引领,构建以历史为主体,整合书法、美术、劳技等学科资源的综合课程——"中华传统文化"课程。该课程发挥历史、书法、美术、劳技教师的学科特长,从背景知识讲授、美学鉴赏、动手制作三个方面,构建以中国玉文化、中国书法艺术、中国古钱币、中国陶瓷文化、中国布艺、中国服饰为主题的跨学科综合课程,弘扬中华传统文化,培养学生人文素养,改革课堂教学模式,创新实践教学理念。

除了文科综合课程外,延安初中还开设了理科综合的 STEM 拓展课,内容覆盖了生命科学、物质科学、技术与设计、地球与环境科学、社会及行为科学等学科。通过科学、技术、工程和数学相结合的综合性学习,让学生了解科学、技术、工程、数学交叉学科知识在实际生产生活中的应用,提升跨学科思维能力和跨学科解决问题能力。

(三) 愿景:借力评价变革,顺应时代发展

中考新政的发布也必定会触发教育教学的真实变革,进而撬动课堂教与学的持续、生动的改变。上海的中考新政,显性的标志是全学全考,计分分值从630 分变为 750 分,潜在的指向却是促进课程教学改革的不断深化,具有三个导向功能:能力导向、实践导向、综合导向。

"能力导向":体现在更加关注提高学生问题解决能力;体现在简单重复操练应对不了的开卷考、综合评价等。

"实践导向"：体现在英语不但考听，还要考说，促进英语教学比以往更重视听、说，而不能只是靠纸笔答题学哑巴英语；体现在理化生实验；体现在要走出校门，走进社会的实践。

"综合导向"：体现在跨学科案例分析的考试评价方式，凸显跨学科学习的分量；体现在对初中学生的综合评价。

另一方面，随着社会的进步和教育的发展，必定需要建立科学的、健全的、促进每个学生自主发展的课程学习评价体系。学校突破单一纸笔测验的评价模式，构建以学业水平为基础、结合学习经历与学习过程评价的综合评价办法引导学生全面发展。以整体性、主体性、多元化、开放性、可操作性为原则构建一套客观公正、具有激励作用的评价方案，以评促学，才能促进学生全面成长。

未来，延安初中将继续借力上海课程改革的城市教育发展战略驱动，以彰显学校独特的办学追求为课程改革的价值取向，构建起富有特色的课程体系及其实施框架。紧扣"让每一个学生的潜能得到充分发展"的办学理念，根据学生个性发展的需求，为所有学生提供公平、优质、多元的学习机会。筑造公平之路，追寻公平优质的教育梦想，是"延安人"不懈的追求、远大的志向、博大的情怀。

二、设计系统联动的学校治理新引擎

随着基础教育变革的深入，教育治理体系的现代化建构越来越成为教育研究与实践关注的焦点。2019 年 2 月，中共中央、国务院印发的《中国教育现代化 2035》明确指出，要推进教育治理体系和治理能力现代化，提高学校自主管理能力，完善学校治理结构，推动社会参与教育治理常态化①。对于学校而言，学校治理是一项系统性的变革，需要整体性的设计，特别是要运用系统联动的理念整体建构学校治理能力提升的"新引擎"。

①　江平，李春玲.教育治理体系现代化视角下家校合作创新实践[J].上海教育科研，2020(2).

（一）建设背景

《国家中长期教育改革和发展规划纲要(2010—2020 年)》提出:适应中国国情和时代要求,建设依法办学、自主管理、民主监督、社会参与的现代学校制度,构建政府、学校、社会之间新型关系。现代学校制度以学校法人制度为核心,具有"政校分离,产权明晰,社会参与,管理有效"的特点,其目的在于促使学校真正成为自主经营、自我约束、自我负责、自我发展的办学主体。学校应该从推进依法治校,科学管理,建立健全各种民主管理制度,构建和谐的家庭、学校、社区合作关系等方面入手,推进现代学校制度建设。

在上一轮五年发展规划(2013—2018 年)中,学校在制度建设上积极探索实践,获得了宝贵经验。五年来,学校坚持以人为本,加强现代学校制度建设,落实依法办学、自主管理、民主监督、社会参与,推进干部队伍建设,从而形成"科学管理,简洁高效"并集"人本化、民主化、信息化"于一体的层级管理机制。

规章和条例是学校管理的重要手段。五年来,学校制定了《上海市延安初级中学章程》,并通过长宁教育信息网、校园网等途径向社会公开。形成了行政管理、教育教学科研、资产财务、人事管理、学校招生、后勤保障、安全管理、党建等方面的制度 160 余项,并汇编成册。制定了《上海市延安初级中学教师手册》与《上海市延安初级中学学生手册》。所有制度内容充分体现"依法办学、自主管理、民主监督、社会参与"的现代学校精神,为学校依法办学提供了有力的制度保障。

在制度保障下,学校在上一轮五年规划期间获评首批"上海市依法治校示范校""全国绿色学校""上海市行为规范示范校""上海市安全文明校园""上海市教育系统先进集体""上海市科普教育先进集体""上海市科技教育特色学校",获得"上海市五一劳动奖状",并蝉联"上海市文明单位"称号。

随着学校办学质量和社会声誉的提升,社会各界对学校的办学质量和办学定位有了更高的期许。下一步,学校将由区域优质校向现代初中一流名校的目标迈进。但是,学校也发现:学校现行的以年级组、教研组—教育处—校长室为主线的层级管理运行机制,已经不能完全适应学校实现跨越式发展的大目标。其不足之处主要体现在:

第一,缺乏灵活的协同工作机制。学校具有强烈的行政管理印记,职能处室过于泾渭分明,各个处室过于强调职责清晰和分工明确。虽然在校级干部层面强调分工不分家,但由于长时间主管某一项专门工作,形成了一定的工作模式,必然带来过于强调本部门工作、忽略协同工作的情况。

第二,缺乏高效的解决问题渠道。随着课程教学改革的纵向深入实施,校本课程开发、教师校本研修等一系列校本化活动相继出现,大量问题直接产生于基层组织,如年级组、教研组,乃至班级和课堂,这些问题往往需要基层教师逐级逐层汇报,等待行政管理层批示和指令,这对于现有的管理组织解决问题的效能提出日益严峻的挑战,难免顾此失彼。

第三,缺乏有效的过程性管理。近年来学校干部队伍人手紧张,偏年轻化,工作经验相对不足。我校学生数和教职工数较多,工作任务繁重,这就造成学校一些工作的落实度还有待提高,缺乏过程性有效管理。同时,现有的学校管理机制不利于发掘与培养管理型人才,不利于学校干部梯队建设。

基于此,为进一步推进现代学校制度建设,持续践行"依法办学、自主管理、民主监督、社会参与"的现代学校精神,学校现有的管理制度和组织架构存在进一步优化和调整的空间。

学校将"项目制推动现代学校管理制度的优化与创新"作为学校本轮五年规划的重点发展项目,意在尝试借鉴现代企业管理的先进经验,目的是调动教职工积极性,更好地激发基层组织活力,提升学校组织的专业创造性。以学术引领、项目推动的形式推进学校各项工作的开展,通过各种学术项目或工作项目,形成学校工作的多个中心,变单中心的行政业务管理为行政管理与项目管理并存的多中心的新型现代学校管理模式。

强化和突出学术引领、专业管理,将学校管理重心下移,把大量的教育教学专业学术管理、具体事务管理权力下放,使基层团队拥有更多的专业发展自主权,让老师们意识到学校的事就是大家的事、大家的事大家管,充分激励和发挥老师的创造性和积极性。

需要说明的是,以项目制为抓手推动现代学校管理制度的优化与创新,并不意味着取消原有的层级管理组织和各职能部门。学校组织结构倡导在共同愿景下的协同工作,通过完善的制度体系使管理运行更加自觉、流畅。

为此,学校在制定项目制管理运行规则时,将持续深入开展各项调研,控制、减少原有行政管理制度上的弊端,在实施行政管理与项目管理并存的多中心的新型现代学校管理模式管理过程中,预估并努力克服可能存在的管理人员人事安排交叉、人员调配难、时间安排重叠等各项困难,创造性地实施新型管理模式。

(二) 发展目标

坚持以"让每一个学生的潜能得到充分发展"的办学理念作为学校管理制度优化与创新的指导原则,以项目制为抓手,通过项目的申报、立项、实施与奖励,解决学校办学中的重点、难点问题,加强学校工作的过程性管理,提升各项工作的落实度,形成体系开放、机制灵活、渠道互通的新型管理机制,实现学校管理水平向标准化、科学化、精确化发展。

(三) 主要措施

1. 成立"项目制管理"领导、工作小组,实现组织保障

由校长任组长,学校校务扩大会成员担任组员,同时吸收部分骨干教师参加,另外聘请研究专家作为顾问。

2. 依托"项目制管理"策略,健全管理制度,实现体制保障

学校针对"项目制管理"的建设,将建立一套适合"项目制管理"工作开展的学校管理制度,如申报立项制度、考评制度等。学校不仅要制定符合本校实际的工作机制,形成科学民主决策与管理的制度体系,更重要的是建立动态更新的项目审查与清理机制,保证学校规章制度体系层次合理、简洁明确、协调一致。通过制度建设推进项目制管理建设,从而促进学校重点项目的落实和达成。

3. 发布项目征求意见,鼓励申报项目,扶持优质项目

制度订立后,学校"项目制管理"工作小组通过各渠道向学校基层团队发布项目征求意见,宣传项目管理的实施意义、申报流程和管理办法,进而鼓励、发动广大基层教师围绕学校各项事务主动申报工作项目。对于那些实施条件成熟、可操作性较强的,同时符合学校发展实际的优质项目,"项目制管理"工作小组经审核后予以优先立项并重点扶持。

4. 规范项目过程管理,建立项目管理档案,促成项目实施

项目制管理启动后,学校各职能部门的主要任务由直接的行政管理、决策组织转变为组织协调、咨询服务和检查监督。对于已立项的工作项目,学校各职能部门协同工作小组根据教师需求,加强项目管理的针对性,指导教师制定项目实施规划,促成项目实施;建立项目管理档案,加强目标管理和过程监控。

5. 积极创设条件,搭建发布项目和展示项目工作成效的平台

学校积极创造条件,为项目组教师提供相应的发布项目、汇报项目、展示项目成果的平台(教工大会、教代会、诚正讲坛、校园网、微论坛、微信平台等)。项目策划人向全体教师发布项目,并接受全体教师的民主监督,为教师展示自我价值搭建舞台。

6. 评估项目达成,制定合理的绩效分配方案

定期对申报项目进行视导和绩效考核,评估项目实施成效和达成情况。调整现有绩效分配方案,增加与项目制管理相适应的分配方案内容。方案体现按劳分配、多劳多得的原则,调动全体教职工参与项目制管理的积极性,形成促进学校发展的合力。

实现现代学校治理管理模式是一项系统工程,是办学理念、发展方向、价值取向、制度约束、行为模式等的集成体,其最终的落实点就是人——全体教职工,甚至包括全体学生。抓好教师队伍建设,则始终是管理中的重中之重。延安的管理机制变革,必将受惠于学校各项工作,广大教师必将会激发出更大的活力与创新精神,从而推动学校在更高层次上的发展。

三、谋划治理导向的集团办学新发展

作为教育优质均衡发展的政策模式,名校集团化办学是指在当地教育行政部门的主导下,以当地著名中小学为发起单位或创始单位,联合当地薄弱或者相对薄弱的学校,甚至重新创办新学校,形成以著名中小学的教育品牌为名的教育集团。由此可见,政府主导、名校引领和质量提升是指向优质均衡的名校集团化办学的主要特征。而这种政府主导的校际合作共同体,采用

何种理念、工具和行动,才能够实现自身的有效运转,进而真正达成名校集团化办学的原初目标——以校际合作和优质资源共享促进普通校质量提升,是名校集团化办学所要思考的首要问题。从现有的实践来看,各个名校教育集团为实现上述目标都不约而同地把目光转向了学校治理,而且部分名校集团化办学模式在教育资源重组、制度建设创新发展、学校管理更趋优化等方面已经初步显现现代教育治理的雏形。在笔者看来,把学校治理作为名校集团化办学的主要手段,既是对基于组织规模扩张带来的集体行动困境问题的应对,也是集团内校际合作目标达成的客观需求,更是治理时代下名校集团化办学的主动作为。

从历史的发展看,“延安人”素有自励奋进、心怀全局的传统,当社会需要时,就会迎难而上、义无反顾。当下,办好百姓家门口的学校,实现教育均衡和公平公正,是全社会的共识和全民期许。身为“延安人”,当然当仁不让,在公众的注视下,毅然挑起了集团化办学的重任。

“促进优质均衡发展,推进学区化集团化办学”是上海教育综合改革的重要项目。依据《上海市教育委员会关于促进优质均衡发展、推进学区化集团化办学的实施意见》《长宁区教育局关于推进学区化集团化办学的指导意见》,以及《长宁区教育局关于推进学区化集团化办学的实施方案(初中)》,2017 年 3 月 23 日,延安初级中学、省吾中学、长宁中学共同成立了延安初中教育集团,标志着长宁区学区化集团化办学进入了一个新阶段。

作为长宁区首批试点的教育集团之一,延安初中教育集团主动承担起这项促进教育公平的教育改革举措。在工作推进中,集团运用现代教育治理理念,以“多中心”“网络化”“促协同”为关键词,大力推动集团建设发展。

(一) 以“多中心”形成集团成员间平等互助的合作关系

1. 三校共商,形成集团化办学的共同愿景

《礼记》云:“凡事豫则立,不豫则废。”

实施集团化办学,首先需要在发展方向、核心理念、价值诉求上达成高度一致,才能实现集团校内部的深度融合,提高集团学校的凝聚力,进而为学校管理、协作、发展、提升提供基础性保障。集团化办学的第一步是要确立教育集团

的共同愿景。三校经过多轮磋商,最终确立了教育集团的发展目标与三校定位。

集团的发展目标定位于:在均衡的背景下,办优质教育,致力于提升百姓家门口学校的教育品质,回应百姓对教育公平的呼唤,回应社会对长宁教育、对延安初中和延安初中教育集团的高期待,办好人民满意的教育。

三所学校定位如下:延安初级中学作为长宁区一所优质公办初中,将本校的办学经验、办学成效进一步扩大,服务于长宁教学水平的整体提升。省吾中学与长宁中学:依托集团资源提升教学管理水平、教师综合素养及课程育人实效,促进师生共同发展,推动学校内涵式发展。

2. 校际共研,形成集团校成员的资源清单

集团化办学的基本条件之一是实现集团学校内部之间在理念、人力、信息等方面的资源共享。梳理并形成集团校成员的资源清单是建立健全集团内优质资源共享机制的前提条件。

延安初中教育集团成员校资源一览表(节选)

资源项目	延安初级中学	省吾中学	长宁中学
师资情况	全校教职工人数、一线任课教师人数、平均年龄,35周岁以下教师占比、高级职称教师人数等数据		
学生情况	全校学生数、各年级班级数、最大班额数、最小班额数、平均班额数等数据		
特色课程	昆曲 社会阅读领航 智能机器人 开心农场 模拟剧场理事会 走进军营等,近80门	校园戏剧 越剧 民族打击乐 茶艺 烘焙 车船模制作等	版画 扎染 材料创意制作 软陶故事会 烘焙 口琴等
硬件资源	STEM实验室 多功能剧场 暖棚花园 学生电视台等	艺术科创中心 船模教室及风浪水池 烘焙教室 学生电视台等	美育功能教室 烘焙专用室 心理专用室 乒乓房、体操房等

（续表）

资源项目	延安初级中学	省吾中学	长宁中学
学校优势	① 教师队伍整体凝聚力强，爱岗敬业，部分学科在区域内具有领先优势。 ② 在国家课程校本化、拓展课程、资优生课程等方面积累了一定的经验。 ③ 拥有丰富的校园文化活动以及社会实践课程，能为不同兴趣的学生提供成长展示平台。	① 有基于"活教育"思想的特色课程与硬件设施。 ② 有积极的教研氛围，整合校园节庆举办学科周活动，展示主题式教研成果。 ③ 作为上海市爱国主义教育基地，有较为丰富的核心价值观校本德育课程。	① 教师敬业精神强，有上进心，青年教师可塑性大，一批中青年教师在全国、市、区教学比赛中获奖。 ② 学校美育特色和文化突出；美术类课程丰富且独具特色，成绩斐然。 ③ 硬件资源尤其是运动场地充裕，为学生提供了丰富多元的活动空间。
存在问题	① 跨校区教学加剧师资力量紧缺，青年教师占比过高，需要给予成长空间。 ② 运动场地狭小，尤其是安化校区难以正常开展体育锻炼活动。	① 教师教学水平，包括教育理念、教学技法、科研能力等亟需提升。 ② 新教师缺乏长期的系统化专业培训。	① 骨干教师队伍培养机会不多，部分学科教研组缺少有影响力的领军教师；青年教师缺少有经验的教师零距离带教。 ② 学科课程开发不均匀。

3. 平等协作，形成教育集团的管理架构

早在集团挂牌成立前，三校领导层即积极响应，并迅速建立起两个团队：由集团内学校校长组成的领导团队以及由各校的校级干部、相关中层干部组成的工作团队。在教育局指导下，团队内部经过充分的酝酿和协商，建成延安初中教育集团理事会。在此基础上，建立健全组织架构，明确理事会、领导小组及集团项目组工作职责，通过扁平化管理提高集团管理效率。基本组织架构及分工如下：

集团设立理事会，设理事长 1 名、理事若干名。集团采用理事会领导下的校长负责制，理事会拥有决策权，各校拥有执行权。理事会负责组织集团内的各项教育教学活动，统筹分配集团内的教育资源；负责组织对各成员单位的考核工作。

各校集团化工作领导小组负责校际间教育教学工作管理和协调,以项目组形式逐步推进,从学校实际和集团内整体情况出发,由项目组负责人交流制订各项目工作计划,并组织实施、检查和总结,定期向领导小组反馈项目组工作进展。

随着教育集团各个项目的不断推进,陆续成立各个集团项目组,分项负责具体的项目操作与落实,推动集团内教育教学质量的提升。

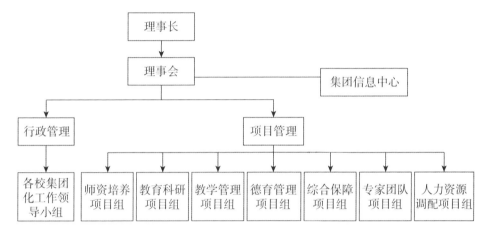

图6　延安初中教育集团组织架构图

(二) 以"网络化"形成集团成员间联接分享的良好态势

1. 推进课程建设,共享学生优质课程

课程建设是学校教育变革的核心事务,也是教育集团共建的重要内容。在课程建设领域,延安初级中学有着长期的深入思索与丰富的实践经验。为了将本校的办学经验、办学成效进一步扩大,延安初中教育集团通过课程共建、资源共享的方式,积极推进集团学校特色校本课程建设和基础型课程校本化实施的实践研究。

(1) 培育资优生,共享基础课程

多年来,延安初级中学的课程开发坚持严格执行中小学课程计划和课程标准的有关规定,结合学校发展实际,制定课程方案并组织课程实施,开展三类课程校本化研究,成果卓著,在区域层面声誉斐然。从2017年9月1日开始,三校联合开展特色课程共建共享,尝试教师走教、学生走学。延安初中率先向集团内学校输出了一批优质课程,切实做到了共享优质课程资源。

在集团化办学过程中,延安初中发挥培育资优学生的优势,对三校即将升入九年级的学生开展毕业课程学习整训,其中长宁中学的优秀学生吴斐扬、沈鑫喆进入延安初中九年级学习,班主任根据学生特点分别安排他们担任班级学习委员及英语课代表。两位学生平时积极参加校园文化活动,如运动会和"冬之韵"文艺汇演,在学习上也不断取得佳绩,在老师的激励、指导下,吴斐扬二模考考出了全区第七的好成绩,在 2018 中考中更是考出了 604 分的高分。该生回顾一年的学习生活,由衷地说:"感谢延安初中教育集团使自己有了跨校学习的机会,收获到两份关心,无论在为人处世上,还是在学习能力上,都得到了极大的提升。"

(2)分享课程经验,共建特色课程

为让集团学校内的学生享受更多优质课程,延安初中共享学校的品牌优质课程,如"男生军营"课程、"九年级毕业生"课程、"六年级新生"课程、"语文及社会阅读领航"课程等。

"磨炼意志"的"男生军营"课程:自 2016 学年开始,集团学校在每年的 6 月底,组织三校部分男生,赴部队营地,参加为期 4 天的军营课程学习,至今已进行了两届。军营课程的目的在于让男生了解解放军紧张而有序的生活,体会人民卫士工作的艰辛,感受安定生活的来之不易,激发热爱解放军之情;通过走进军营,学生能体验军队严格的纪律、严谨的工作作风、优良的生活作风,提高纪律意识、团队意识,培养良好的行为习惯,并且了解有关军事、国防知识。集团内三所学校六、七年级的男生通过自愿报名的方式,并经过筛选后产生最终的名单,第一届选出 70 人,参与的三校学生以及家长们都对此项活动赞不绝口。在第一年成功举办的基础上,第二届三校参与人员均有增加,共 120 人参与。三所学校也分别安排了带队老师,以确保学生安全和课程的有效实施。在具体的操作过程中,尝试了两种模式,第一种是三所学校的学生混合编排寝室,可以通过互相合作来增进了解,第二种是分学校安排寝室,校与校之间可以通过竞争和评比来提高训练效果。两种模式都收到较好的效果。

军营课程内容丰富,除了军政训练和内务整理以外,还有参观学习、武器观摩、实战演练观摩、国防讲座、急救包扎、分组野炊等。尽管条件艰苦,体力消耗巨大,但这些稚气未脱的男生们却以饱满的热情和坚强的毅力圆满地完成了各项任务。有些队员在训练中轻伤不下火线，展现了男子汉的风采；有些队员在其他队员遇到困难时，积极伸出援手，敢于担当；有些队员在家中从不做家务，但在军营里却能把被子叠成标准的"豆腐干"，令人刮目相看；有些队员受伤或生病了，其他队员会第一时间进行关心，并给予精心照料。

这些都体现了军营课程的价值，同时也是集团化办学的一个有效尝试。

"为冲刺蓄力"的"九年级毕业生"课程：集团校多次联合组织九年级毕业生进行适应性学习，为毕业班学习及长宁、省吾中学九年级资优生进入延安初中学习做好准备。

在 2018 年 8 月 23、24 日，延安初中和长宁中学共 360 多名学生共同参加了本次活动。烈日下，学生们挥洒汗水，坚持体训，没有一名学生畏难逃避，很好地展现了延安初中集团学子们的顽强精神。军训汇报中，每个班级依序上场，演练立正稍息、停止间转、齐步前进等训练项目。只听得嘹亮整齐的口令声在操场上空飘扬，眼见得横平竖直的队列在跑道上整齐行进。参训的教官连声赞道："两个半天的集中训练能有这样整齐有序的效果，非常不易。"

而在下午的主题教育活动中，学校开展微论坛活动，请来优秀毕业生代表与两校学生分享学习经验与教训，并解答同学们提出的关于毕业班学习的种种困惑；延安初中中考学科的备课组长开设学法指导讲堂，为两校学生详细解说进入初三学段各科的学习要求。会场里两校同学们认真听、认真记，为即将到来的毕业冲刺积累方法，积聚能量。

"迈好第一步"的"六年级新生"课程：为了帮助六年级新生尽快感受校园文化，体验校园生活，进而更好地融入新集体，延安初中于 2015 学年起编制新生入学课程，2016 年 9 月正式实施，颇具成效。集团成立后，延安初中对新生入学课程进一步优化，调整课程内容，酌情加入集团化办学内容，增强三校师生对延安初中教育集团文化的认同感。

从 2017 学年起，延安初中与省吾中学、长宁中学分享新生课程建设经验，共享自编校本课程"小树在成长"。"小树在成长"是延安初中近几年开发的一门特色课程，旨在帮助入学的新生尽快完成小初衔接，适应初中的学习生活。在延安初中"小树在成长"的基础上，集团内学校结合自身办学情况、根据各自学校特色，形成本校的入学指南和新生入学课程，从学校历史、校园概况、校纪校规到各门学科的学习指导，都体现出集团内学校的共同智慧。

2017 年 9 月 1 日,延安初中教育集团组织省吾中学、长宁中学部分师生、家长观摩延安初中开学第一课。延安初中以师生同台汇报交流特色课程这一新颖的形式,通过对"模拟剧场理事会""诗词创作""财经中的数学""社会实践进阶"等课程的具体呈现及对学校四大板块拓展课的介绍,借助对话访谈、视频集萃、有奖问答、专题汇报等多种形式,生动介绍了学校特色课程建设情况及实施成效,推动成员校课程建设的发展。

《新民晚报》《中学生报》《解放日报》及微信公众号"晓黑板"等沪上知名媒体对延安初中新生第一课进行了专题报道。2017 年 9 月 18 日出版的《中学生报》,在头版头条报道了延安初中的开学第一课。

此外,延安初中多次开展"语文及社会阅读领航"展示研讨活动,集团学校语文教师、社会实践指导教师及部分学生参与观摩及培训。

2. 建立"流动蓄水池",盘活优质教师资源

"问渠那得清如许,为有源头活水来"。课程的实施,离不开优质的教师资源。为盘活集团学校的优质教师资源,三校建立"骨干教师流动蓄水池",采用长期互驻、定期送教、联合教研三位结合的模式,实现教师资源深度交流。

(1) 长期互驻"种子教师"

集团成立后,教师互驻成为集团优质教育资源共享的长期机制。集团内领头学校的骨干教师流动进入成员学校后,均承担工作量相当的教学任务,成为优秀的种子教师。

2017 学年伊始,延安初中派出管理干部和骨干教师 3 名,进驻省吾中学六年级,担任任课教师、备课组长、班主任、代理年级组长等工作。三位教师不仅在教学上起到引领作用,还通过讲座、带教等形式辐射教育教学工作经验。

延安初中教育处主任王烨老师开讲省吾中学 2017 学年家长学校第一课,促使家长们将期待转化为实践的动力,明确有效的家校合作该如何进行。由延安初中杨震茵、王烨、张佳良领衔的六年级语、数、英备课组很快成为全校的"明星备课组"。

杨震茵老师所在的六年级语文备课组精诚合作,精心打磨出教学展示课,受到教研员、区域教师、市级专家的好评;王烨老师所在的六年级数学备课组开放备课活动,向各学科教师现场示范,让大家对延安教师规范细致的备课流程

有了切实的体会;张佳良老师所在的六年级英语备课组为学生制订了富有针对性的指导计划,扭转了英语学科原本薄弱的状态。

与此同时,省吾中学选派三位培养对象,进入延安初中承担教学任务,全程进行浸润式学习。交流教师高老师在到延安初中第一天的工作日记中写道:"整个大会由许校长一人主讲,我中途喝过几口水,他竟然站在主席台上从头至尾没有停过。他对新学期学校工作的定位讲得言简意赅:均衡背景下,办优质教育;承担教育公平的社会责任;办好优质教育,回应社会的高期待。这三句话让我看到了一位校长的情怀与志向。这样的会,令我精神振奋!跟真正优秀的人在一起,才会觉得教育有多么美好;跟真正有思想的人在一起,才会明白生活充满了希望。"

延安教学的精细化让省吾的老师们得益匪浅,教研组集体研讨完善了教师个人的知识结构,对教师学识与能力的培养给予了很大的帮助。这些老师回到各自学校后,有的申报第四期双名工程的种子计划后备人选,有的成为学科备课组长,在学校发挥骨干教师的作用,辐射了延安初中的教学经验。

(2) 定期送教校本研修

除了长期进驻外,集团校还采用了定期送教的形式共享"校本研修"课程。集团学校共享"三爱教育""提升教师阅读素养""利用博物馆资源提升人文素养"等校本研修课程,聚焦师德素养与知识技能的提升,注重校本研修实效,让校本研修成为集团优势学科、优势团队的孵化器。

2018 年 3 月至 6 月,延安初中结合教育信息化发展之需,开设了"教育信息化 2.0 视域下基础教育的机遇与挑战"的专题讲座和"视频制作"的精品实践课程,组织集团教师共同学习,了解当前教育信息化面临的问题、主要任务和发展趋势,拓宽了视野,提升了信息教育的实践力。

(3) 建立联合教研制度

联合教研制度是促进集团教师发展的一个重要举措。为扩展集团优质资源的覆盖面,发挥集团学校优势学科的影响力,集团内的优秀教研组联合其他各成员校教研组,组成教研联合体,定期联合组织主题教研。延安初级中学充分发挥主体性的引领作用,开展了学生论文撰写及答辩的指导、基于单元教学的作业设计、阶段性评价试卷命题的研讨等主题的联合教研活动。同时紧扣"两堂"工程中的课堂,形成校际间教师的听评课机制,促进集团校课堂教学水平的不断提升。

在集团成立的第一个学年里，延安初中牵头组织三校的教研组研讨共 27 次，备课组共同活动 45 次，校际专题研讨 16 次，正是因为有了这些定期或不定期的各级各层的联合教研，集团校的老师们都不断成长。在我校独立办学二十周年系列活动之教学设计比赛中，省吾中学的刘家悦和沈昊老师也积极参赛并获得佳绩。集团的联合教研制度促进了集团学校教师们整体业务水平的提升。

3. 打造师训课程，精心扶持杏坛新枝

集团化办学后，集团内青年教师总人数已占据相当比例。据不完全统计，延安初中教师队伍中年龄不超过 30 岁的教师有 43 位，35 岁以下的新教师超过70 位。

为了促成这支年轻的"杏坛新枝"队伍早日站稳课堂，既能承载学校发展的重任，又能承担区域教育综改的重担，延安初中教育集团决定建设并不断完善青年教师校本化系列培训。2017 年 7 月，集团向教育局提出申请：由集团学校完成本集团新入职教师的规范化培训工作，青年教师按除要求完成各项规培项目外，另完成自培项目，该申请得到教育局批复和大力支持。

这一新型的教师内培制度由集团师资培养项目组牵头组织，以延安初中现有的教师培训课程为主体，现已梳理形成包含教师素养、学科专业、育德能力、专业研究在内的四个模块共 30 个专题，构建培养见习教师和青年教师的"青椒课程"。

该课程通过公开招募讲师，对集团内青年教师开展精细化培训。每月安排两次主题培训，其他两所集团校的青年教师每次有 6—7 名来延安初中参加学习交流，截至 2018 年 7 月，参加培训的省吾中学和长宁中学青年教师共计有 70人次左右。

4. 硬件资源互补，统筹集团化办学资源

延安初中教育集团从成立之日起，积极统筹集团内场地设施设备资源，探索资源共建机制，促进集团内资源多元供给、充分共享，不断提升硬件资源使用效率和效益。

以统筹配置集团内场地设施资源为例。从 2018 年 9 月起，延安初中九年级组整体入驻集团校长宁中学校区，得到长宁中学的大力响应和支持，在短时间内高效解决了教育资源的配置难题。目前,延安初中长宁校区运行平稳,各项工作井然有序。

2017 年 10 月 20 日,集团学校联办 2017 年秋季学生联合运动会。2500 多名师生齐聚延安高中体育场。这是集团成立后举办的第一次大型学生活动。集团理事会理事长许军、理事苏晓明、李学芳悉数出席并致辞。集团还邀请部分家委会成员、韩国新木中学的交流师生观摩了运动会。

此次校际运动会不仅是各校同学体质的一次较量,更是各校学生风貌、德行的一次集中展示。运动会第一场项目即是三校学生集体会操。整齐而精神饱满的会操展示了延安初中教育集团全体学生昂扬向上的精神风貌。

集团校际运动会,不但解决了三校学生共同活动场所的硬件难题,更增进了三校师生的互信理解。下一步,延安初中教育集团正筹备在"教育剧场"联合举办学生 IDOL 午间才艺秀和艺术节巡演活动、召开结业式及表彰会。通过三校统筹配置资源,共同举办各种教育教学活动,不断丰富集团校学生的学习体验,加大学生及家长对集团化办学的感受度和获得感。

(三)以"促协同"理念共同谱写集团化办学的未来蓝图

循迹集团多年的探索路径,处处可见集团学校正处于快速发展期。尤其是延安初级中学充分发挥主体性的引领作用,在课程发展、师资培训、资源共享、教研联动、课程共建等方面创生智慧,使得集团校师生在延安文化浸润中成长。然而,对于集团化办学的探索仍在继续,下一步,"延安人"将以"促协同"为理念,在教师规范化培训、集团文化内涵建设、教师激励评价机制建设、联合科研等方面进行深入耕耘,不断求索。

1. 协同创新集团化规培新模式,促进教师专业可持续发展

学校基于集团化办学背景的"规培"刚刚处于起步阶段,还需进一步细研"集团化"办学的内涵,充分发挥集团内不同学校的办学特色与优势,扩大"规培"课程建设的主体,丰富人才培育内涵,引领集团内的薄弱学校以课程开发为抓手,共同提高教师的学习力、研究力与创新力。积极搭建集团内展示与交流的平台,实现指导教师与见习教师的展示与分享,继续创新与探索集团化背景下的规培模式,发挥教师专业发展学校的示范、引领、辐射作用。

2. 协同厚植延安文化内涵，打造延安教育集团特色品牌

办教育、办学校，文化是根本。教育是对文化的传递与延续。有什么样的学校文化就有什么样的办学行为，相应地，就有什么样的课程，什么样的教师团队。"老老实实办学，呕心沥血育人"是几代"延安人"传承的办学传统。下一步，如何让延安初级中学充分发挥主体性的引领作用，在尊重集团内各校办学实际和文化传统的前提下，丰厚集团文化内涵，充分发挥教育集团的品牌影响力和文化辐射力，以先进文化引领集团学校发展，这是需要"延安人"思索的新课题。

3. 协同建立教师激励和评价机制，激发集团成员校发展活力

集团校将加紧磋商，探索更加灵活的激励和评价制度。例如，考核奖励向跨校任职、兼课、指导的干部教师倾斜；优化干部教师薪酬制度；探索调整教育经费支出结构，更加注重对人力资源的经费投入；鼓励干部教师积极参与集团内轮岗交流，按照多劳多得、优劳优酬的绩效奖励激励原则，科学合理地核定人员薪酬；发挥财政资金效益，加强绩效管理，调动集团内各校校长、干部、教师的积极性，促进教育集团良性运行，健康发展。

在短短的时间内，延安初中教育集团三校在管理、教学、课程、育人等方面进行有效整合、融合，取得了"1+1+1"大于3的阶段成果，为教育均衡、公平公正和办好百姓家门口的学校，交出了一份较为令人满意的答卷。探索未有穷期。迈开了第一步，就应勇往直前，以坚定的信念、坚强的决心、百倍的努力、十足的干劲、过人的智慧，把这件利教、利民、利校的大事做实做好。

四、把握后疫情时代的学校治理脉搏

突如其来的新冠肺炎给正常的教育教学秩序带来了冲击，也在客观上催生了基于现代信息技术的教与学变革空间。延安初级中学认为，疫情的爆发及其引发的教育"危机"为学校带来必须面对的新挑战：

挑战一：检验一所学校的教育理念是否真正成为学校办学的行动指南；

挑战二：能够考验学校非常态下的组织管理是否做到有条不紊；

挑战三:拷问学校应对非常态下的教育教学是否有序有效。

顺应形势的主动作为是变教育"危机"为学校和师生成长"契机"的唯一路径。在上海市教委的统一指导部署下,学校从认知的澄清、教学的转型、过程的监督和作业的变革等维度,增加线上教学的"情智"投入,让智慧课程、智慧教学成为贯穿"互联网＋"教育的关键词,真正做到有质量的"停课不停学"。

在线教学是这次疫情中广大师生、家长关注度最高的部分,也是与学校的教学质量息息相关的重要环节。疫情期间,教师的主要教学方式由课堂教学转变为在线教学。教师作为在线教学的实施者,其在线教学能力决定了学生学习所能达到的高度,也决定了学生是否能充分地参与学习。

我校立足信息化教学的独特属性,关注师生的实际困惑和需要,开启"智慧"抗疫新模式,努力打造有温度、有宽度、有深度、有效度的在线教育,形成了"'慧'聚云教育　'智'联云课堂"的教学体系。

(一) 急中生"智",通过研讨明确线上教学的基本方略

传统的教学有老师的关注,有师生、同伴的情感与信息交流,学生响应度高,容易进入学习情境。而师生异域的线上教学,学生面对媒体呈现的信息,因为注意力、专注度、学习习惯等差异,有人会沉不下心,进不了状态,造成学习的高消耗、低效率,甚至"煮成夹生饭",加剧分化。

为了提升教学实效,学校要求各组各教师加强教学研讨,研究线上线下教学的差异,优化线上教学的策略。教研组、备课组在研讨活动中,除进度安排、教学内容等常规外,特别要对学生管理、师生互动、作业布置、质量监测四个方面进行深度研讨:一是研究集体在线学习环境下的班级管理问题;二是研究教、学、互动分离条件下的师生互动内容、形式和成效问题;三是研究在线课堂背景下作业设计、布置和反馈等教学延伸问题;四是研究远程基准教学要求下教学质量监测、评价方式问题。

在此基础上,学校通过教学管理的变革,确定了以下三条线上教学基本方略:

课前注重"导"——为了更好地促进学生"自主学习",实现"有效学习",各学科备课组每堂课都会精心编制"导学单",并提前通过"晓黑板"等平台下发给学生,引导学生做好课前预习和自主学习。

课中"讲""练""议"——为了实现学习效果的有效反馈,采用灵活多样的互动交流形式,通过开麦回答、点名回答、聊天区抢答、聊天区集体回答等形式,加强互动交流,提升教学实效。

课后针对"答"——针对不同学生的学习基础、学习能力存在差异性的情况,克服各种困难坚持分层教学,采用"批改—评价—学生订正—再批改"的作业批改方式和课后一对一连线答疑辅导,提升教学的针对性。

(二) 凝心集"智",通过评估保障线上教学的整体质量

线上教学不是放任教学,也应该有着严格的质量要求。学校一方面通过网格化的管理,调配行政人员深入各教研组、备课组、年级组、班级,做到定人、定点、定责,形成及时反馈机制,协调推进线上教学改革;另一方面,成立学校在线教学评估小组,通过线上评估的方式,检测教学成效,建构线上教学的质量保障体系。

其一,勤做问卷调查。开发专门的调研问卷,及时了解学校在线教学开展情况。至今已进行了"停课不停学"线上教学情况表汇总,在线教学典型事例调研,在线教学期间教学问题汇总,各年级线上教学第一周、第三周家长问卷调查,通过数据分析及时发现问题,总结经验。

其二,旁听备课研修。学校要求各学科、各教研组务必坚持做好备课、研修,定时间定主题,有记录。教学部门每月召开教研组长工作会议,对线上教学中备课、上课、作业布置、作业批改等环节进行过程性监控。学校疫情防控小组形成抗击疫情期间干部联系年级组、教研组分工表,要求行政干部深入参与相关教研组、年级组的听课和研修,了解情况,解决问题,扎实推进各项工作。

其三,落实随堂听课。教学部门收集整理全校直播课会议号,校长、教学分管副校长、教学分管同志随机进直播间听课,了解教学常规情况及课堂互动落实情况,及时解决师生和家长反映的问题。

其四,跟进作业辅导。学校通过调研了解各教研组的作业形式及反馈形式、各教研组在线教学工作的特色亮点,教学部门同志分工跟进各教研组,了解作业布置及反馈情况,及时了解特色经验并在教研组长会、教学骨干会进行宣传,同时了解存在的问题,跟进解决,优化在线教学的实施。

(三)"慧"聚家校,通过共育拓展线上教学的育德价值

疫情的爆发,打乱了所有人的日常生活和学习节奏,但也在客观上生成了学生德育的契机。学校注重通过家校育人共同体的建构,依托心理帮扶和主题活动,有效推进线上教学期间的育德工作。

其一,开通心理热线,缓解学生和家长的焦虑情绪。开放两位心理老师主持的心理咨询通道,公布心理热线邮箱和微信平台,为家长、学生提供个别化的指导和建议。学校微信公众号每周按时更新,发布多篇聚焦心理健康的微文,缓解学生和家长的焦虑心情。通过《在疫情中塑造更强大的自我》和《写给家长的一封信》等文章引导学生和家长摆正心态,克服焦虑,保障身心健康,扎实做好线上学习。

其二,开展主题活动,引导学生做居家生活的"小达人"。学校组织发起"延安小达人"活动,通过线上发起、老师指导、学生干部管理、线上交流评价相互促进,鼓励学生争做"健康生活小达人""自主学习小达人""点亮生活小达人""创意妙招小达人""爱的传递小达人""才艺小达人"。鼓励学生居家期间积极参与体育锻炼、家务劳动,发展新的兴趣爱好,养成自主学习的好习惯,从丰富的居家活动中调节身心,保持良好情绪。

(四)"慧"通学科,通过作业实现线上教学的学科融通

以落实长宁区"作业开放性"研究为指导理念,把延期开学期间的学科在线学习与跨学科项目学习相结合,以跨学科作业设计与实践为载体,引导学生立足实际,寻找有教育意义的问题和信息。

由学校科研室牵头,联合语文、科学、道德与法治、美术、历史、心理、音乐等各学科骨干教师,成立了"疫情项目化学习"项目组。项目组成立后,进一步明确下一阶段的任务——开发基于课程统整的跨学科项目化作业。跨学科项目作业既基于学科,又要超越学科。如何打破学科边界,探寻学科间的知识关联,是开展项目化学习的逻辑起点,也是项目组开发项目作业的难点。为此,项目组成员利用微信平台开展热烈的工作研讨。

历史组老师受一则题为《世界名画里的七次人类大瘟疫》微信文章启发,提出"瘟疫与文明"的作业主题,通过引导学生查阅资料,让学生了解历史上瘟疫

与人类的关系。语文组老师联系疫情期间日本向我国捐赠抗疫物资时随附的古代诗词这则热点新闻,提出探究诗词出处的作业设计。心理组老师结合想象力的话题,给学生出了个探究题:"如果把地球上所有人隔离开并维持几星期,是否能让病毒灭绝?"意在引导学生进行发散性思考。美术组老师提出可从西方名画构图的角度入手,分析美术作品。地理老师指出可以从地理环境对当时疫情传播扩散的影响,反过来疫情又是怎样影响当时的地理环境这两大方面考虑,引导学生深入思考。

在各科教师集思广益下,疫情项目化学习方案初步成形。方案规定为每个年级提供5—7个学习(挑战)任务供本年级学生选择,由学生自主选择其中的1—3个项目化任务,由班主任发给学生,学生完成后发给相关学科教师进行评阅,最终评选出"项目学习小达人"。

项目组此次设计的题为"众志·抗疫"的跨学科项目作业,涵盖道德与法治、心理、科学、美术、语文、社会、生命科学、英语等十多门学科的综合知识,围绕问题解决驱动,结合家庭生活、疫情防控、年段主题项目,引导学生在主动探究、深度学习中去关注个体与他人、社会与世界、人类与自然。

"众志·抗疫"的跨学科项目作业(部分)

挑战任务一:致敬最美"逆行者"(语文,道德与法治)【8年级】

挑战任务二:问卷,让数据触手可及(语文)【7年级】

挑战任务三:用画笔"图绘爱心"(美术)【6—8年级】

挑战任务四:谣言止于智者(科学,道德与法治)【7年级】

挑战任务五:新名词,新解释(语文,道德与法治)【6—7年级】

挑战任务六:一图胜千言(科学,道德与法治)【6年级】

挑战任务七:古诗词里的祝福与温情(语文)【6年级】

挑战任务八:上古时代的抗灾精神(语文,历史)【7—8年级】

挑战任务九:山河无恙,幸得有你(社会)【8年级】

挑战任务十:读图识疫情(生命科学,地理)【8年级】

挑战任务十一:防疫小发明(科学)【6年级】

挑战任务十二:疫情汹汹,共克时艰(道德与法治)【6年级】

挑战任务十三:穿越古今的抗疫行动(历史)【7—8年级】

挑战任务十四:守望·相助(英语,美术,科学,生命科学)【6—8年级】

　　挑战任务十五：疫情中的从众效应(心理)【6年级】

　　以七年级的"谣言止于智者"项目作业为例,该项目作业取材于疫情期间真实场景:一些人打着科学的旗号传播类似"伪科学"信息误导大众,扰乱了公共秩序。面对这些无良违法行为,该项目作业要求学生搜集5条以上事后被证实的谣言(身边人传说的或手机上传播的皆可),给出正确的解释并总结出识别谣言或者获取可靠信息的几条经验,形成一份图文并茂的小报。完成后可递交给科学或道德与法治老师。

　　在这个项目作业中,学生必须主动查阅资料,了解谣言产生的背景、传播路径等一系列资讯,同时,又需要学生调动科学、社会、物理、化学等多学科知识进行辨伪求真。完成作业后,根据作业成果的呈现内容,学生可选择提交给相应的学科教师获取评价。如作品内容偏科学,可提交科学老师评价;如果作品偏道德与法治,可以给道德与法治老师评价。

　　在跨学科项目作业中,我们还融入了对社会各行各业涌现的防疫人物感人事迹的介绍,使得跨学科项目作业不仅是一次特别的学科教育,也是对学生的一次德育教育。跨学科项目作业也不仅是对学科知识的统整与运用,更能够引导学生从人文和科学并重的视角观察、思考疫情发生发展,理解中国人民万众一心、齐心抗疫的壮举,也为学生学以致用、解决问题提供了可行的载体。

　　从教育教学改革和后疫情时代的学校治理变革角度出发,"'慧'聚云教育 '智'联云课堂"在实践中取得了三个方面的成效:

　　其一,缓解了教育主体的焦虑情绪。通过线上对教学理念的解读和过程性的指导,帮助教师消除对于线上教学的畏难心理。通过问卷调查、心理支持和在线答疑,及时解决学生和家长的困惑。所有教师、学生和家长在疫情防控期间均未发生特殊事件,线上教学开展有序有效。

　　其二,保障了线上教学的整体质量。通过线上教学重心的明确、教学基本方略的设计、教学领导组织的建构和各类线上教学质量评估策略的运用,及时分析线上教学的问题,提出针对性的解决路径,从整体上保障了教学质量。同时,通过心理帮扶和主题活动等,将知识的传授与道德的培养有机结合,充分挖掘了疫情期间的德育教育资源,落实了立德树人的教育根本任务。

　　其三,探索了未来学校的教学变革。抓住疫情带来的教育变革契机,引导教师积极探索适应未来学校的信息化教学策略,让教师通过实际行动体验"互联网＋"教学、学科整合教学等的魅力,积累了学校层面信息技术与课程教学深度融合的实践经验。

着眼未来,有两个方面的问题需要进一步思考和探索:其一,在未来的学校教育中如何更准确地定位线上教学的功能,发挥线上教学的价值需要持续的思考;其二,如何以抗疫期间的线上教学为契机,将零散性的探索凝练、总结成学校基于信息技术的课程与教学改革共性经验,需要持续的努力。

思悟篇

倡导"且行且思"的校长作为

校长是学校发展的核心,"一个好校长,就是一所好学校",这几乎已经成为学校管理的"至理名言"。校长对于学校的领导首先是思想层面的领导,校长要在实践中建构自己的教育思想体系,发挥对学校整体改革发展的引领价值。通常而言,教育思想智慧是长期研究和不断思考的结晶,校长要学会思考,既要高屋建瓴,也要脚踏实地,在"且行且思"中实现自我价值。

在教言教,既"身不由己",也"迫不得已",说不上"金玉良言",却也是"肺腑之言"。作为办学者,面对诸多教育现象,自会"情不自禁"地"指点江山",澄清概念,廓清认识;身为教育人,当会"当仁不让"地予以"评说",警醒同仁,厘清是非。所谓思悟,乃一家之言。性情中人,一吐为快。

一、理想的教育首先源自理性的思考

理念是行动的先导。教书育人不是靠惊天动地的壮举,而是润物无声般的潜移默化。很多时候,家长、老师的有心而为或无心之举,对孩子而言,都会产生强烈的教育影响,不可小觑。延安初中的教师,以爱生为本,以教书为任,以敬业为荣,以创造为乐。他们懂得教育、理解孩子、知晓人性,他们的理念和举措如涓涓细流,引导孩子分享,将他们导向善良,塑造富有人文情怀的精神骨骼,努力让他们感到身处的校园和未来的社会温暖无比。

学校的品质决定教育的品质,理想的教育源自理性的思考。这种思考的背后,是对校长思维能力、思维方式转型与提升的需要。

思维是智力的核心。对于生命个体的成长和发展而言,越往后来,越到高处,决定其快慢、高低、优劣的,一定是思维力的强弱大小。就一般校长而言,也许按部就班、循规蹈矩、率由旧章或者求同、服从、遵守,就能让自己和学校的发展比较稳定、成熟,发展到适应现实、让社会和领导认可的阶段。若是要出类拔萃、一枝独秀,成为引领区域教育发展的排头兵,成为教育家型校长、领航校长,优异思维力就具有尖端新锐武器一般的威力和价值,越发显得重要甚至不可或缺了。

校长的思维能力体现在很多领域,但是最为重要的是能够在纷繁复杂的教育变革环境中保持清醒的头脑和战略的定力,在改革中理性判断机遇和挑战,理性选择改革的路径。当前,教育改革发展中有一个颇令人费解的现象——随着教育教学改革的深入,中西教育交流的增多,学校办学自主权的扩大,各种教育理念、教学方式、技术手段也随之应运而生,人们或各取所需,或趋之如鹜,或人云亦云。尝鲜者有之,盲从者有之,跟风者有之,认为新的即好,鲜的便灵,被感觉牵着鼻子走,失却了办学者最重要的东西——主见。

2017年9月,在西部一所学校,我曾看到这样的场景:学校撤销了老师的教研组、年级组办公室,把老师的办公桌安放在教室里,每间教室里安排一位老师。据说这么做,是跟北京一所高学历教师云集的名校学来的。

然而,对于诸如"怎样促进老师们对教学中遇到问题的研讨?""怎样提高老师的专业素养?""怎样促进学科建设?"这一连串的疑问,校方并没有做出明晰的回应。

教育实践经验告诉我们,同学科老师集中在一起办公,有利于老师们在备课、批阅作业遇到问题时,及时进行讨论交流,在共同探讨中,取长补短,成就彼此,促进教师专业成长和学科建设。而这种单兵作战的方式,不仅不适合这所学校,也不适合目下绝大多数学校。

教育领域中缺乏理性、盲目跟风的例子,无论过去还是现在仍时常可见。对理念口号、权威言论、模式经验,不加甄别地接受、追随、模仿,是缺乏理性精神和独立思考的表现,是人云亦云的真实写照。近年来,一些人开口闭口大谈人工智能、大数据、STEAM 就是一例,大有不谈信息技术、人工智能就有被淘汰的架势。有的人对 STEAM 等新概念、新技术只知皮毛,还没真搞懂,就跟风追捧,追求新颖和高端。甚至有人用马云说过的"任何一次商机的到来,都必将经历四个阶段:'看不见''看不起''看不懂''来不及'"的话来教训别人。殊不知教育不同于商业,面对有血有肉有思想有情感的人,岂能以抢占先机的商业思维来主导教育改革!而且,盲从的教育者,不可能培养出有独立思考能力的人才!

我们清晰地感受到,以互联网为核心的新技术带来了教育资源的丰富性、教学手段的多样性、教学过程的直观性、教学完成的高效性。恰到好处的应用,可以在教学中,把抽象的概念具体化,把难以完成或有危险的实验更好地呈现给学生,有助于调动学生学习的主动性、积极性。但是,信息技术也好,大数据、人工智能也罢,并不是解决教育问题的万灵之药。对新技术在教育中的应用,我们应该以理性精神、严谨审慎的态度,积极拥抱,谨慎接纳,稳妥推进。

理性对待前沿科技和教育创新,首先体现在我们要有敏锐的触感和自觉的意识。科学技术像一把双刃剑,在带来便捷的同时,也会带来我们意想不到的新问题。低幼年龄的孩子,自制力较弱,不当使用电子产品,碎片化时间,碎片化阅读,快速的浏览,不利于学生有深度的学习。有媒体报道,德国儿童心理学家做过一个测试:他们让三组 5 岁的孩子在纸上画小人。结果,每天几乎不看电视的孩子,画出的小人最完整、最漂亮。每天看电视超过 3 小时的孩子,画出的小人简单、呆板。而看电视内容不被限制的孩子,画出的小人要么断手、断脚,要么身体不完整或只有局部。实验结果表明,让孩子过早、过多地接触电子产品,会有损于大脑发育,影响认知力、想象力和创造力的发挥。

即便信息技术已经深刻地影响社会生活的方方面面,甚至影响孩子们的学习方式、思维方式,但我认为到目前为止,新技术还只是支持我们完成教育教学的一种技术手段和工具,不要神话、科幻化新技术。人类的学习活动过程非常复杂,应用新技术的教学和传统教学方式在不同学习对象、不同学习要求及其效果上都有各自适应的范围与存在价值,两者最终都要经过学生大脑的消化吸收而沉淀为知识与能力,不存在非此即彼的选择,更不应该盲目地一哄而上。

试想,当学生手不释卷,品读朱自清《荷塘月色》之类的美文,他会透过语言文字的描述,在脑海里想象具体形象、情境,把抽象的文字符号转化为一幅幅生动的画面,勾勒出自己心向往之的静谧优美场景,产生自己的理解。长此以往,孩子的想象力、理解力,会在这样的学习过程中得到很好的发展,美好的情感在这其中自然孕育……

然而,如果借助信息技术及多媒体手段具象的、直接的呈现,会让人来不及想象,就面对统一的画面,容易形成千篇一律的理解,固化思维方式。这样的学习是高效率的,但很难说是高品质的。再如数学教学,在老师的引导下思考、启发、发现,师生共同寻找解题路径,尝试添画辅助线,一步步逐层深入。这样的学习,顺应思维的发展过程,能让学生学会如何思考、如何有效地解决问题。如果借助于信息技术过快、过于直接地呈现辅助线和解答过程,尽管会提高教学效率,可以在短时间里让学生接触、解答更多的数学题,但很可能会让学生知其然而难以知其所以然,遑论举一反三。这样的教学过程,学生是在学解题而不是学数学,肯定不利于数学思维的发展。

其次,雅斯贝尔斯在《什么是教育》一书中写道:"教育是人的灵魂的教育,而非理性知识和认识的堆积。如果一种教育未能触及人的灵魂,未能引起人的灵魂深处的变革,就不能称为教育。"教育的价值指向是人的成长,是触及人的灵魂。因此,我们要想明晰在教育过程中,应用信息技术、大数据的价值到底体现在哪里,不应把信息技术、大数据、人工智能在教育中应用的价值,定位在单纯对教学效率的刻意追求,希图借助技术手段高效传授知识和技能,从而高速、高效完成教学,进而在现行考试评价机制之下取得高成绩。如此对信息技术的不当使用,很可能会成就高成绩,但未必会成就具有高素质、高能力的人才。

时代的发展使得教育变革成为一种常态。教育改革作为一种社会实践活动,是在一定的价值观指导下的有意识、有目的的活动。价值是人与世界交往过程中的经验累积,表达了人类相互依存关系构成的生活关系。在一定的价值关系中,由于客观世界纷繁复杂,客观事物能满足人的需要的多样性,而主体人的利益需要和认识水平又有不同,这就决定了主客体之间价值关系的多样性。自教育产生之后,教育的本质始终是成人对于儿童生活经验的主动干预,因此,儿童的成长是教育的基本价值所在,也是不同历史阶段教育改革的基本目的所在。改革作为对各主体之间社会利益关系变迁或调整的行为,就是要构建满足最大多数人的需要的社会利益关系。因此,教育改革应该以追求人的全面发展作为其终极价值标准。从终极目标上说,评价教育改革成功与否的标准,要看教育改革在多大程度上促进了学生的全面发展。从这个角度出发,任何时代的、任何形式的学校教育改革,都不应该盲目地"为了改革而改革",应该遵循其促进学生成长发展的核心价值,应该体现校长在学校发展谋篇布局的战略高度和战略定力。固然,教育伴随着科学技术进步而带来理念上的变革和效率上的提升,这是毋容置疑的,但是,教育本质上是一门育人艺术,理想的教育是将目光聚焦于人,按规律办事,引领人的精神成长,科学技术只是服务于立德树人根本任务的手段,绝非追求的目标。作为教育中人,在实际工作中应有清醒的头脑,不能凭好恶、激情,不能跟着感觉走,更不能把一些似是而非的言论奉为圭臬。只有坚守教育指向于学生成长发展的根本价值,才能够在新时代复杂的教育变革中锚定理想教育的根本,才能更好地体现学校教育的价值追求。

二、教育的本质是实现师生生命成长

教育的根本要旨是使学生成为独立健全之"人"。当今社会,知识传授应被视为手段而非最终目的,教育的根本要旨是使学生成为独立健全之"人"。这种对于教育价值的定位蕴含了新时代学校教育和人才培养改革发展的核心定位和目标引领。学校是什么?大家会毫不犹豫地想到学校是学习的场所。但这样定义学校是远远不够的,也完全无法实现学校真正应负担的教育使命。日本教育学家佐藤学认为学校应是"学生共同学习成长的场所,是教师作为专家相互学习的场所,是家长与市民参与教育实践,并进行学习的场所"。在这个表述中,我们可以发现学校是个多主体共同参与、相互作用,通过学习来谋求共同进步,当然尤指学生进步的学习共同体。但这个表述中缺乏进入主体状态的表述与关注,因为对于多个教育参与主体,尤其是对教师和学生而言,学校不仅仅是个"共同学习"或"相互学习"的场所,更是其生命历程中的重要一站,学校生活是师生生命历程中的重要组成。他们在学校里进行情感交流,完成社会交往,实现协同进化。

因此,学校理应成为全体师生实现生命成长、绽放生命精彩的所在。在此意义上,我感到学校的本质应该是让师生共同实现生命成长的学习共同体。

(一) 生命成长是教育本质追求和应有之义

教育是直面人的生命的事业,提升人的生命质量、奠定终身发展的幸福基石是教育对生命的关怀,也是教育的本质追求。教育就是要保护人的天赋,保护人的自主意识,保护人的创造个性,保护人的完整人格。换言之,教育应依据人的生命特征,遵循人的生命发展的规律和原则,促使人的生命走向更加和谐的境界。教育要引导人的生命进入实践、创造、发展的新天地。

学校教育的主体包括教师和学生,学校教育只有回归对生命的关怀,追求生命的真实成长,才能让师生在此过程中实现自主、能动的发展。学校方方面面工作的出发点都应以能否达成师生生命的成长为标准,只有师生在校园里能自由、快乐、幸福地展现出生命的灵动与鲜活,学校才会呈现出勃勃生机,感受到学校教育中蕴含的无限力量。

(二) 生命成长是精神升华与价值提升过程

无论从教育的角度看,还是从人类社会发展的角度来看,摆脱蒙昧时代以后,尤其解决了基本温饱和生存问题之后,人的成长最重要的是精神升华和价值提升。尽管不同人的人生哲学不同、价值追求不同,但追求更加丰富的精神世界、追求自身意义与价值的更好实现是人共同的需要。

精神世界的升华体现为对生命、对自身意义与价值的理解,体现为个体社会意义的最大实现,其实质是提升个体生命的意义与价值,做对社会进步更有意义的人、做能够做出更大贡献的人、做高尚并得到人们敬仰的人。这样的追求应当是卓越教育的基本原则,是优质学校不能推卸的社会责任。

（三）生命成长表现为潜能发展与个性绽放

马克思关于人的全面发展理论强调,社会的理想追求是促进每个人的全面发展、充分发展,人的天赋是各不相同的,教育能够做到的极限就是学生潜能的最大程度发挥,学校有义务为每一位学生潜能的充分发展提供力所能及的帮助。

因此,学校教育为了人的发展,就是要使每个人的个性特长、先天禀赋得到最大程度的实现,使每一个个体的个性都能充分绽放自己的精彩。个体的不同在于个性。"个性"是一个人在思想、性格、品质、意志、情感、态度、知识能力结构等方面不同于其他人的特质,这个特质表现于外就是他自己的言语方式、行为方式、思维方式和情感方式等,任何人都是有个性的,社会化、个性化是人的存在方式。尊重学生的个体差异,让学生扬长避短,充分发挥个体潜能,才能成就个体的最优化可持续发展。做教育就是要为学生潜能的充分发展提供适宜的土壤,在延安初中,我们强调学生要在以"会做人、会求知、会办事、会健身"的"四会"为目标的育人体系下,造就具有中华传统美德和现代文明的高素质的"延安人"。

（四）生命成长离不开爱的助力与智慧凝聚

教育是一项关于爱的事业,爱是教育的底色和原动力。回顾我自己的从教经历,当我真正爱上教育、爱上讲台、爱上孩子以后,我对教育的理解和感悟也得到了提升和飞跃。要办好学校教育,实现学生的生命成长离不开教师对学生的爱,加拿大著名学者迈克尔·富兰所著的《变革的力量》中指出学校变革的出路之一便是教师个体拥有"道德的目标",教师队伍要成为一支有灵魂的队伍,敬畏教师自身灵魂深处的"神灵",作出道德目标的承诺——使学生发生对人生有益的变化:更加卓越、更加积极努力,更加主动地寻找问题并提出问题,既在学科知识、能力方向不断提高,又在"作为人"的素质方面不断完善。爱的理解是教育价值升华的一个重要因素,"教师不能无视学生的处境和精神状况,只在乎带有任务的教育,粗暴地对学生耳提面命,这样的教育即使方法最先进也将因阻碍了爱的交流而使教育落空"。(雅斯贝尔斯)以爱为前提的教育让学生向往着与教师的交流和沟通,从而从人格平等的求知中获得智慧,这样的教育才能使学生产生来自灵魂的冲动,不断激发学生充满激情的自我超越。从教育爱的要求出发,学校教育应关心每一个学生,关心其生命活动,关心其现在,关心其未来。但这种关心的最后指向是要让学生在接受教师的爱和关心中懂得爱、学会关心他人,而不只是被关爱甚至被溺爱。

同时,教育的专业性又要求我们教育者要成为智慧的人。在心理学意义上,智慧是"Intelligence",即指人的聪明才智,有创造性,能够解决认识上的问题等;在社会学意义上,智慧是"Sensibleness",即指人在日常社会生活中是明白事理的,其思想和行为等是切合实际的,是合情合理合法的;在哲学意义上,智慧是"Wisdom",即指人在世界观、价值观和人生观等方面所具有的才智、明智、知识、德性、学问、常识等,也指人的类主体性获得了比较充分的发展。心理学、社会学和哲学意义上的智慧,分别代表着智慧的三个基本层次。在我看来,智慧正是教育最为重要的性格。人类早期的教育就孕育着一种引导人的智慧成长、促进人的自由发展的原生性特质。这一点在柏拉图、孔子以及其他许多教育家的思想中都能找到可靠的证据。但自近代以来,人类教育发展的立足点和重心逐渐地转向了外部物质世界,并且愈来愈演化成为单向、片面的"为了知识的教育",由此导致教育的智慧性格的衰微。在一个愈来愈知识化、信息化和追求创新的时代,我们迫切需要重塑教育的智慧性格,重建教育的智慧价值,让"智慧的教育"这朵古老的文明之花在今天和未来绽放出耀眼夺目的光彩。因此,在延安初中,我们进行的一系列课程教学的改革创新都是围绕着促进学生生命成长,以教育智慧打造灵动课堂,让有灵魂的教师培育有灵气的孩子。

三、坚守"充分发展学生潜能"的办学理念

上海市延安初级中学(以下简称延安初中)历经 1998 年的高初中脱钩办学,更名为上海市东延安中学,到 2003 年 3 月更名为延安初级中学,这期间,完成了从一所市重点完全中学到公办初级中学的发展转型。

2010 年初,学校积极响应长宁区教育局关于扩大优质教育资源的决定,接收了原市三附校的校舍场地,新成立了延安初级中学安化路校区。

2011 学年、2012 学年,为实施延安西路校区"防震加固"校安工程,我校外

借场地办学,六、七年级在长宁区少科站校区办学,八年级在新古北校区办学,九年级在安化校区办学,经历了两年的"一所学校、四个校区"的办学过渡模式。

目前学校有延安西路校区(延安西路 601 号)和长宁路校区(长宁路 1302 弄 9 号)两个校区,其中,延安西路校区为六、七、八年级办学,长宁路校区为九年级办学。学校占地面积 14539m²,建筑面积 18397m²,绿化面积 4306m²,有物理、化学、生物、科学等学科实验室 8 间,电脑机房 2 间,阅读、语音、美术、心理、劳技、音乐、体育等学科专用教室 14 间。

延安初级中学行政管理体制是校长室下设校务办公室、教育处、师训室、科研室、外事中心、信息中心和总务处。

延安初中牢牢继承延安传统,在多年办学过程中,积淀了丰厚的人文底蕴,形成了丰富的办学经验,取得了丰硕的办学佳绩。面对不断变化的生源和办学形势,延安初中能与时俱进,开拓创新,坚持"让每一个学生的潜能得到充分发展"的办学理念,取得了一系列的优异成绩,彰显了学校特色。

学校坚持"让每一个学生的潜能得到充分发展"的办学理念。秉承"走进延安门,就是延安人"的文化传统,在校训"自信,自强"的引领下,坚持以优质均衡为原则,坚持以学生的终身发展为本,使每一位学生得到平等、优质、多元的学习机会和发展平台。

学校在以"会做人、会求知、会办事、会健身"的"四会"为目标的育人体系下,造就"具有中华传统美德和现代文明的高素质的'延安人'"。为此,学校赋予在"四会"为目标的育人体系下的高素质的"延安人"的新内涵是:具有新时代"延安人"的核心素养;具有与人合作、参与竞争的意识和能力;具有终身学习、科学健身、开拓进取的意识和能力;具有参与社会实践、积极向上的意识和能力;具有民族自豪感和国际意识。

结合对延安初中"数学特色,科技见长,人文相济,和谐发展"办学特色的传承,学校构筑了"数理与逻辑、科学与技术、人文与艺术、公民与社会、健康与生活、实践与创新"六大学习领域的课程,初步形成了与办学特色相对应的"一核四维六域"的学校课程图谱。

为了践行"让每一个学生的潜能得到充分发展"的办学理念,延安初中将精耕学校特色课程作为推动学校课程改革的契机,构建了多维度、综合化、生长性的学校特色课程框架,并在此过程中致力于激发学生学习潜能,同时又促进学校教师开发课程、实施课程的综合能力,使得学校课程改革进入了又一个高质量的持续发展阶段。

四、践行"以爱为怀,与智同行"的教育追求

教育是情感智力高度投入的充满情怀的工作。新时代的教育改革与发展,已经跳出了以物力、体力的增加为主要指标的粗放型发展模式,转而重视以情智为标志的内涵式发展模式。作为教师,应该深刻地认识到情感是教育活动开展的基础,是教师专业成长的重要范畴;作为学校管理者,则应该将"爱"与"智"作为学校管理特别是学生教育管理的重要价值导向。

从一名普通的数学教师到成为一校之长,我的从教经历与许多同行有相似之处,都是从教学一线一步步成长起来的;但我的教育生涯与许多同行相比又有不同之处,我是在不情不愿的情况下就读了师范,在一片迷茫和彷徨中开启了教师生涯,是学生的成长让我看到了教育的意义和价值所在,是学生的变化让我惊叹于教育的神奇造化,由此才真正让我品出了教育的一些真滋味,开始了对教育的不断探索与实践。

从安徽到上海,从市三女中初中到延安初中,从数学老师到大队辅导员、副教导、教导主任、副校长、校长,如果说职初阶段是在忐忑和对教师传统角色的刻板印象中艰难地开始了对教育价值的启蒙,那么随着自身的逐渐成熟,在延安初中的办学实践中,我越来越深刻地体悟到教育过程是一个人性不断得到滋养的过程,教育的价值在于涵养人的灵性,促进生命成长,作为教育者,教孩子要有方法,爱孩子要有智慧。

延安初级中学是一所有着红色基因、光荣历史、优良传统的学校,底蕴深厚的学校文化和办学历史奠定了学校良好的办学基础。在新时代的征程中,学校又该为未来的时代培养怎样的人,为教育发展贡献怎样的"延安方案"和"延安智慧",为此学校要如何进行整体布局和顶层设计,是我在延安初中工作以来一直不断求索和尝试解答的问题。

（一）以爱为怀，成就"自信，自强"的"延安人"

学校教育的主体是学生，一切教育行为的出发点和归宿点都是为了全体学生的终身可持续发展。内尔诺丁斯说，"学校的首要任务是关心孩子。我们应该教育所有孩子不仅要学会竞争，更要学会关心。教育的目的应该是鼓励有能力、关心他人、懂得爱人，也值得别人爱的人的健康成长。"要让"自信，自强"成为孩子内生的精神骨骼，首先需要营造一种以爱为原动力的教育生态。

1. 学科教学中的教育之爱

学习知识是学生生活中最重要的东西，正如杜威所言，"如果学校抛弃或弱化知识教学，唯一的结果表明只能是普遍的愚蠢"。在日常教学活动中，对学生的宽容通常表现在两个方面，一是对学生表达内容的态度是赞同还是反对；二是是否准许学生表达，对学生的表达是否愿意倾听。为了能有效实施教育，成熟的教师会不断创设问题情境，营造某种"混乱"，发动学生呈现自己理解、创新的观点和自由的思想，从而有针对性地梳理问题、解决问题，让"混乱"趋向有序，使认识达成一致。正是因为问题与教育相伴而生，教师自然要懂得宽容。"假如学校里游荡着权威的幽灵，对此学生也不反抗的话，那么，权威的思想将深深地印在他们稚嫩可塑的本质里，而几乎不可改变，将来这样的学生在下意识里只知道服从与固执，却不懂得怎样自由地去生活"（杜威）。可见，依靠灌输进行知识传授的教育是不宽容的教育，学科教学中应当容许学生有行动和判断的自由，对学生不同于自己或传统观点的见解要有耐心公正的容忍。这在操作上是一种教师对自身权力或权威的放弃，教师放弃用权力、权威将自己认为正确的观念、行动方式、思维方式强加给学生，容忍学生在接受知识时的质问、不配合及各种方式的反抗，通过其他方式而不是简单粗暴的方式让学生在体验和反思中逐步提高认识，自觉内化知识，接纳真理。

2. 班级管理中的教育之爱

学校呈现的是学生现在的生活，一种真实的生气勃勃的生活。活动是生活的基础，也是学校教育的基础。最好的和最深刻的道德训练是学生在活动中跟别人发生的关系而得来的，在这样一种关系中养成守秩序和勤劳的习惯，以及对于社会的责任感和承担集体事务的一种义务。班级是学生生活的"共同体"，是属于全班学生的"领地"而不只是班主任的"封疆",班主任要引导和训练每个学生成为这个"共同体"的成员,每个学生都有任务和职责,都有事情要做,用服务的精神做好班级事务,这些日常工作对于学生将来认识社会、融入社会含有重大且有人生价值的意义。班级管理中的学生活动每天都在进行,每次都要规划和设计,并不只是在主题班会活动中有所表现。教育是一种引导与启迪,教育的问题就是要抓住学生的活动并给予活动以指导的问题。教师指导学生的活动,使活动沿着一定的方向运行,渐渐引到某种逻辑的道路上,并自然地实现教育的目标。班级管理中要尊重学生个体差异,宽容学生的某些违纪行为,让学生成为班级管理的主人,成为班级日常活动的主体。差异性是学生生活世界的本来面目,学校应该是一个包容多样性和差异性的世界,一个学校,多种声音,这是真实学校的现实本质,正是有了多样性,才能营造丰富多彩、日新月异的学校生活,学生的生命成长才能得以实现。"我们不仅要容忍个人之间和集体之间的差别,而且确实还应当欢迎这些差别,把它们看作是我们生活丰富多彩的表现,这是一切真正宽容的实质"(爱因斯坦)。

3. 校园活动中的教育之爱

初中学生群体独立性和思想个性非常突出,更易服从真理,而不愿服从强权,学生更喜欢显现自我而不是简单追随别人,喜欢创造性的活动并厌恶简单的模拟训练,喜欢自由和辩论而不会简单盲从教师的指令。针对学生群体的这些特征,开设丰富的学校拓展课、探究课,提供充分的学生社团活动和社会实践活动等都是学校生活必不可少的组成部分。教师和学校管理者要有一双发现问题的眼睛,不断丰富学校的活动;管理要调整思路,不仅是管住学生,更要让学生参与一些活动管理甚至参与决策,将一部分事务下放给学生。在此过程中可能会出现这样那样的问题,但以宽容的态度对待这些问题,将会使学校充满生机和活力。比如,我们要把任何意外的事件都作为育人的机遇予以把握,充分挖掘学生群体中的优秀教育资源等,学生追逐自由的行为习惯给我们的教育提供了广阔的空间。

(二) 与智同行,发展学校办学特色

课堂教学是学生接受知识教育的主阵地,也是学生实现生命成长的主渠

道,而在多主体、多因素、共时互动的课堂教学格局中,教师与学生本质上是一种协作、互助、共进的学习组织,是在共同的学习愿景之下,围绕特定的学习任务展开系列学习活动的学习共同体。学生花费了大量时间在课堂中,怎样的学习才值得他们付出美好年华? 延安初中追求"轻负担、高效益、多类别、有层次、综合化"的教学,构建集丰富性、系统性、挑战性、选择性、综合性于一体的学校课程体系,目的都是为了更好地解决学生"学"的问题,让课程学习成为个体生命充满灵性的思考与实践。这一切离不开教育智慧的激发与创生。

从我个人的成长经历来看,从小跟随父母走南闯北,让我比同龄人经历了更多,也因而学习了更多,体验了更多,不断变化的学习生活环境也让我骨子里有一种探索新事物的冲劲与变革的激情。而当我思考学校课程教学变革时,惊喜地发现,让孩子们不断去挑战,恰恰能够为他们的生命成长带来丰富的体验。

1. 情境创设,问题驱动

孩子们在生活中经历的每一件事都是学习,学校应该精耕学校课程,让孩子们不断经历挑战,战胜挫折,收获成功,逐渐变得身心强大而自信、自强。以学生已有的经验为基础,在学生主动求知过程中学习是建构主义学习理论的思想,问题导向通常被作为建构主义教学设计的首要环节。正如罗杰斯所说,"倘若要使学生全身心地投入学习活动,就必须让学生面对各种现实问题,让他们经历将来会成为他们真正问题的情境",他相信,"构建一种让每一个学生都面临非常真实的问题情境是可能的"。在教学设计中,需要教师完成从文本内容到教学事件,到真实学习任务与学习问题的设计。学习情境的创设必须对学生的知识基础和学习能力有准确和深入的把握,提出的问题能够让学生在反思、分析和综合等高层次思维活动中重新理解和表征已有的知识,使得问题的解决不只是对知识的简单重复,而是让学生丰富原有知识结构的过程,在此过程中,学生的学习才真正能够发生。因此,要让课堂成为师生生命成长的真实过程,就需要建立以问题为驱动的学习模式,教师要时刻关注学生与教学内容的矛盾是否形成,即是否激起学生的认知冲突。当学生与教学内容真正有矛盾,教学才真正建立在学生的需要之上,才有发展的内在动力。在教学中应首先让学生面临知识产生的问题情境,即知识的条件化情境;然后学生在问题的驱动下积极主动地识别问题、分析问题;最后运用相应的知识去解决问题。这样才能回归学习的本来面目。

2.丰富经历,提供挑战

学校课程是丰富学生成长经历、实现学校育人目标最主要的途径。课程开发和建设是一个不断发展和提升的过程。通过不断丰富完善学校课程图谱,实现国家课程校本化、校本课程特色化,将核心素养培育落实到校本化的课程和教学之中。孩子们经历了丰富的、可选择性的学习后,会更加喜爱校园生活,对学习产生更多的兴趣与热情,对他们的成长具有非常重要的价值。丰富的学校课程同时应该是系统的,它不仅应该紧扣学校的办学理念、育人目标、办学特色,对学校的课程进行整体设计、重构,更要回应新时代对人才培养的要求,促进国家教育根本任务的贯彻,促进学校办学理念的落实、育人目标的达成和办学特色的发展。经过多年积累,延安初中形成了G-CLUB的课程架构,"一核四维六域"的课程结构不仅给孩子们提供了丰富的选择,孩子们在选择中开阔眼界、经历成长、实现发展,养成更加专注、认真的习惯,形成探索的意识,掌握实践研究的方法,而且彰显了"数学特色、科技见长、人文相济、和谐发展"的办学特色。延安初中课程的丰富性还体现在选择的丰富上,课程是学生生长的平台,学校不仅提供内容丰富的不同课程供学生选择学习,而且同样的学习内容,有不同学习过程、学习方法的选择机会。我们打破年级界限,引导学生充分自主选择,让每个孩子都能获得真实、有效的个性化学习体验,获得满足个体发展兴趣、爱好、特长的机会。同时,我们打破学科界限,开展跨学科整合,帮助学生发展分析、综合、评价、创造等高阶思维能力,以及综合运用不同学科知识解决实际问题的能力,从而使学生学有所长,实现宽基础、高兴趣、大视界、强能力,为学生未来的发展奠基。学校用综合性视角推进课程统整,实施以单元为主线的"学科内部间的统整"、以综合为导向的"学科与学科的统整"、以体验为中心的"必修与选修的统整"、以融合为旨归的"课堂与生活的统整",学生的综合素养大幅提高,表现出了强大的发展潜力,为应对未来生活的挑战做好了准备。

在课程建设中,我们强调课程的挑战性,如果孩子们的学习始终处于思维舒适区,那么,他们的思维发展很可能就会停滞或发展迟缓。根据最近发展区理论,只有让孩子经历富有挑战性的学习,真正的学习才会发生,孩子才会真正实现生命成长。"PISA之父"安德烈亚斯·施莱克尔说过:"你想让一个学生变得有创新能力的话,你必须要让他经常去冒一些风险。只要冒风险就会犯错误,犯错误承受失败以后是否能够从原地继续前行,这一点非常的重要。"

教学的本质是发动学生不断寻找问题、发现问题,并力图让学生自主解决问题的过程。学习活动中认识和实践在同一时间框架内发生,主观和客观的分裂、认识和实践的分离不可避免,自然错误认识也是不可避免的,"犯错"成为必不可少的学习元素,"试错"本身就是一种有效的教学方法。错误的呈现、纠错、对策等成了教学的有机部分,有效的教学是基于"错误"现实之上而不是回避"错误"而展开的。丰富、生动的课堂教学情境离不开错误,错误是一种资源,错误是一次创新,错误是一次发展。"尝试错误"实质上是一种探究学习活动。错误具有可试探性,教学中需要创设让学生有机会犯错的教学情境,通过不断尝试、试验、探究,发现错误、积累经验,从中寻找避免犯错误的方法。"错误"是真理的先导,为真理开辟道路,某些知识常常因学习中的"错误"而留下深刻的印象,终生难忘。漠视错误的真实存在或试图杜绝一切错误的课堂教学,尽管教师的文本讲授富有艺术表演力,师生的互动、问答节奏感极强,但总是令人感到苍白和缺乏激情。要将提供学生出错的机会纳入教学的预设中,保持适度的开放性,当教学中产生足够的问题、困惑、混乱和可能性时,教师可以借机审视学生的思考轨迹,优雅地针对学生的个性特点开展对话,创生真实的教学话语,机智地引导学生从迷惑到豁然开朗,自然地牵引课堂秩序从混乱到有序,从中呼唤课堂教学的生命活力,并将教学活动引向深入。

习近平总书记指出,"教育决定着人类的今天,也决定着人类的未来",深刻揭示了教育既要为社会发展培养德智体美劳全面发展的人才,也要为提高人的生命质量、提升生命价值提供重要途径。最近,联合国教科文组织发布的《反思教育:向"全球共同利益"的理念转变》提出:维护和增强个人在其他人和自然面前的尊严、能力和福祉,应是 21 世纪的根本宗旨,强调将尊重生命和人格尊严等人文主义价值观作为教育的基础和宗旨。而秉持尊重生命、引导生命、促成生命完善的生命化教育,或可成为新时代人才培养的重要路径,这种对于生命的深刻、全面关照,正是我所追求的理想的教育。

理想的教育,靠的是有灵魂的老师;化解现实教育中的难题,则需要老师对教育理想的坚守与创造性的智慧。延安初中的老师懂得教育、理解孩子、知晓人性,他们的理念和举措如涓涓细流,引导孩子分享,将他们导向善良,塑造富有人文情怀的精神骨骼,努力让孩子们感到身处的校园和未来的社会温暖无比。以爱为怀,体现教育的大爱本质;与智同行,表现教育的艺术法则。

五、校长手记:行思有所悟,点滴皆育人

随着全球化的深入发展和第四次工业革命的到来,社会对于教育、人才的需求越来越迫切。学校在被赋予越来越多使命的同时,也面临着越来越多的挑战。越是在这样的时候,学校越是要坚守育人初心,坚持以学生的成长为中心,把最多的精力、最多的资源投入到育人上,以最大的热情、最大的决心为人才成长营造良好的环境,校长也要将更多的精力用于思考人才培养理念与方式的变革之上。

(一) 让"明星"教育影响孩子

真情实感的教育最能打动人心,最受学生欢迎。从一堂体育明星的报告会激起的反响,使我们在如何有效地对孩子们进行正能量教育上引发深深的思考。

在青少年群体中,追星现象很常见,一些孩子对演艺明星的崇拜甚至达到了狂热的程度。追星的本质是偶像崇拜,这本身无可厚非。但崇拜什么样的人和事,对心智及思维尚不成熟的青少年影响极大。把孩子们追星的动力引导到有价值、有意义的方向,让他们追随自带光芒、充满正能量的真正英雄,建立起正确的价值追求,那一定会收获非同一般的教育成效。

2019 年 5 月 17 日下午,上海市体育局举办的"体育宣讲进校园"活动的首发之站在延安初中校园里开讲。体育局领导和体育明星走进校园讲堂,为师生带来了一堂别开生面的体育素养课。

运动员庄冠松向同学们介绍了自己如何一步一步从一个"熊孩子"成长为全国武术冠军。他告诉同学们,武术带给他的不仅仅是强健的体魄,更是热爱生活、迎难而上的精神力量。回首这些年的经历,他这样说道:多年的训练比赛,自己全身上下都是伤。也曾想过退缩,想过放弃。但是,每次到了快要放弃的那个点,脑海里总会浮现出另一个声音——你这回放弃了,下回还会放弃,一

直放弃,最后只能是一事无成。他告诫孩子们,体育与学习是共通的,当遇到困难,感觉想要放弃,不如再坚持一下,人都是在克服困难的道路上完成自我成长。

紧接着,上海棒球队领队陈琦登台演讲。他向大家介绍了被体育界誉为"智慧与竞技结合"的棒球运动。据陈琦介绍,面对高速飞来的棒球,一名击球手要在 0.3 秒左右的反应时间里,用球棒前端 10 来厘米长的一段击打,难度可想而知,需要击球手高度专注和快速反应,所以棒球运动被誉为世界上最困难的体育项目。

他讲述了自己学练棒球的过程中,战胜伤痛和艰苦奋斗的励志故事,很好地诠释了体育精神。他用两点人生感悟与大家共勉:一是优秀源自人的高度自律,自律是优秀的必备条件。要想成为优秀的人,就必须要学会自律,从克服每一个坏习惯,包括戒掉垃圾食品开始。二是"命由天定,运在脚下",成功是靠奋斗出来的,即使你的努力没有立刻有收获,但如果你立刻放弃,最终就会连看到胜利的希望都没有。他讲述了自己每次跌倒后从绝望中爬起,克服了常人难以想象的困难,付出了巨大的努力,收获了成功,也越来越强大和自信。

在他们的演讲过程中,全场鸦雀无声,每一个同学都在凝神静心地听着他们娓娓道来的故事和感悟,那份专注,让人惊叹。他们讲述了奋斗成长的心路历程,诠释了体育精神,还有训练、比赛中经历磨炼意志品格的挑战,让孩子们对坚毅、自律、荣誉、成长有了新的、更透彻的理解。

结束演讲之后,庄冠松现场 SHOW 出了一段武术表演,陈琦表演了挥棒击球并和同学们互动游戏。他们的即兴表演,赢得了全场雷鸣般的掌声和欢呼声,他们成了孩子们崇拜的偶像,他们的话语直抵孩子们内心深处。

在孩子们从小到大的成长过程中,我们跟他们讲战胜自我的勇气,讲永不言败的奋斗,讲团队合作的精神,讲集体荣誉的珍惜……这样的话说得还少吗?但平心而论,我们是不是常常感受到事倍功半的无奈?试想,如果那一天只是老师在教室里跟孩子们说人要有坚毅的意志品格,要有自律的自我约束,要有做事的专注,有多少孩子会真的当回事呢?

教育实践告诉我们一个不争的事实,那就是对青少年的教育,不是你说得越多,孩子就会接受和改变越快越多。很多时候,方式越是直接的教育表达,越容易被孩子们视作简单重复的说教而消极应对,甚至抵制,难免事与愿违。对今天见多识广的孩子而言,好的教育,更多地源自富有真情实感的现身说法,源自孩子们在运动场上亲身参与的"玩",源自一种可称为间接影响的体验。事实证明,间接影响的教育,往往效果远胜于老生常谈式的直接教导。

这一次体育宣讲进校园活动,没有谁在一本正经地说教。但是,自律、奋进的体育人,让孩子们萌生了发自内心的膜拜,他们和发生在他们身上的真实故事,形成了一个类似磁场、电场的教育场,让每一个身在其中的学生,在场效应的潜在影响下,自然而然地接受"优秀的自律"和"再坚持一下的努力"的告诫,形成对人、对事的新的、更深刻的理解。如此,不经意间的教化感染,生发自真实的情境,作用于人的内心世界,雕刻着人的灵魂。

为什么越是教育发达的地方越是重视体育?因为一个人在运动场上的表现,体现了他的意志品格(坚毅、自律)、竞争力、责任心和团队合作能力,尤其是在竞争中合作,在合作中竞争,对人的当下成长和长远发展有着独到的,甚至是不可替代的作用。因此,体育毫无疑问是最好的德育,体育带给孩子们的不单单是运动技能,更多的是体育所携带的精神内涵对人格的塑造,体育有着远远超越运动本身的价值。从这个角度看,运动场其实就是一个教育场!

与此同时,我们要反思已有的"习惯思维"和"习以为常"的做法,改变教育方式方法,了解孩子们的真实想法和需求,真正走入孩子们的心中。今天的学校教育,应该更多地营造有效的"教育场",让孩子们走出枯燥的说教,走上赛场,走进高校和科研院所,走近真正的大师,走向真实的教育场景,让孩子们学在其中,乐在其中,收获在其中。

(二) 会玩的孩子更聪明

为什么说会玩的孩子更聪明?从生理学角度上看,孩子在玩,即在用脑动身,全身协调着去完成一项任务。这对于处在长身体阶段的孩子来说,无疑是锻炼四肢、开发大脑的极好方式。学校应因势利导,让学生在游戏中玩出智慧、玩出意识、玩出品位。

清华大学经济管理学院院长钱颖一在其著作《大学的改革》中写道:"中国教育的今天,就是中国经济的明天。"从面向未来这个角度看问题,教育人应该更多地思考如何用陈旧的知识,帮助学生建立起从容应对未来世界的能力。面对充满不确定性的未来世界,决定了今天教育的使命在于培养富有创新精神、创造能力的人才。

放眼世界教育,无不把培养学生的创新能力作为追求的目标。但是,可以肯定地说,创新能力不可能凭空而来,而是从意识到能力,从思维到行为,从习惯到人格,逐渐演进。培养创新人才的教育过程,必定是建立在保护学生探索兴趣,促进他们有意识地探索尝试,进而养成"不安分"和主动思考习惯的基础之上,在看似不起眼的点滴小事中涵养探索的意识、改变的习惯、创造的能力。

走在延安初中的校园里,师生总能看见六年级的男生们在课间休息时玩着一种拍手对战游戏。这是一种不局限于场地,不使用任何道具,只需要一双灵巧的手,只需要伙伴们共同参与的游戏活动。看着他们全神贯注的神情,让不少人困惑:什么样的拍手游戏,能够吸引这么多的男生如此痴迷?

Hands Clap 游戏在孩子们小学时曾流行过一段时间,六年级的小杨同学将这个游戏带到了新班级。在最初的版本中,只有三种攻击和一种防御模式。知识面很广的小陈同学觉得这个游戏虽然有趣,但是道具太少,规则也不完善。于是他开始思考如何改造,发明的道具既不能"太无敌",又得具有"可玩性"。于是,他借鉴了武器名词、宇宙星系词汇、史实地球模式等科技词汇,甚至还参考了化学元素周期表和 NASA 数据,把丰富的新元素加入到游戏的"道具库"中。

新奇的道具吸引了好几个小伙伴,在小陈同学的带领下,8 名小伙伴组建了 Hands Clap 委员会(常任委员 3 人,普通委员 5 人)。科技知识丰富、脑洞大开的这 8 位小伙伴,共同发明了多达 179 种道具,还要为它们配上不同的手势。"要感谢体育老师,我们借助了体育课上好多动作的灵感!"小陈同学说,"我们每天都能想出一种新道具!"

游戏从 Hands Clap 委员会的 8 个人,很快传播到班级里其他的同学。没过多久,教学楼一楼二楼的走廊里,拍手声、欢笑声此起彼伏,几乎年级所有的男生都对此乐此不疲。

"很容易上手,规则简单明了!"

"随时随地都能玩,时间也可长可短,人数只要超过 2 人就能开战!"

"这个游戏十分公平,随机性很强,胜负不是那么重要,每次玩都有新的挑战,新的体验!"

　　原以为对这群出生在 00 后的"互联网原住民"来说，只有电子游戏才能让他们目不转睛，没想到一个看似古朴的拍手游戏，也能如此风靡。能够使孩子的注意力从手中的电子屏转向一个个小伙伴，能够让孩子在游戏时屏气凝神地全身心投入其中，并且能够体验到兴奋、愉悦、成功等积极的情绪体验，这大概就是 Hands Clap 能够吸引孩子的独特魅力吧。

　　在 Hands Clap 委员会里，游戏的规则是开放的、变化的。每个成员都能自发创造新的道具，但是还得遵循一定的原则。比如核弹、黑洞、反物质、电离层、Sr-90 等，这些词汇不能是完全虚构的，是现实中存在的、已被科学证实的东西。因此，孩子们将 Hands Clap 看作是一个科学性游戏。

　　小陈同学认为："玩这个游戏首先需要玩家有良好的记忆力，来判断道具使用后玩具的点数，其次还需要快速计算，再迅速进行决策，使出自己的道具。"由此，难道我们还能说小孩子的游戏没有意义吗？

　　科学、记忆、计算……区别于学科学习中对孩子的要求，游戏情境中的学习是有趣的、生动的、融合的。在这样"玩"游戏中，他们还从惯常的人机对话，转向人与人的对话，不但收获了亲密的友谊，还学会更好地通过合作交流，不断尝试、发明、改进。孩子们在其中接收到的虽然不是任务、作业，但同样有效地增长了知识，锻炼了计算和随机应变能力，唤起了他主动生成创造的潜力。

　　升入七年级后，这些同学似乎已不再沉醉于这个游戏。他们长大了，有了新的、更富有挑战性的学习和娱乐项目。但是，孩子们在六年级时改造升级 Hands Clap 游戏，留给他们的一定比游戏本身更有意义，因为创新创造的种子已然播下。孩子们看似不起眼的游戏让我们意识到，孩子们经历的每一件事，都是有意义的学习。我们的教育要在努力保持学科基础知识教学优势的同时，更应该抓住契机，让孩子们在课堂内外、学校内外，利用一切可能的学习活动机会，以高昂的兴趣，思考、改造、改变，涵养创造的意识，逐渐成长为创新人才。

　　愿小小游戏成为点燃孩子们将来创新创业激情的"导火索"。它让我们思考如何在校园里的有限时空中挖掘有意义的游戏，既能丰富孩子们的课余生活，更能激发孩子们的创新灵感，以小见大，助力孩子们身心发展。

（三）正确选择才会真实成长

　　选择，无处不在。选择，稍有不慎，影响一生。选择如此重要，是学校值得关注的问题。

近日,一则"安徽亳州一中8名学生放弃清华北大"的新闻值得关注。大意是这所学校有8名学生,两人有机会上清华,但进不了心仪的专业,另外6名同学有望入读北大医学部,结果是这8名学生均选择了放弃清华和北大,转而选择别的高校,以求进入自己向往的专业领域。在为这8个孩子和这所学校点赞之余,也引发我思考学校教育应该如何帮助孩子们选择,因为人生其实就是一个在不断做出选择的过程。

著名主持人杨澜曾说过:"决定你是什么,不是你拥有的能力,而是你的选择。"这话虽不全对,但确实揭示了人在成长过程中,在关键时刻做出正确的选择是最重要的事情之一。对任何人而言,很多时候选择都不是一件容易的事。从这个意义上说,培养学生的终身发展能力,帮助学生学会做出正确的、理性的选择,实现自己的生命价值,从事自己喜欢的事情,过上自己想要的生活,是必不可少的一课。

怎样才能让成长中的人做出正确的选择?关键在于我们要清楚选择主要基于价值观和理性判断。

首先,正确的选择必定基于正确的价值观。一个人选择做什么事或不做什么事,选择什么样的生活模式,从根本上说,是由价值观决定的。在现实世界里,每个人无一例外地在用自己的方式追求理想,追求向往的生活。但这种生活是过度沉溺于物质欲望之中的,还是因服务社会赢得尊重而富有意义的呢?选择的差异是由价值观的差异所决定的。如果学校教育帮助学生建立了正确的价值观,他们自然就会向善求真,他们向往的生活,才不会充斥着功利与自私,真正体现立德树人,就能回答好"培养什么人、怎样培养人、为谁培养人"这个核心命题。

于今而言,无论是学生、学校,还是家庭,都应该深刻思考:读书究竟是为了什么?教育究竟应该怎样成就人?我想,上述新闻里的学生和学校给出了自己的回答:遵循自己本真的向往,而不是盲目追逐名声、名气、名牌,这样的学生人格独立,富有理性,未来可期;尊重孩子慎重的选择,而不落俗套追随名声、名誉、名利,这样的学校和家长价值判断正确,思想观念先进,难能可贵。

其次,一个人遇事做出正确的选择,需要理性的判断而不是冲动、盲从。能够做出理性判断的基础是经历和思考。我曾不止一次听到高校教师抱怨自己的学生,因为不喜欢所学专业而学得非常纠结、痛苦甚至糟糕。问题是既然不喜欢,为什么选择这样的专业? 学生的回应大多是对这些专业根本不了解,或家长觉得这样的专业热门,容易找工作容易得高薪,而代替孩子做了选择。然而,因为经历匮乏或是自主性缺失,这些孩子在最宝贵的青春年华里迷失了方向,实在是非常可惜的事。

一个相反的例子是延安初中 2016 届有个中考成绩 590 分的学生,坚定不移地选择报考中本一贯通,他说自己从小就很喜欢做动手的事,过去在劳技课的各种加工制作过程中感受到学习的快乐,今天在专业技术的学习实践中找到了成就感。他遵从自己内心的向往,结合个性特长做出了人生规划,建立了明确的努力方向,要在完成七年中本一贯通的学习之余,再选择学习一个相关专业的本科,立志成为一个高水平的应用技术型人才。他的选择,毫无疑问源自对自己的了解、对职业发展远景的了解,因而学在其中,乐在其中,主动钻研在其中。

在教育实践中,我们清楚地感受到,国内外优质高中、高校招生时对学生参加各种实践活动的重视,国内基础教育教育评价改革的指针也在向社会实践倾斜,其根本原因就在于对今天见多识广的孩子而言,无论价值观的建立,还是学会做出理性的判断,都是以丰富的体验为基础,老生常谈的说教注定是低效甚至无用的。体验增进孩子们对人对事的了解,萌生感悟。

对成长中的青少年学生而言,选择什么样的课程,其实就是选择了什么样的成长路径;选择自律还是放纵,其实是选择了一种成长方式;选择面对挑战还是退缩,其实也就是选择了成长所能达到的高度。正是基于这样的考虑,在延安初中的校园里,有多姿多彩的活动,有丰富的课程学习,正像一个已毕业的学生所言:"延安的美好,不仅是有美丽的校园和有魅力的老师,更有让你获得丰富体验的课程学习。"

孩子们在主题阅读中阅读、思考、表达,理解怎样才能"做一个高尚的社会人";在志愿服务中学会帮助别人,成就自己;在"模拟剧场理事会"课程中学会通过同伴合作成就彼此;在科技创新实践活动中学会严谨认真,攻坚克难,理解科学精神;在"男生军营"课程中学习国防知识、军事知识,接受革命传统的洗礼……潜移默化之中,建立起正确的价值观,了解社会发展和科技进步,从而使孩子们无论在学习规划,还是在面对懈怠与努力,平庸还是卓越,随遇而安抑或迎难而上这样大大小小的选项中做出正确的抉择。

古语云：“不谋全局者，不足以谋一域；不谋万事者，不足以谋一时。”8 名考生遵从自己的兴趣和本真的向往抉择专业，而非基于他人的观感和旧有的定见选择名牌学校，这本身就是基于对自身未来清晰职业生涯规划所作出的一种理性的抉择。能作出“一域”“一时”抉择的逻辑基础，谋的是“全局”，是“万事”。在“名校崇拜”盛行的当下，在人人言必称北大、清华的氛围下，这种理性、冷静的选择非但可贵，更显智慧！

人生的幸福源自有选择的机会，生活的乐趣在于能做自己喜欢的事情。有效的学校教育应该教会孩子们在成长的道路上不断做出正确的选择，学会做人、学会办事、学会求知，成长为身心和谐而有益于社会的人。

（四）“十六字”课程目标的厘定

课程和教学是学校内涵发展的核心领域，也是人才培养质量的最终决定因素。在当前轰轰烈烈的课程教学改革中，校长要对新的课程教学理念有清醒的认识。当今时代，基础教育课程的功能归根结底在于使得学生“学会关心，发展智慧”，基础教育的课程需要从“科学中心主义课程”转型为“社会建构中心课程”——一种基于新的知识观和学习观，求得学生人格健全发展的社会建构主义的课程。就是说，第一，这种课程聚焦人类关爱的主题，为学生的人格发展奠基；第二，这种课程聚焦人类的文化和智慧的发展，为学生的终身学习奠基[①]。学校是课程教学改革最为活跃的领域，校长要善于创造性地转化最新的课程教学理念，对学校领域的课程教学改革行为进行创造性的思考和设计，以扎实的行动建构学校课程教学发展的新局面。

当前，我国中小学的发展模式已从外延式发展转变为内涵式发展，这是一种教育发展模式的根本性转变。那么，怎样理解基础教育的内涵式发展？相对于规模发展而言，学校的内涵式发展是一种优质发展；相对于粗放型发展而言，学校的内涵式发展是一种精致型发展；相对于同质发展而言，学校的内涵式发展是一种特色发展；相对于模仿型发展而言，学校的内涵式发展是一种创新型发展。从发展的动力来看，学校的内涵式发展主要不是依靠外力推动，而是依

---

① 钟启泉.中国课程改革:挑战与反思[J].比较教育研究,2005(12).

靠内部自生的一种变革力量推动。这一系列转型的背后,实际上是学校发展理念、办学理念的转型。与这种转型相匹配的,应该是学校的课程建设和人才培养变革。

2013年5月,我走进延安西路601号,成为延安初中的一员。那时,我看到学校的校训只有极简单的两个词四个字:"自信,自强",还真是有些不以为然,因为三十余年的职业生涯中,见识过不少很有文艺范儿的校训。

然而,这些年来,目睹一届又一届孩子们从进校门时的青涩,到"会做人、会求知、会办事、会健身"的成长成熟,让我感悟到延安初中校训简单朴素背后的分量,也促发我的思考:怎样的教育,才能让"自信,自强"成为孩子们内生的精神骨骼?

这让我想起2016年12月,延安初中第一次组织学生参与新民教育组织的"走进人大"活动。当孩子们面对厚厚一叠《上海市非物质文化遗产保护条例草案》,完全是一头雾水,因为在此之前,对于初中的孩子而言,人大的一切,大概只体现在课本的文字里。

面对从未经历过的学习挑战,孩子们在参加了第一次培训后,自主搜集了大量相关文章,梳理、思考、撰写,形成了提案的第一份条例修改稿。当孩子们信心十足地把文稿交给指导老师审阅时,老师否定了提案建议。接下来,为了让孩子们有真实的收获,学校把这个项目做成一个短课程,有人大相关背景介绍,有如何看提案、找问题和提案撰写培训,有发言技巧、礼仪培训。师生一起一次又一次讨论、修改,让孩子们渐渐明白,一份真正的提案意见是要从实实在在的生活中去发现问题,然后通过调查研究、各种比对,再加以整理,才能形成有价值的意见。于是,孩子们找到学校昆曲社的同学交流,把了解来的真实事例一一写进了自己的提案,提出自己的看法。直至正式活动的前一晚,一份经过了N次修改的草案修改意见才最终定稿。

活动当日,延安初中参加这次活动的同学,身穿紫红色西装校服,系上鲜艳的红领巾,带着反反复复修改过的提案,信心十足地走进人大,与同龄人中的佼佼者共同模拟人大会议,在兴奋、紧张中体验了人大议事决策的过程。

"走进人大"短课程,让孩子们从好奇、懵懂,逐渐对人大的议事决策程序有所了解,尝试着从身边发现问题、提出问题、解决问题。在这样的学习中,孩子们丰富了阅历,经受压力和挑战,不断修正错误,最终收获领导力、合作、思辨、表达能力发展提高的成功,让他们拥有自信的心态、自强的精神,更重要的是,他们蓄积了胜任高中、大学学习,乃至应对今后工作挑战的潜能。

在课程教学改革的推进过程中,我们不难发现,教育回归关注人的本身,越来越多地关注每个人的发展,这是伴生着社会进步的教育进步。同时,我们也应注意到,尽管孩子们获得了比以往更多的关爱和呵护,他们比以往更聪明能干,但是,承受压力,应对困难和挑战的能力,却有被明显弱化的态势,甚至有的孩子,身心如速生的豆芽菜般脆弱。作为教育人,应该意识到,过度的呵护,多糖、少盐、缺钙的教育,只会培养出温室里的花朵。而酸甜苦辣、五味调和的教育,才更有益于培养人强大的内心,帮助孩子们获得真实的成长,拥有应对未来各种挑战的身心准备和智力基础。为此,我们的教育,要有意识地让孩子们在三个方面获得历练。

一是丰富阅历。在人生的旅途中,一个人所经历的每一件事都是学习,学生时代尤其如此。无论我们是否愿意,孩子们总是会离开学校,走向社会。师生的缘分,注定了我们要看着他们的背影,渐行渐远。教育的责任,就在于当孩子们走进社会,没有了家长和老师的呵护时,他们能以积极的心态,从容面对陌生的环境,面对可能是前所未遇的要求,更好地发挥出自己的长处,从适应到成长,直至脱颖而出。俗话说,经一事,长一智,见多才能识广。一个人既往所有的经历,都将内化为他不断前行的潜在能力。因此,造就一个有志向的人,就要帮助他读更多的书,行更远的路,做更多的事,领略不一般的风景,丰富阅历,开阔眼界,增加内涵,深邃思想,让他更快地心智成熟,从而具备应对未来生活的本领。

从这个意义上讲,人的自信、自强,来自见多识广带来的内心强大。

二是经历挑战。让孩子走出心理和思维的舒适区,经历富有挑战性而又跳起来能够摘得到果子的学习实践,他们所获得的成功,就会超越知识和能力的增长,还有心智成熟和情感、态度、价值观等方面的收获。尽管我们祝福孩子们前行的路上阳光灿烂、鲜花盛放,但没有谁能保证他们面对的是一马平川。如果孩子们在学生时代更多地经历挑战、战胜挑战,当他们走出校园,走向社会,走进风雨,离开了父母师长难以穷尽的呵护关爱,能以乐观的心态面对困难和挑战,即使负重如山,也会一路前行,无论顺利还是曲折,都能坦然面对,挺直了腰板,站稳脚跟,自信而优雅地拓宽人生的定义域。

从这个意义上讲,人的自信、自强,来自战胜挑战、收获成功的经验。

三是鼓励冒险。这里所说的冒险,指的是敢于尝试,有勇气承担犯错的风险。PISA 之父 Andreas Schleicher 在题为《利用数据创建更好的学校》的 TED 演讲中说:"你想让一个学生变得有创新能力的话,你必须要让他经常去冒一些风险。只要冒风险就会犯错误,犯错误承受失败以后是否能够从原地继续前行,这一点非常的重要。"人生经历风雨曲折、成败考验,这就是蓄能的过程,更是成长的过程。一个人不怯懦不逃避,不断经历学习、实践、反思,勇于尝试,不惧挑战失败"出丑",那么,即使屡战屡败,他也会屡败屡战、愈挫愈勇,他就会愈加自信,他的人生轨迹,一定会昂扬向上,进而求得人生业绩之和的最大值。

从这个意义上讲,人的自信、自强,来自不断尝试、不怕出错的勇气。

在延安初中的实践经历,带给我一种深刻的感悟,真正的教育,往往朴素无华,一如延安初中的校训,一如培根曾说过的:"真理这件东西可以说是无隐无饰的白昼之光,它显露的并不是世间那些假面、嬉笑和胜利者的荣耀,而是像烛光那样平静和优美。"我相信,有益于延安初中学生成长的真教育,就应该是简约地概括为让每一个孩子"经历挑战、学有所长、和谐发展、收获成功",这就是我校秉持的课程建设目标,也是我们在人才培养中的个性化思考。

(五) 也谈中考指挥棒

社会所关切民生中,莫不过于教育了,其中任何一项政策、举措的颁布实施都会激起千层浪,更何况中考新政的落地。问题是,学校做好了准备没有? 认识到位了没有? 措施落实了没有? 对于教育热象和中考新政的实施,"延安人"自有理性的看法和应对的实策。

2020 年两会期间,无数人关注、热议教育。学生"减负"、学前教育、教师队伍建设等议题持续走热,呈现出历年两会不多见的现象,显现了全民对教育的高度关注。其实,热议中的冷思考是:对于一项专业性很强的话题,全社会广泛关注没错,但众说纷纭,甚至发表不负责的评述,不但会破坏教育生态,还会严重干扰政府制定公共政策的决策。教育界存在的问题,教育工作者有目共睹,心里明白。因此,最应该为教育发声的,还是教育中人。

1. 考试评价——教育改革攻坚必须跨过的坎

考试评价发生深刻变革,必定会触发教育教学的真实变革,进而撬动课堂教与学持续、生动的改变。今天,无论是学校还是家庭,无论是老师还是家长,都应该意识到,这种变革已然发生,都不该漠然置之。中考新政的发布,显性的标志是全学全考,计分分值从 630 分变为 750 分,潜在的指向却是促进课程教学改革的不断深化,它具有三个导向功能:能力导向、实践导向、综合导向。三个导向具体表现在:

能力导向:体现在更加关注提高学生问题解决能力;体现在靠刷题操练应对不了的开卷考、综合评价等。

实践导向:体现在英语不但考听,还要考说,促进英语教学比以往更重视听、说,而不能只是靠纸笔答题学哑巴英语;体现在理化生实验;体现在要走出校门,走进社会的实践。

综合导向:体现在跨学科案例分析的考试评价方式,凸显跨学科学习的分量;体现在对初中学生的综合评价。

或许可以这么说,在教育过程中,练出来的是技能,学出来的是知识,悟出来的才是素养和能力。在新中考方案发布实施的背景下,单纯的补课、刷题、重复性操练,即便能掌握知识和技能,却解决不了学生能力的发展需求。不难预见,跨学科学习,发展提高学生综合运用多科知识解决问题的能力,将成为初中教育的热点、难点、关键点。学校教学的应对策略,是更好地落实基础型课程校本化实施,改进教与学的方式。同时,加大拓展型、探究型课程开发开设,完善学校课程体系,丰富学生的学习经历。

2. 课程学习——让个体生命充满灵性的思考与实践

对于孩子们而言,初中学段是从儿童成长为青少年的关键时期,开启他们人生中最美好的时段。在这个黄金般的时期,有意义的学习才值得孩子们付出宝贵年华,为参与更高水准的学习蓄能,为未来的人生发展奠基。时间对师生而言都是宝贵的稀缺资源,学校要更加关注、研究学生学什么、怎么学。从人的成长规律及其过程来看,孩子们在生活中经历的每一件事都是学习,学校应该精耕各类各层次课程,创设"经历挑战,学有所长,和谐发展,收获成功"的学习情境,让孩子们逐渐变得身心强大而自信、自强。

从这个角度看,面对新中考评价机制,不断完善课程教学,形成以丰富性、系统性、挑战性、选择性、综合性为标志的学校课程体系,是当下学校重要的使

命与任务,并应建立、完善以下五重维度的内容:

第一重维度:以"丰富性"奠基宽基础

曾经有欧洲文化心理学专家到访延安初中,在了解到延安初中每学期有七八十门拓展课、探究课之后发问:开设戏剧和科技、艺术、体育等这么多的拓展课,对提高孩子们可以测量的学习成绩有用吗?

学校教学实践对这个问题做出了很好的回应:开发开设丰富的拓展课,对孩子的成长有着非常重要的价值。显现在:当孩子们经历了丰富的、可选择性的学习后,他们会更加喜爱校园生活,对学习产生更多的兴趣与热情。见多识广,眼界的开阔,带来阅历的丰富和解决问题能力的提高。他们在自己喜爱的拓展学习中,会养成更加专注、认真的习惯,形成探索的意识,掌握实践、研究的方法,这样的习惯、意识、方法,毫无疑问会迁移到更多的学习领域中,对基础课的学习必定会起到促进作用。

第二重维度:以"系统性"扬特色之长

如果学校在课程建设中,只是追求丰富性,难免乱花渐欲迷人眼,迷失方向。学校课程教学必须服务于促进办学理念的落实、育人目标的达成和办学特色的发展。重要的是紧扣学校的办学理念、育人目标、办学特色,对学校的课程进行整体设计、重构。只有做好顶层设计,对课程资源、课程实践积累不断进行梳理、整合,形成课程建设的灵魂、主线,才能把学校现有的、不断积累的课程实践,从散乱的珍珠,串成熠熠生辉的项链,才能使课程建设持续有效推进,不断完善,使之有系统成体系而不至于杂乱无章。

在办学实践中,延安初中以"激发每一个学生的潜能"为办学理念,紧扣发展"数学特色、科技见长、人文相济、和谐发展"办学特色的效用与价值,开展课程建设。在数学教学中,数学特色体现在注重数学思维、数学文化、数学应用。在课堂中,引导学生关注数学知识背后的思想方法,学会从不同角度看待、解决数学问题,发展数学思维。在新生课程、数学周等学习活动中,开展数学阅读,帮助学生了解数学文化,从而更好地理解数学;开展数学游戏比赛,提高学数学的兴趣。借助作业开放性研究,开发多种形态的数学作业。在拓展课开发建设中,开设"数学文化""财经中的数学""密码的故事"等拓展课,帮助学生开阔视野,理解数学源于生活,学会用数学知识解决实际问题。

第三重维度:以"挑战性"激发创造力

如果孩子们的学习始终处于思维舒适区，那么，他们的思维发展很可能就会停滞或发展迟缓。根据最近发展区原理，让孩子经历富有挑战性的学习，他们所获得的成功，就不仅是知识和能力的增长，还有心智成熟和情感、态度、价值观等收获。

例如，每一所学校都有学生的社会实践课程。这些课程让学生走出校门，走进社会，了解社会。但是，当他们走出校门，是走马观花，还是带有确定的挑战性任务，收获将是完全不同的。近年来，延安初中的社会观察课程，孩子们在老师的指导下，选定主题、设计方案、深入调查、撰写报告、交流分享、接受质疑、修订完善，就邻里关系、流浪猫狗、网约新政下的网约车发展、中运量公交利弊分析等课题，在社会实践的基础上开展富有挑战性的学习，形成自己的观点和成果，获得挑战之后的成功，有效地发展了认知能力。在这样的挑战性课程学习中，学生经历社会调查的过程，掌握调查研究的方法，能力的提高也就不难水到渠成了。

第四重维度：以"选择性"满足差异性

人的千差万别，决定了教育理当千姿百态。高品质的教育，一定会关注到每一个孩子，顺应人的成长规律，因材施教，发展多元智能。一刀切的要求、规定，未必能体现教育的公平，遑论品质。学校应该被打造成为一个大平台，有内容丰富的、不同的课程供学生选择学习，或者就同样的学习内容，有不同学习过程、学习方法的选择机会，让每个孩子都能获得真实、有效的个性化学习体验，获得个体发展兴趣、爱好、特长的机会，从而学有所长，形成宽基础、高兴趣、大视界、强能力。

延安初中尊重每一个孩子的兴趣、能力的差异，为学生开设了丰富的、可供自主选择的拓展课。在基础型课程教学中，更加注重校本化实施，因材施教。例如，在六年级的古诗文教学中，对于讲解学习四十首古诗这样相同的学习任务，教师把教学目标设定为：理解词句、了解诗意、想象画面和品味意境。教学内容则包括课内鉴赏、课外背诵、课后改写等。一个月后，要求学生以主题阅读的方式，从"四季诗歌""传统节日""山水诗""乡愁""边塞诗""哲理诗"等各类诗歌中自选角度，写成读书报告。

考虑到孩子们表达能力、表达习惯的差异，语文组教师还设计了"诗歌写画"作业，"读""写""画"相结合，让学生选择把学过的诗歌改写成白话散文，或者"看诗写画",用绘画表达对古诗文的理解,并遴选优秀作品刊入《小荷》校刊。该项作业不仅锻炼了学生的写作能力,更对学生传统文化素养的提升大有助益。

第五重维度:以"综合性"提升关键能力

社会发展的趋势,决定着教育改革的走向。学校课程教学逐渐打破学科界限,开展跨学科整合,有助于发展学生分析、综合、评价和创造的高阶思维能力,以及综合运用不同学科知识解决实际问题的能力,以使他们有能力应对未来的生活。这是学校课程教学改革的重要任务,也是非常具有挑战性的任务,需要整合教学资源,提升教师专业素养,改进教与学的方式。

在长期的教学实践中,延安初中以"轻负担、高效益、多类别、有层次、综合化"为教学追求,探索研究教师跨学科整合教学和学生综合学习的有效途径。先后尝试过英语与科学,英语与音乐,历史、美术与劳技,思品与戏剧,语文与戏剧,思品与写作、演讲,科学与数学、地理、劳技、信息等学科的跨学科综合学习,学生的综合素养得到有效发展,获得了强劲的发展后劲。

为促进不同学科的教师们在教学过程中更好地进行跨学科融合,延安初中开设 STEM 拓展课,内容覆盖了生命科学、物质科学、技术与设计、地球与环境科学、社会及行为科学等学科。通过科学、技术、工程和数学相结合的综合性学习,让学生了解科学、技术、工程、数学交叉学科知识在实际生产生活中的应用,提升跨学科思维能力和跨学科解决问题能力。

3. 静能生定,定能生慧——教育智慧的应有之义

中考新方案的发布引发课程教学改革,全社会对教育的关注、讨论,深刻影响着教育。当其时,教育人应该积极应对,理性思考、理性面对而不偏激。

一是不要误解了"减负"。教育的过程是人学习成长的过程。学习就会有听、说、读、写、动手实践等任务,当然就会有一定的学习负荷。对每一个孩子而言,学习是必须的,但学什么、怎么学很值得研究。就全社会广泛关注的减负而言,教考一致,按照课标教学、考试,这是底线。更重要的是提高课堂教学效益,让学生在灵动的课堂,用喜欢的方式,学习适合他们心智发展水平的内容,战胜挑战,增长才干,孩子们就会收获成功,而不是亟待减去负担。从这个意义上讲,与其说减负增效,不如说是增效减负,增效才能真减负! 如同认为快乐等同

于不学、少学的轻松,是典型的误读快乐教育,一味地靠减量、降低难度,同样是对减负的误解。

二是不要误读了"静待花开"。很多人把教育比作农业,这很好很对。教育,理当有春播夏种秋收的美好。但是,我们应该反对以散养的名义放任不管!在现实中,哪有农人在田地里撒上一把种子,啥也不做,就能静待好苗好花好果好收成的? 以静待花开的心态,不揠苗助长,但必定要精心浇灌、除草、施肥……孩子的成长亦当如此,需要耐心的教育引导,科学、持续、有效的呵护、引导,涵养灵性,让孩子有好习惯、高兴趣、宽基础,才会有开花结果的那一天。

三是不赶时髦。教育是育人的大事,不能想当然,不可恣意妄为。无论教育形式怎么发展、变化,人才的培养,根基依然是知识。即便到了大数据、人工智能快步走来的今天,教育依然当如雅斯贝尔斯所言:"教育是人们灵魂的教育,而非理智知识和认识的堆积。教育的本质意味着:一棵树摇动另一棵树,一朵云摇动另一朵云,一个灵魂唤醒另一个灵魂。"教育的创新,应体现在通过改进教育形式、教学方法,更好地塑造学生的意志品格,更深刻地揭示隐藏在知识背后的思维方法,培养创新意识,发展批判性思维,提高问题解决、沟通协作、数据分析能力,而不是轻率的批判否定和标新立异。

高尔基曾说过:"爱孩子,这是母鸡也会的事,可是,要善于教育他们,这就是国家的一桩大事了,这需要有才能和渊博的生活教育。"考试评价变革已然到来,教育人应该以勇气、智慧和专业精神,精耕学校课程,让每个孩子的潜能得到更加充分的激发。

中考这根指挥棒,随着中考新政的实施,正在有形或无形地对学校教育理念更新、教学形式改变、课堂组织完善、培养方式转变等发生深刻影响。与其说要随着指挥棒"起舞",倒不如说应按照教育自有的规律、培养学生的本质要求以及新时代对人才规格的要素,踏踏实实地、老老实实地、兢兢业业地做好分内事,难道中考新政出台的主旨不正是这样的吗?

(六) 课程统整"统"什么

课程,是学校教育的核心,是培养合格人才的重要载体,是学校发展的核心竞争力。课程的时代性、适应性、针对性、灵活性,是反映学校教育理念和办学成效的关键要素。延安以"统整"为抓手,以学生全面发展为培养目标,倾情打造具有延安特色的"延安课程"。

2017 年,我在对接长宁教育综改主题时,明确提出让每个孩子"经历挑战,学有所长,和谐发展,收获成功"十六字课程理念,并以此作为推动学校课程建设和课堂变革的契机,着力构建多维度、综合化的学校课程体系,推进国家课程校本化、拓展课程系列化、特色课程精品化。

延安初中在开发课程时,发现仅有某一学科的知识是不够的,必须对多个学科知识有所迁移、融合,要加强学科之间的相互渗透。这样的课程能够扩大学生的视野。2017 年,"统整"一词,成了学校课程开发的关键词。

——以综合为导向的学科与学科的统整

由四门学科教师联合担纲的一门校本课程"中华传统文化"颇受学生欢迎。这是一门培养学生人文素养的跨学科综合课程。这门课以历史为主体,整合书法、美术、劳技等多门学科资源,发挥四个学科教师的专业特长,从背景知识讲解、美学鉴赏、动手制作三个方面,让学生对玉文化、书法艺术、陶瓷文化、民间手工艺术等中华传统文化有全景式体验,涵养人文情怀,可以说是一门可以"动手"的历史课。

——以实践为基础的课堂与生活的统整

延安初中的数学课富有生活气息。数学带给学生的不是沉重的解题负担,而是发展学生的数学思维,带领他们领略数学文化的美妙。孩子们遨游数学阅读的海洋,读数学书,听数学家的故事,了解数学史;在一年一度的数学周上,孩子们参与 24 点比赛、魔方比赛、孔明锁等数学游戏;学着用数学知识解决生活中的数学问题,调查各种品牌各种排量汽车的油耗、售价,研究汽车在各种路况下的平均速度,超市的各种促销手段;数学寒假作业是分析家庭生活单据上的数据关系并绘制图表,自定主题制作小报;延安的学生很喜欢一门叫作"财经中的数学"的拓展型课程,这门课不是教理财,而是尝试解决财经中的数学问题。

——以阅读为引领的课内与课外的统整

在延安初中,学生在语文课上可以光明正大地看课外书。语文教研组合作开发了一门"语文阅读领航"校本课程。课程面向六至八年级学段全体学生,在课内实现对学生课外阅读的指导。教师通过设计每月阅读主题,推荐必读和选读书目,设计适配的个性化阅读卡片,为延安的孩子提供一份"阅读地图"。学生边阅读边记录边思考,记下自己阅读心路的点点滴滴。

为引导学生深层次阅读，语文老师鼓励学生课下自由组成读书小组，围绕所读书目进行专题探究。课后，学生在教师的指导下，分小组研读，从中发现值得研究的文学和文化现象，确立小组研究的小课题，小组成员围绕研究主题收集、筛选、分析、归纳和整理相关资料，形成一定的成果，最后在课堂上通过电子幻灯片、读书报告等形式在课上互相交流学习所得。

——以体验为主线的书本与实验的统整

上物理、化学、生命科学课，延安初中不走纯粹应试的路线，要求学生不仅能够解题，还要能够通过实验来证明解答。在课程实施上，加大了实验的数量，提高了实验的质量。通过多项课题研究，每门理科科目都开发了大量实验，既有教材里规定的验证性实验，也有老师自主研发的创新性实验。科学教师改进教材实验、校本实验，共设计了 368 个实验活动。物理学科，经过优化改进后在 145 个实验中，除去一些教师演示性实验，其他近 131 个实验都由学生参与或完全由学生进行操作，学生参与课堂实验率达到了 90%，充分体现了学生的主体作用。

——以探究为中心的必修与选修的统整

延安的拓展课可用百花齐放来形容。学校面向全体学生开设了丰富的课程。既有新生入学课程、社会观察、"明德·修身·养习"德育课程这类限定选修课，更多的是由学生根据自己的兴趣、爱好和特点进行自主选择的课程。"模拟剧场理事会""服装设计""男生军营""STEM""阳台花园""野外生存""动漫设计""健美操""Fab Lab 创客工坊""校园电声乐队"……共计 80 余门拓展课。这些课程充分舒展学生的个性特长，每个学生在他们自主选择的课程中切实获得了多方面的发展，体验到了学习的成功。丰富的课程，给了每个孩子自主选择的空间，也给了每个孩子发掘自身潜力的可能性。他们的体验是丰富的，他们的眼界是开阔的，他们的大脑，他们的心灵，都在这些丰富的课程中，在这高效的课堂上获得滋养。

课程统整因时而起、因需而动、因学而变，目的是把最好、最适宜的课程内容呈现给学生，所以，延中的课程统整永远在路上。

（七）诺贝尔奖引发的教学改革思考

基础教育关系国家未来的强盛，关系未来发展的质量，作为基础教育中人，如何种好"自留地",让它长出苗壮"庄稼"来,任重道远。

2019 年的诺贝尔奖业已颁发完毕。我们又一次错失诺贝尔奖,而我们的近邻日本却再度获奖。这是自 21 世纪以来,日本第 19 位科学家获得诺贝尔自然科学奖,平均每年一位。分析个中原因,尽管见仁见智,但大多归于对科研和教育的重视。

今天的中国,正在走向复兴。到 21 世纪中叶建国一百年时,要基本实现现代化,建成富强民主文明的社会主义国家。众所周知,国家的强盛是建立在教育发展的基础之上。因此,在接下来的三十年时间里,教育改革的走向至关重要,能不能培养出落实科教兴国战略的人才,决定了到那时我们的科技是不是强大,诺奖得主是不是能不断涌现。因此,社会发展需要更好的教育。

首先,创设真正公平而优质的教育环境,助优秀人才如雨后春笋般涌现。公平而优质的教育,体现在有教无类,平等地对待每一个学生,让他们都能享有接受良好教育的机会;体现在正视个体差异,适性扬才、因材施教。无论是整体的教育还是个体的教育对象,差异必定存在,因此公平不等于绝对的平等。追求阳光下的百花齐放,以千姿百态的教育体现对人千差万别的尊重,这是教育公平而优质的应有之义。努力为每一个孩子提供适合其"自身个体"的成长机会,使其身心得到充分的发展,才能让他们真正得到公正的对待和高品质的教育,成长为未来的杰出人才。

其次,教育是在与社会环境的互动中前行,教育发展从来就不只是教育自身的事。社会经济发展的不同阶段对人才的需求存在差异。以日本为例,从明治维新到二战结束这一时期的教育改革,重在学习西方先进的科学和技术,通过普及教育提高全民素质,即便在 1945 年战败之后面临严重的粮食危机,仍坚持在废墟上办学,并在财政极端困难的条件下,将义务教育延长至九年。到 20 世纪五六十年代经济高速发展时期,改革中等和高等教育,致力于培养各级专业技术人才,发布了"理科教育振兴法",并将理科教育政策和规划纳入"国民经济发展计划",理工科在读和毕业学生的比率明显提升。到 20 世纪七八十年代,经济发展进入低速增长时期,确立了"科技立国"的发展战略,进行中等教育和高等教育改革,以培养高水平的科技人才为教育目标,以培养独创性、创新性的科技人才为方向。由此可见,教育要顺应社会经济发展对人才培养的需求。

不久前 OECD 发布的《学习罗盘 2030》提出:"能力是知识、技能、态度和价值观的集合",揭示人有了正确的情感、态度、价值观,才可能在经年累月默默耕耘之后取得学术研究与科学发明的成功。当下,自媒体时代过多宣传时尚明星的八卦资讯,碎片化青少年的时间精力,错误定义人生的成功,对教育培养人才极为不利。去年曾有一位小学生在以"我有一个梦想"为题的演讲中,直言比起踢足球、做医生、当老师,他的"梦想就是为自己发财"。一些家长为稻粱谋,对孩子学什么更重视是否有利于升学、毕业后能否找个好工作,缺少求道的精神、无用而大用的精神。此外,一味鼓励求新求快,漠视匠作精神和艰苦奋斗精神,为害不浅,造成学界的浮躁、浮夸,甚至弄虚作假。视学术如名利的价值追求,令人担心社会尚未真正富足,人已变得骄奢。

第三,基础教育要重视基础性学科的学习,科技界应重视基础性研究。改革开放以来,中国逐渐成为制造业大国,"中国制造"的商品遍布世界,如鞋子、自行车、玩具、服装等。作为"世界工厂"的中国,制造业有自身的优势,但在芯片、航空发动机、汽车发动机等领域缺乏竞争力。

一个国家的真正科技实力和发展后劲,靠的是基础性科学研究的人才和他们取得的成果。在劳动力低成本不再之后,"中国制造"向"中国智造"转型已成必然,国家更需要如钱学森、钱伟长等具有深厚数学、物理功底的专才的基础性研究成果。华为总裁任正非说过:"这个芯片光砸钱不行,得砸数学家、物理学家、化学家,中国要踏踏实实在数学,物理、化学、神经学、脑科学,各个方面努力地去改变,我们可能在这个世界上站得起来。"

20世纪七八十年代,"学好数理化,走遍天下都不怕"这句话从流行到受质疑,体现了社会发展中人才观的变化。如果排除功利的局限性,从培养促进经济发展的人才需求来看,今天强调学好数理化不但并无过错,反而非常应景。面向未来学习数理化人文知识,不是靠刷题,而是孩子们通过解决确定性的问题,掌握应对不确定性问题的本领!

最后,我们要意识到,教育发展与人才培养的成效显现有非常强的滞后性。这无论是从西南联大培养的人才,还是从20世纪60年代左右接受义务教育和高等教育的日本诺贝尔奖获得者身上都可以清晰地看到。因此,今天教育培养什么样的人,到建国一百年时才会有什么样的科技人才和成果,责任不可谓不重!

我们要正视这些问题,潜心专注当下,力戒浮躁之风,踏踏实实做教育,安安心心育人才,牢记使命,为强基础、出成果贡献延安初中的力量。

(八) 如何看 PISA 测试这份"体检报告"

对 PISA 测试报告的结果,不同的人会从不同的角度去解读、理解,是沾沾自喜,还是在高兴之中保持一份清醒的头脑? 从测试报告中看出趋势、看到长短、看见希望,乃是参加测试的意义所在。

2019 年 12 月 3 日,世界经合组织发布了 2018 年 PISA 测试报告。中国在以浙江替换了广东之后,由江浙京沪四省市组成的联合体从上一轮的第十名,回归了第一名,而且阅读、数学、科学三个项目的测试成绩均呈现一马当先的优势。

怎么看 PISA 和这次的测试结果? 我认为还是应该理性看成绩,客观看问题。

理性看成绩,意味着更多地了解 PISA 本身。其实,PISA 测试只是众多教育评估中的一种而已,因其对世界各国教育和学生成绩三年一轮的大规模评估,成为最具影响力的国际学生学习评价项目之一。现实中也不存在完美无瑕的教育评估,把 PISA 测试奉为圭臬,与一味贬低,均非理性。

可见的资料显示,PISA 测试更倾向于测评学生的能力和素养,而不是把所学知识复现出来。比如在数学测试中,考查学生是否具有良好的数学素养,能否灵活运用数学知识解决各种现实问题,是否具备逻辑推理和提出论点的能力等而非局限于考察数学知识和解题能力。而且 PISA 每隔 3 年就会增加一个新的测试元素,考察各国学生是否具备未来所需要的核心能力。比如,2018 年增加了"全球胜任力",关注学生在数字环境下的阅读能力;2021 年,"创造性思维的能力"将被纳入评测内容。因此,跟传统考试不全一样的 PISA 值得关注和肯定。

理性看成绩,意味着要肯定成绩、发现不足。参加这一轮 PISA 测试的四省市人口数超过世界绝大多数国家,以众多的学生数取得三项第一的测评结果,实属不易。而且 PISA 报告特别提到,即使是参试学生中最弱势的 10%,阅读能力都超过了 OECD 国家/地区的平均学生水平。这无疑说明办公平而优质教育的宏观政策得到了落实。尽管提升百姓家门口学校的教育品质,平等对待每一个学生,适性扬才、因材施教,创设适合个体发展的教育之路还很漫长,但确已初见成效。

不过,局部不代表整体,总分不代表全部,参试区域的调整,对测试结果从上一轮跌落到第十,再到本次位居第一的影响不可否认。单纯以分数衡量教育质量,甚至单纯的知识教学也很粗放的教育并不少见,消弭区域之间、城乡之间、校际之间的教育差异任重道远。

其次,中国的基础教育在持续改进,并有富有成效。例如,中国学生阅读测试从上一次的排名第 27 跃升为第一并不是偶然的。至少在近 5 年来,中国学校和家长对阅读的重视达到了空前的高度。除纸质版书籍阅读,电子书也大行其道。在教学中,以强化学科阅读推动课内外的阅读,还有整本书阅读,而且数学、物理等学科的作业题、考试题的题干越来越长,各学科教师在教学中比以往更加重视阅读理解。这与 2018 年 PISA 的阅读测评要求学生能准确理解包含复杂信息的文本,从字里行间区分事实和观点的能力,辨别错误信息和不可靠的信息来源,以及提取、对比、整合信息文本的能力等高度契合。但代价是参试中国学生每周阅读 57 小时,比芬兰学生多 21 小时,比 OECD 平均用时多 13 小时。长时间过重的学习负担,容易让学生产生压抑、无趣,甚至麻木的不良感受,这需要根本性改变。

此外,2018 年 PISA 测试注重对数字化时代阅读能力的评估。测试结果显示中国学生平均表现位列第一。但是,分析发现,阅读成绩好的学生,从阅读习惯到阅读能力,并没有更多依赖电子阅读,而是更多的依赖传统阅读的方式。这证明了电子阅读利于快速浏览,未必有利于"审辩式阅读"能力的提高。

客观看问题,意味着正视问题,但不苛责。顾明远先生曾说过:教育背后是社会问题,但教育本身并非没有问题。本轮 PISA 测试,中国四省市 48.4％的学生被列为优等生,遥遥领先,但是他们想要从事科学和工程相关工作的比例不到 25％,想要从事健康相关工作的比例不到 20％。不过,我并不认可优等生不愿把科学当作他们未来的事业追求的结论。我认为是我们对学生社会实践、生涯发展教育做得不够,众多学生对科技、工程技术、现代医学等可能了解甚少。另一方面,这些年对网红、演艺明星、炒房致富的追捧,全社会急功近利的价值导向误导学生,导致青少年严重缺乏对科学精神和科学家的崇拜。因此,这个问题的解决,既需要学校重视生涯教育,更需要全社会重塑社会价值导向。

近年来,有过于推崇芬兰教育的倾向,这真的合适吗? 芬兰是一个工业高度发达的资本主义国家,人口总数约为上海的四分之一,18.1 人/平方公里,而且 2018 年全球幸福指数排名第一。但是,高福利社会、高成本教育,让芬兰孩子缺乏坚毅、竞争等意识。那么,提高学生学习效率和校园生活的满意度,应该向芬兰教育学什么? 我想,关键在于学校要成为教育理念先进、课程体验丰富、教学机制有效、教师敬业且专业、校园阳光快乐的理想模样。在减负的呼声高而成效甚微的当下,也许"改"比"减"更有意义,比如改变书本学习与实践的构成比例、改变作业、改变考试评价、改变升学的高选拔性……

在 2018 年的测试中,中国四省市学生中仅有 55.6% 具有成长心态。折射出教育面临一个更值得关注的问题,那就是日渐优越的生活和充斥着表扬、肯定之声的教育过程,让众多学生逃避挑战,害怕冒险,恐惧失败,心理脆弱。OECD 秘书长安赫尔·古里亚说:"我们应当帮助学生将挫折视为学习和成长的自然组成部分,并建设性地将其视为学习和成长的机会,让他们有更多的机会尝试新事物并从经验进行学习,从而为他们在面对未来的挑战时提供更好的准备。"有助于学生适应未来社会的教育,一定是宽严适度的教育,体现在让每一个孩子经历挑战,学有所长,和谐发展,收获成功。

PISA 之类的评价提供了衡量教育过程和结果的一种标准,它对学校教育具有一定的指导作用。作为教育人,审读 PISA 报告的价值在于以此为据,改进教育教学的各个环节,最终发挥评价在育人中的价值,促进每一位学生的长远发展。

(九) 他乡的童年,别样的教育

学校教育是一种特殊的教育,应该遵循教育的本质和规律。教育是培养人的活动,人的成长固然要靠教育,但教育只是一种外力,因此,教育要遵循人的内在发展规律。人们常常讲,教育要遵循儿童身心发展的规律,遵循教育规律。如果从生命发展的视角来说,教育的本质可以概括为:提高生命的质量和提升生命的价值。教育对个体来说,提高生命的质量,就是使个体通过教育,提高生存能力,从而能够生活得有尊严和幸福;提升生命价值,就是使个体通过教育,提高思想品德和才能,从而能够为社会、为他人作出有价值的贡献①。教育的本

---

① 石中英.回到教育的本体——顾明远先生对于教育本质和教育价值的论述[J].清华大学教育研究,2018(5).

质可以有统一的认知,但是学校教育的实践却是千变万化的,校长要基于对教育本质的个性化理解,探索和总结学校教育发展的特色性做法,实现学校教育的使命与价值。

教育质量及其效果应与教育配套设施成正比吧?通常情况下应该是的。但是,起决定作用的是组织实施教育和应用教育设施的人。换句话说,硬件再好,教育理念和方法手段没跟上,照样徒有其表。窥视邻国印度的基础教育,从一个侧面给我们以警醒与启迪。

最近纪录片《他乡的童年》很受关注。这部纪录片的第三集讲的是印度教育。作为中国的邻国,印度面临着人口众多、贫富差距较大的问题。大多数人对印度的印象基本都是脏乱、无序。但同样是印度,贡献着世界五百强企业中30%的 CEO,软件工程产业举世闻名。在美国,硅谷的别名已经叫"印度谷"了,因为在这里,印度裔占总人数的 6%,创办的公司却占到了硅谷所有公司的15.5%。由移民创立的公司,印度人更占 32.4%,超过了英国、中国和日本三个族裔加起来的人数。软件产业的突出无疑和印度的基础教育水平密切相关。

从《他乡的童年》的镜头中,我们得以从几个侧面一窥印度的基础教育。

在一所地处偏僻,手机都无法联网的乡村,有一支公益团队,创办了"云中学校",将计算机带入了乡村孩子的课堂。为了学习使用计算机,他们必须先学习英语,孩子们用计算机连接网络,每天与世界各地的志愿者老师直接用英语对话。因为计算机的数量有限,每个电脑前放置了 3—4 个椅子,老师们鼓励孩子们合作学习。一年后,他们就可以学会主动在互联网搜索信息,获取他们需要的知识。这种自我组织的学习环境,重点是鼓励孩子们自己学习。设计者和老师们持有这样的理念:在信息时代,计算机和互联网为孩子提供了学习的资源,让最贫穷村庄的孩子,能和贵族学校的孩子一样,透过互联网看世界。

在普及性方面,中国早已是更进一步。据统计,截至 2016 年,我国中小学中 87%的学校实现了网络接入,城市学校基本实现互联网全覆盖,85%的农村学校实现互联网接入。在 2018 年第五届世界互联网大会乌镇峰会上,VIPKID创始人米雯娟谈到她在乡村教育中的发现,目前国内很多乡村学校其实硬件设施并不差,但是缺乏好老师和好内容。在中国的学校中,孩子们进入机房多半是学习信息技术课,而并非是为了解决某些问题,或者主动获取知识。在我们的课堂上,多媒体已是不可或缺的设备,但更多的时候只是老师在使用着这些设备,学生却鲜有利用互联网来解决问题的机会。

在印度一所"天堂学校"的课堂里,老师抛出一个议题:上街购物还是网络购物,哪种方式对环境更友好? 孩子们七嘴八舌地表达自己的观点。接着,老师把电脑分发给孩子,他们将合作进行论据的收集和整理,以支持自己的观点。孩子们快速地进行了分工,熟练地打开了 GOOGLE……

这一集给我印象更深的是为了让穷人的孩子也有玩具,也能放飞想象力,有一位名叫库布塔的工程师,思索如何用废旧的材料,动手制作玩具。他把"废物变玩具"的图书和视频全部放在网上,全世界各地的孩子都可以免费下载。用两个废弃的胶卷筒、一段自行车轮胎、一根吸管,就可以制作成一个简易泵。在动手制作的过程中,孩子们还学到了气泵的工作原理。看似较为复杂的科学知识,就在废物变玩具的有趣过程中实现了。库布塔认为,孩子不要太多的钱,只需要投入时间,而且过了一段时间后,他们就能成为自主学习的人。

再看我国的情况。根据教育部 2018 年全国教育经费统计快报显示,义务教育总投入最多,占比 45.21%。应该说义务教育阶段的学校在基础建设、硬件设备上都有了一定的保障。但有些地方有些学校不惜花重金不断更新高端设备、购买各种高端教具,如某地教育局需采购 230 台初级人形机器人、900 台集控人形机器人及包括师资培训、课桌、座椅等在内的整套人工智能教室,三家公司竞标,最终,一家公司以 1.738 亿元中标成功。问题是,这些高科技产品确实能像说明书,像人们的期待那样让孩子学会科学思维吗? 起源于美国的 STEM 课程时下可谓风靡全球。与眼花缭乱的、昂贵的 STEM 教具形成强烈反差的,不正是库布塔的"废物变玩具"吗? 科学思维在高大上的 STEM 课程中能够培养,在物资贫瘠的乡村中也能就地取材地实现。

在延安初中,我们的 STEM 课程设计、选择,追求的是基于关键能力培养的教学,是面向所有孩子的普适性、普惠性教育。因此非常鼓励因陋就简、就地取材、动手制作、趣味盎然的课堂。在科学课上,学生们回收废旧材料,制作成笔筒、自制保温瓶。在服装设计课上,我们用废旧衣物设计样衣,再量体裁衣,为自己制作一件凸显品味的时尚衣装。在建筑设计课上,我们用积木学习建筑的基本结构,尝试着搭建一座自己设计的桥、一座独一无二的塔、校园里的建筑,或者用木片、硬纸板设计制作狗舍……这些课程的价值取向不是高端、新颖,重视的是让学生发挥想象,创意设计,动手制作,开发思维,发展实践能力,一如纪录片中所言:教育的目的是为了引起思考;解决问题的办法比问题本身更重要。

"授人以鱼不如授之以渔"。运用互联网,孩子学习的是一种思维方式,搜索信息、提取和整理信息、解决现实中的问题,这就是现代人及未来人生活和工作的主要方式。同样的,在 STEM 教育中,无论借助何种技术、手段、教具,最终要引导孩子学会科学的思维方式,能够像科学家一样思考,像工程师一样动手解决生活中的实际问题。或许,这就是普适性教育的目标吧。

(十) 一张温暖人心的照片带来的教育思考

2020 年 3 月 5 日那天,武汉一张"落日余晖下"的照片被媒体热议。上海中山医院支援湖北医疗队的刘凯医生,在护送一位罹患新冠肺炎的 87 岁老人去做检查的途中停下来,让住院近一个月的老先生欣赏了一次久违的日落。一老一少沐浴在夕阳余晖里,共同看向远方。照片里的身影温暖了无数人,也带给我们无限的感动和思考。

这是一张温暖人心的照片,也是疫情之下教育孩子们的最好教材。教育不正应该培养心向光明,富有同理心、服务精神和耐压抗挫意志力的人吗?

教育要培养富有同理心的人。那张照片里,躺在病床上的老人,内心最大的忧戚,恐怕就是疫病缠身而久治不愈,看不到生的光明和希望。年轻的医生对老人的处境感同身受,体会到他的状况,理解他的困苦,在夕阳里停下脚步,让老人感受冬日夕阳的温暖。在那个时刻,老人看到了久违的阳光,看到了病房外的天地,看到了战胜病魔活下去的希望,也让我们看到了疫情肆虐时,医者的善良,人性的光辉,看到了到真正的人文关怀。"有时,去治愈;常常,去帮助;总是,去安慰"这段名言穿越了时空,在刘凯医生身上熠熠闪光,展现出作为医者极大的善意。他看似平常的举动,之所以让我们感动,让无数人心怀敬意,就在于他的同理心,折射出内心所富有的善意,也触发了无数人内心深处的善念。

然而,不容回避的是,当下的教育,主观客观的因素,过于强化了竞争。而过强的竞争意识,非但易造成同理心的缺失,更极易造就出自私自大之人。一个社会,缺乏同理心的人多了,必然少不了自私、狭隘、冷酷,甚至迫害与荼毒。因此,教育的过程中,教育者可以充分利用班会、校会等契机,引导学生关注身边正在发生的这些平凡而伟大的事例,让学生学会站在对方的立场,理解对方的感受,并从对方的视角去思考、体验、解决问题。只有今天培养更多有同理心的人，未来才会有更多怀揣父母心的医生，才会有更多带着父母般的情感面对学生的教师，更多的人才会爱人如己，拥有一颗感恩之心、向善之心，让这个世界真正充满了爱。

回想国内疫情肆虐的一月，日本友人在捐赠物资箱上的诗词留言——"山川异域，风月同天""岂曰无衣，与子同裳""青山一道同云雨，明月何曾是两乡"，无一不是以同理心传递感人的善意。

教育要培养有服务精神的人。疫情袭来，数万如刘凯医生那样的医护人员从四面八方驰援湖北，支援武汉，他们中的很多人在家中还是备受父母呵护的95后年轻人。他们怀着"愿为险而战"的勇气和服务精神，奋战在高风险的抗疫一线。还有如汪勇这样的大批志愿者，在弥漫着恐慌的特殊时期，勇敢地站出来，承担志愿服务，冒险奔波在武汉的大街小巷，组车队接送医护人员，为医护代办修眼镜、手机，购买必需的生活用品，联系供应每天成百上千份的公益餐食，为医护人员提供有力的后勤保障。还有建设火神山、雷神山医院的大批志愿者，没日没夜地奋战在工地，建起了病房。是他们在最困难的时候，点亮了志愿服务的火炬，照亮了拯救生命的前行之路。

从古至今，人与人之间都是互相依赖生存的。一个文明的社会，人们不但要有主张自己权利的意识，更应该有服务他人、奉献社会的服务精神。教育承担着培养人的责任，要通过社会实践、校内外的志愿服务，日积月累培养学生的服务精神，让他们理解帮助他人才能帮助自己。

若要使我们的社会变得更美好，除了对个人自我意识、权利意识的尊重之外，还需要每个社会公民兼具公共意识，承担服务他人的社会责任，贡献自己的绵薄之力。正如前联合国秘书长安南所言："志愿精神的核心是服务、团结的理想和共同使这个世界变得更加美好的信念。"反之，如果一个人只追求人人为我，而没有我为人人的自觉，必定是自私自利之人，就很容易变成"精致的利己主义者"，追求"我满足了，才是公平，我满意了，才叫正义"。只有"大家为一人，一人为大家"兼而有之，这个社会才能长久维持每个人的自我权利和利益。

教育要培养能耐压抗挫的人。因为人类对新冠病毒的认知还很有限，救治病患的过程必定有难以计数的困难，难免有时受挫。面对"满屋子病毒"，刘凯医生没有一筹莫展，而是在落日的余晖里看到征服病魔的希望，并用温暖的行动把爱心传递给老先生。

怀揣一颗玻璃心的孩子,常常会遇难而退,很难走得远飞得高,是做不了大事的。一个耐压抗挫,心理强大的人,才能把希望带给自己、带给别人、带给世界。教育要呵护每一个学生成长,但不能把他们培养成温室里的花朵,而是要培养一个能勇闯天涯,你依然可以放心的孩子。教育要摆脱或多或少存在的"多糖、少盐、缺钙"的倾向,要致力于培养学生"吃得起苦,享得了福",能够经历挑战,收获成功,从而内心强大,自信、自强,永不言败!

来势汹汹的新冠肺炎疫情,对社会而言是一次危机,对教育而言是一次大考。智慧的教育,应该更重视培养学生做到:心中有他人,勇敢坚毅地面对学习生活;得意时不忘形,失意时不消沉,始终满怀乐观和希望,无论顺境逆境,始终向阳而生!

(十一) 心向光明,勇毅前行

在人类的发展历史当中,我们一直在与细菌、病毒做艰苦的斗争。就像世界卫生组织发出的警告一样,新冠肺炎病毒可能会与人类长期共存。面对这样的挑战,全人类只有团结在一起,才有可能最终战胜病毒。

"至圣先师"孔子有云:"仁者不忧,智者不惑,勇者不惧。"一个人在挑战、困难、危险面前,要怀有一颗仁善之心,要通过学习,通过坚持不懈的努力来增长自己的智慧,使自己保持清醒而不迷失方向,做坚定勇敢的前行者,无所畏惧!

最近,著名学者,美国加利福尼亚大学洛杉矶分校医学院生理学教授贾雷德·戴蒙德写了一本新书,名为《剧变:人类社会与国家危机的转折点》。书中讲到了人类社会或国家面对各种危机应该怎么办。他在书中写道:应对危机有12个步骤,从直面危机、愿意承担责任,到明确问题的边界,一直到核心价值观、个人约束条件、国家地缘的约束等。这本书的内容,对于国家和个人怎么应对这场疫情带来的危机,都有很好的启示,是一本很好的教材。

危机与巨变总是结伴而行。这其实是对人性的考验,对人类文明的考验。前英国首相丘吉尔说过:"永远不要浪费一场好危机。"他在二战时期,领导的英国面对着纳粹侵略的威胁的时候,面对国家存亡的巨大危机之时,他比出了胜利的手势,成为永恒的经典。在这种情况下,他是在危中寻机,带领英国与世界反抗法西斯阵营一道,取得了反法西斯战争的最终胜利。其实在这个过程当中,困难不仅仅是危机本身,首要的是有没有那种勇气,有没有那种本领,有没有那种定力,去应对危机与挑战。

在这次的疫情当中,很多人感慨,真倒霉,遇到这样的事情。还有人调侃,今年高三的学生出生的时候遇到了非典,高考升学的时候遇到了新冠。其实大可不必悲观。人生的经历是永恒的财富,是可以随身带走的财富。人生经历的每一件事都是学习,无论遇到成败得失,无论是荣耀还是屈辱,有经历才会成长。

疫情当前,我们见到了人间的苦难,见到了人性的光辉,也见到了人间的大爱。医生、护士穿着厚重的防护装具去面对病患,护目镜上的汗水、泪水、雾气遮蔽了视线,然而,即便这么困难,她们还要做出诊断、护理病患、扎针输液、拯救生命。

在这次疫情中,有很多事例让我们感动。有这样一位90多岁的老人,为了给儿子争得一张病床,在医院里苦苦守候了几天,在那种情境之下,这位老人是多么不容易啊。为了鼓励儿子活下去,她还给儿子写了一封亲笔信。我觉得人间大爱、父母对孩子之爱由此体现得淋漓尽致。这位老人,她不但给儿子写了信,不但为儿子争取到了病床,不但鼓舞儿子与病魔作斗争,她还付出了非常多的心血陪伴病床上的儿子。

有一位安徽援鄂医务工作者,在武汉抗击疫情的第一线,在拼命拯救病患的工作过程当中,也始终牵挂着自己正在读书的孩子,她在防护衣的背后写了这么一句话:合肥四十五中陈彦然,好好学习。好好学习,我觉得这不是家长写出的四个字,而是说出了她内心最真实的期盼。

在这次的疫情当中,感动我们的不仅是医生,不仅是家长,还有孩子。一个孩子在父亲的陪伴之下,在村委会的门口蹭 WiFi 坚持学习;一个小姑娘爬到雪山顶上参加网课学习,因为在山上才能找到信号。她们的学习是多么的不容易。这是怎样的一种坚持啊!《新京报》也报道了一个高三的孩子,因为家贫,没有网络,他在寒冷的天气,坐在屋顶的晒台上,借用邻居家的 WiFi,专心读书。在方舱医院里,一个年轻人一边接受观察治疗一边读书,为考研做准备。相信,这样的孩子将来无论面对什么样的困难,他们都能一笑而过,他们都能够坚持下来。我觉得在他们的身上我们感受到了一种精神。我觉得我们每一个人都需要向他们学习,学习他们渴求知识、向往光明的信念。

这些人为什么要这样努力地学习？他们为的是什么？其实我们每一个人从小到大都是在学习中成长。一个人在很小的时候，就是从学会怎样爬、怎样走、怎样吃饭，怎么增强自己的生活能力开始了人生的学习。今天的我们，回过来看看这些学习，真是小事一桩，很简单。但对当时的那个你来讲，其实也是富有挑战的。但是我们每一个人不都是这样成长过来的吗？在学习中我们坚持下去，都会获得真实的成长。学习使人快乐，学习让我们养成更好的习惯，学习让我们有了更高的能力与素养。

有人说了这么一句话：年轻时候不拼，老了拿什么聊曾经。你别以为这是一种调侃，生活其实还真是这么回事儿。

前不久，我和一位上海财经大学毕业的高才生在一起聊天，他无意中说到，现在想想还是当年读书的时候最开心。旁边立马有人插了一句话说，你当时其实也不见得开心，因为那时有考试。可是我们想一想，为什么他今天觉得还是当时学习的时候开心呢？因为在学习之中，人最能够获得成就感，感受到成长的快乐。

在此，我还想提及两张有意思的图片。一张图片里的一对夫妻，开车的过程当中不慎翻车了，但即便如此狼狈，他们也要在毁坏的车前拍一张照片留作纪念。这是一种什么样的心态？毫无疑问是乐观的心态。

还有一张引发我思索的照片，照片里一辆车身摔得七拱八翘、没了窗户玻璃的汽车，还在加油站加油。一张看似简单的图片，其实背后蕴含着深刻的哲理：即便是破破烂烂，即便是狼狈不堪，但是我们还得加油，我们都应该加油，我们都能加油。不管眼下有多惨，都不轻言放弃，这就是我们不断前行的底气和动力。我希望延安初中学子，今后不论走到哪里，都要记住校门口那块大石头上"自信，自强"那四个字；希望他们记住，在人生的经历当中，要始终抱定经历挑战、学有所长、和谐发展、收获成功的勇气。

后　记

让学校成为涵养灵性的育人场

我们必须会变成小孩子,才配做小孩子的先生。

——陶行知

教师的不同教育理念及其格局,表现在具体事件上,会演绎出反响不同的故事,导致效果不同的结果,对学生和家长会产生截然不同的作用,甚或对学生成长成熟的过程产生深刻的影响。

近日,笔者看到这样两则故事:

一是一位幼儿园老师在家长群发出通知,要求每位家长给宝贝拍一张"我家的车"的照片,称该照片将用于装饰班级主题墙。教师还特别提示"是家中的真车,不是玩具车"。这份家庭作业引起家长的不满,引发广泛热议。第二个故事源自一则公益广告片,老师和孩子们"合谋"帮助一个家境不好的孩子,在他离开教室的时候,给他空空如也的饭盒里装满各种食物。善良的老师和同学们,心照不宣地保护着他的自尊,他们偷偷给他的不仅是美味的食物,更是最高贵的善良,他们援助的不仅仅是小男孩饥饿的胃,更是无声地维护了他的尊严。

第一则故事里的老师,让一些人感慨:"家里要是没车都不好意思生孩子",即便老师的动机没错,却也是考虑不周,只有下意识的职业行为,缺乏教育智慧。第二则故事里的老师注重引导孩子分享,将他们导向善良,对孩子心灵的成长将产生难以忘怀的影响。表面上看,两件事的差别在于两位教师业务能力的高低。深层次的差异在于有没有对教育的真正理解,对教师职业大义的真正领悟,对教师责任意识的充分认识。尤其是第一位教师布置的家庭作业,已经与教育的本质"大相径庭",更显得"不近人情"。

这让我想起不久前发生在延安初中校园里的另一个故事。

每年春天是我校的篮球季,八年级的孩子们都摩拳擦掌,跃跃欲试,试图在赛场上大显身手。不巧的是,2020年春季,有个班级先后有两个学生发水痘,班级全体同学两次被隔离,而这个班级的篮球队是上届比赛的冠军队,是公认的强队,很有希望卫冕。失去了驰骋赛场、实现愿望的机会,孩子们非常失望却也无可奈何,每天只能趴在窗口眼巴巴地看着球场上热火朝天的比赛,有个孩子还手捧球衣大哭了一场。孩子们的感受,让老师们看在眼里,记在心上……

也是在每年这个时节,延安初中都会举办以"美妙的数学"为主题的数学周活动,至今已经连续举办了九届。活动中,老师会组织孩子们参加各种与数学相关的活动,有会徽设计、数学阅读、算24点、逻辑趣题、说题比赛、魔方大赛、数独比赛等。在这一周里,中午时分和下午的校园里,常常可见到孩子们激情洋溢地参加各种比赛活动。可这个班级的学生还处在隔离期,孩子们觉得自己练了很久很久的魔方,可能也失去了参加年级决赛的机会。

老师体会到孩子们的感受,没有轻易地取消孩子们的参赛机会。他们第一次采用录制竞技视频的方式,让被隔离班级的孩子们参加比赛。在赛场上,这个班级的魔方队用播出的视频,与其他班级同台竞技……

没想到的事发生了,被隔离班级的魔方队团体成绩居然位列全年级第一。这下子,其他班级的一些同学就有想法了:"他们不是在现场面对众多观众比赛,心理压力小,所以成绩好,这不公平。"老师也不出意外地分成了两派。

对成人而言,这样的比赛可能只是小事一桩,无足轻重。但对孩子而言,每一件事情的解决都是一种有高附加值的学习经历。那么作为校长,面对孩子们的质疑和不同声音,就不应该简单地取消那个班级的比赛成绩,或者借用管理的权威,把不同声音压下去了事。

面对校园生活中第一次出现的这个问题,我与年级组、数学组老师展开了交流讨论,寻求更好的解决办法。我们一起查阅了活动方案,研究比赛和奖项设立的规则,逐步形成了三点共识:第一,我们希望通过这样的数学周学习活动,让孩子体会数学的美妙、思考的乐趣,欣赏数学、亲近数学、喜爱数学,从而更好地理解和学习数学。因此，即使是被隔离的班级同学，也应该有机会参与到数学周的比赛中来，老师们原来设计的方案值得肯定；第二，比赛成绩并不是最重要的，但是比赛，一定要尊重规则。既然方案允许被隔离班级用特殊的方式参加比赛，就应该承认他们取得的成绩；第三，要保护学生合理竞争的意识，激发他们参与学习活动的热情。

接下来，我们在规则允许的范围里，淡化名次，设置金奖、银奖、优秀奖等三个奖项，表彰热情参与的每一个班级，意图让更多孩子的努力受到尊重与肯定。数学老师和班主任共同做好学生的工作，让孩子们更好地理解，竞技结果并不是比赛活动的终极目标，而是要懂得前行的路上结伴共进。

在闭幕式上，孩子的发言"同学们，数学，让我们更加智慧；我们，让数学更加美妙"，为第九届数学周画上圆满的句号。

当这个班级同学的隔离结束后，老师还为他们组织了一场与教工队的篮球赛，让孩子们尽情释放热情与活力。尽管学生队不出意料地落败，但是孩子们感动于老师的理解与安排，尽兴而归，以良好的心态回归课堂学习。

我认为，这一系列行动，就是教师用教育智慧涵养人的灵性。

作为教育人，我深知履行职业职责殊为不易，面对校园里每天都在发生的意想不到的事情，毫无疑问，教育智慧会在解决不时冒出来的生成性问题中积聚，孩子们会在经历外部事物和内心世界的冲突中日渐成长成熟。

"生活即教育"。对孩子们而言，无论是完成作业还是吃饭，生活中的每一件事都是学习。教书育人不是靠惊天动地的壮举，而是靠润物无声般的潜移默化。很多时候，家长、老师的有心而为或无心之举，都会产生强烈的教育影响，不可小觑。

理想的教育，靠的是有灵魂的老师；化解现实教育中的难题，则需要老师对教育理想的坚守与创造性智慧的运用。延安初中的老师懂得教育、理解孩子、知晓人性，他们的理念和举措如涓涓细流，引导孩子分享，将他们导向善良，塑造富有人文情怀的精神骨骼，努力让孩子们感到身处的校园和未来的社会温暖无比。

从教经年，目睹延安初中教育发展之变革、壮大，身为其中的参与者、见证者，感慨万千。成为"延安人"中的一员，我感到自豪。延安的教育教学实践，充实了我的人生价值，升华了我的教育理念，加固了我的做人准则，坚定了我的行事原则。

掩卷而思,"让学校成为涵养灵性的育人场",既是我个人从教的初心,也是写下本书的"初心"。

全书从学校文化说起,从课程建设、育人实践、创新管理等方面凝练学校办学思想及多年来办学实践经验。这些年来,延安初中始终继承"老老实实办学,呕心沥血育人"的办学传统,坚持"让每一个学生的潜能得到充分发展"的办学理念,不断发展"数学特色,科技见长,人文相济,和谐发展"的办学特色。延安初中将继续担当好社会责任,坚持人本导向、行动导向、合作导向、业绩导向,以踏实的办学传统、和谐的校园文化、先进的课程理念,培养造就大爱、大志、大气、大能的"延安人"。

在本书编写过程中,得到了领导专家的悉心指导以及延安初中同仁的鼎力协助。本书的顺利出版还离不开出版社同志的大力支持,在此一并表示诚挚的感谢!

随着课程与教学改革的深入推进,社会各界对于学校应如何正确培养学生有了更多的期待和关注。在对优质教育资源越来越渴求的今天,衷心希望这本书的出版,能够梳理学校办学经验,回应和满足学生、家长和社会对优质教育的高期待,同时也期望来自专家同行的批评指正!

许军

2021 年 6 月

上海教育丛书

反映先进教育思想和实践经验　传播教育教学智慧
体现上海教育改革发展的成果　引领教育教学改革

1994 年

上海普通教育史(1949—1989)　　　　　　　　　　17.20 元

　　吕型伟　主编

为了未来——我的教育观　　　　　　　　　　　　17.00 元

　　吕型伟　著

1995 年

耕耘散记　　　　　　　　　　　　　　　　　　　10.00 元

　　方仁工　著

语文教学新探——"双分"教学的理论与实践　　　　9.00 元

　　陆继椿　著

听力残疾儿童的语言教学　　　　　　　　　　　　12.00 元

　　银春铭　编著

班主任日记　　　　　　　　　　　　　　　　　　7.90 元

　　黄静华　著

1996 年

和校长教师谈教学　　　　　　　　　　　　　　　9.00 元

　　陆善涛　著

语文教学与智力发展　　　　　　　　　　　　　　7.50 元

　　周寿仁　著

幼儿心理素质教育　　　　　　　　　　　　　　　9.50 元

　　高志方　著

小学生心理辅导札记　　　　　　　　　　　　　　10.00 元

　　毛蓓蕾　著

1997 年

我和愉快教育   10.00 元

  倪谷音　著

以物讲理和见物思理——谈谈中学物理的教与学   12.60 元

  唐一鸣　著

语文教学谈艺录   10.80 元

  于　漪　著

青春期教育的实施   11.80 元

  姚佩宽　著

幼教改革新探——"幼儿园综合性主题教育"探微   9.80 元

  倪冰如　赵　赫　著

学校家长工作   9.30 元

  高　峰　著

沿着未知的道路漫游——上海的 OM 活动   9.00 元

  陈伟新　陈玲菊　著

中学化学教与学的优化   10.50 元

  何吉飞　著

少先队的自动化   14.70 元

  段　镇　沈功玲　著

我教化学课   13.30 元

  黄有诚　著

1998 年

走进幼儿绘画世界   9.50 元

  李慰宜　著

文言文的教与学   12.50 元

  卢　元　著

家庭教育心理   11.00 元

  吴锦骠　郭德峰　著

开发潜能　发展个性   10.80 元

  恽昭世　著

注重方法 自我发展——谈谈物理尖子学生的培养   13.50 元

    张大同 曹德群 著

情系操场   12.70 元

    李华丰 著

物理实验创造技法和实验研究   11.50 元

    冯容士 陈燮荣 著

探索中学英语教学成功之路   8.80 元

    陈少敏 著

思想品德课教学原则与方法   9.30 元

    顾志鸣 张振芝 著

培养数学思维能力的探索   17.90 元

    陈振宣 著

爱的奉献——工读耕耘手记   8.85 元

    周长根 著

集体的组织与培养——少先队工作回忆笔记   9.60 元

    刘元璋 著

献给孩子们的歌   8.00 元

    严金萱 著

中学历史课堂教学方法研究   14.00 元

    朱光明 著

1999 年

幼儿园"生存"课程的研究   12.70 元

    姜勇 徐刚 著

育人之路二十载——大同中学教改纪实   9.30 元

    王世虎 陈德生 张浩良 徐志雄 著

心与心的交流——走进小学语文教学的艺术殿堂   8.50 元

    张平南 著

中学数学思想方法的教学   13.00 元

    戴丽萍 著

跳跃的音符——唱游教学   10.50 元

 陈蓓蕾　著

和青年教师谈语文教学   11.00 元

 钱梦龙　著

让思想政治课充满活力   8.30 元

 浦以安　著

中、外幼儿教育的比较与实践   10.40 元

 钱　文　封莉容　主编

数学教师札记   12.50 元

 胡松林　著

青浦实验启示录   11.00 元

 顾泠沅　郑润洲　李秀铃　编

学会参与　走向未来   14.00 元

 张雪龙　著

感悟生命——谈中学生物的教与学   7.10 元

 王璨玛　著

2000 年

农村教育综合改革与燎原计划   12.70 元

 俞恭庆　著

小学科技活动课探索   9.50 元

 刘炳生　著

面向市场　主动适应——上海市竖河职校办学之路 9.30 元

 黄应义　著

绿色教育——中学环境教育的实践与认识   12.40 元

 周大来　著

2002 年

为了未来——我的教育观(续集)   26.00 元

 吕型伟　著

校舍建设 50 载   25.00 元

 刘期泽　著

2003 年

小班化教育   16.00 元

    毛　放　著

幼儿园"生存"课程的实践   14.00 元

    吴荷芬　主编

岁月如歌——上海世界外国语小学的成长故事   20.00 元

    王小平　钱佩红　著

从第二课堂走来——尚文中学教改纪实   13.00 元

    毛懿飞　管彦丰　吴端辉　著

2004 年

课堂, 走向儿童——上海市实验小学开放教育再探   16.00 元

    杨　荣　等著

2005 年

残障儿童心理生理教育干预案例研究   14.00 元

    何金娣　贺　莉　编著

继承传统　直面挑战——上海市省吾中学德育工作纪实   15.00 元

    陆雪琴　陈佩云　陈炳福　胡侣元　编著

2006 年

理想与现实——我的教育实践   12.00 元

    李汉云　著

情理相融创和谐——我当校长 20 年   15.00 元

    李首民　著

2007 年

把德育过程还给学生——黄浦区德育工作纪实   16.00 元

    曹跟林　李　峻　毛裕介　著

学校课程领导与教师群体发展——上海市长宁区初级职业技术

    学校的研究与实践   17.00 元

    夏　峰　沈　立　编著

女校·女生   25.00 元

    徐永初　主编

探究学习与教师行为改善   29.50 元

 吴子健　编著

当好大队辅导员   21.00 元

 洪雨露　著

2008 年

有效教研——基础教育教研工作导论   49.00 元

 赵才欣　著

现代学校解读与建构   42.00 元

 赵连根　等著

2009 年

语文名篇诵读   46.00 元

 唐婷婷　著

用现在竞争将来——上海市南湖职业学校围绕市场办学的实践 40.00 元

 张云生　等著

搏动的讲台——我教思想政治课   35.00 元

 秦　璞　著

资优生教育——乐育菁英的追求   52.00 元

 唐盛昌　著

2010 年

未成年学生不良行为的发现与教育调适   30.00 元

 杨永明　等著

园长的故事——幼儿园领导与管理案例   48.00 元

 何幼华　郭宗莉　黄　铮　编著

视障教育——上海盲校百年印证   57.00 元

 徐洪妹　编著

愉快学习　有效课堂——愉快教育学科学习设计的实践 47.00 元

 徐承博　等著

让每个学生在创造实践中成长   44.00 元

 芮仁杰　丁　姗　著

走进游戏　走近幼儿　　　　　　　　　　　　　　　　49.00 元

　　徐则民　洪晓琴　编著

我的语文修炼　　　　　　　　　　　　　　　　　　　35.00 元

　　王雅琴　著

2011 年

有效教学——金山区课堂教学实践写实　　　　　　　38.00 元

　　徐　虹　等著

教学生活得像个"人"——我的大语文教学　　　　　52.00 元

　　黄玉峰　著

寻找适合每个学生发展的教育之路——徐汇教育优质均衡发展

　　改革纪实　　　　　　　　　　　　　　　　　　33.00 元

　　王懋功　等著

志高者能远行　　　　　　　　　　　　　　　　　　50.00 元

　　鲍贤俊　著

满足儿童需要　成就幸福童年　　　　　　　　　　　35.00 元

　　郭宗莉　著

学校体育之心语　　　　　　　　　　　　　　　　　37.00 元

　　徐阿根　著

2012 年

陈鹤琴与上海教育　　　　　　　　　　　　　　　　49.00 元

　　上海市陈鹤琴教育思想研究会　著

腾飞于沃土　　　　　　　　　　　　　　　　　　　39.00 元

　　任淑秋　刘夏亮　朱　瑛　编著

语文教学谈艺录(修订本)　　　　　　　　　　　　36.00 元

　　于　漪　著

科技星星在这里闪烁　　　　　　　　　　　　　　　36.00 元

　　卢晓明　著

舞蹈追梦　　　　　　　　　　　　　　　　　　　　57.00 元

　　胡蕴琪　著

治一校若烹小鲜　　　　　　　　　　　　　　　　　49.00 元

　　卞松泉　著

后"茶馆式"教学   43.00 元

    张人利 著

2013 年

缔造未来   60.00 元

    陈白桦 等著

家庭教育精选百例   35.00 元

    仲立新 唐洪平 编著

段力佩与育才中学   34.00 元

    陈青云 编著

"人之为人"的教育追求——我的育人思想与办学实践   46.00 元

    仇忠海 著

赵宪初与南洋模范   37.00 元

    高 屹 李雄豪 等编著

见证变革——站在上海基础教育转折点上   54.00 元

    尹后庆 著

2014 年

重规范 强实践 求创新——上海市全面实施中小幼见习教师
    规范化培训纪实   48.00 元

    上海市见习教师规范化培训项目组 编著

陶行知与上海教育   52.00 元

    屠棠 编著

口述教改——地区实验或研究纪事   38.00 元

    顾泠沅 著

走向新优质——"新优质学校推进"项目指导手册   45.00 元

    胡兴宏 主编

墙外开花墙内香——委托管理与成功教育   40.00 元

    刘京海 著

生态寻梦——崇明县生态教育写真   39.00 元

    黄 强 主编

2015 年

激发成长自觉——"中和位育"引领的求索之路　　48.00 元

　　张建中　主编

2016 年

师道　匠心——特级教师给学生、家长和教师的 60 堂公开课　72.00 元

　　上海市特级教师联谊会　上海教育杂志社　编著

上海课程改革 25 年(1988—2013)　　49.00 元

　　孙元清　徐淀芳　张福生　赵才欣　著

空间引发的学习变革——上海市市西中学"思维广场"解码　38.00 元

　　董君武　方秀红　等著

中学化学教学设计　　54.00 元

　　叶佩玉　著

2017 年

让孩子表现自己　让教师发现孩子——以幼儿自主学习为

　核心的低结构活动探索　　52.00 元

　　郑惠萍　编著

宝宝心语　　39.80 元

　　茅红美　主编

让每个学生创意翱翔——头脑奥林匹克活动 30 年　　49.00 元

　　陈伟新　叶品元　等著

教育剧场——女中的创新课程　　36.00 元

　　徐永初　主编

上海教研素描——转型中的基础教育教研工作探讨　　34.00 元

　　陆伯鸿　著

让每一个孩子成为与众不同的自己　　40.00 元

　　徐　红　著

名师之路——上海市"双名工程"的探索与实践　　68.00 元

　　上海市教师专业发展工程领导小组　著

在玩中与科技结缘——科技幼儿园的办园追求与实践　　　45.00 元

　高一敏　著

特色之路——上海民办中小学发展历程　　　36.00 元

　胡　卫　主编

2018 年

行进在上海数学课程改革路上　　　35.00 元

　邱万作　著

修炼(上、下)——百位特级谈教师专业成长　　　108.00 元

　上海市特级教师特级校长联谊会　上海教育杂志社　编

教育信息化——走进自适应学习时代　　　46.00 元

　张　治　等著

DIS,上海创造——数字化实验系统研发纪实　　　76.00 元

　冯容士　李　鼎　著

教育中的情和爱——儿童、青少年情感发展与教育研究 40 年　　　50.00 元

　梅仲孙　著

新优质学校设计　　　43.00 元

　胡兴宏　汤林春　主编

2019 年

铺路——让学生有更好的发展　　　48.00 元

　邬宪伟　著

小学生社会情绪能力养成教育设计　　　38.00 元

　曹坚红　著

发现　理解　支持——指向个性化教育支持的幼儿发展评价实践　42.00 元

　温剑青　编著

满眼繁花——一个语文教师的成长手记　　　38.00 元

　郑朝晖　著

足迹(上、下)——上海教育故事　　　198.00 元

　《上海教育丛书》编委会　主编

2020 年

黄炎培与浦东中学   48.00 元
　　倪瑞明　著

探物求理——手边物理实验　身边物理问题 56.00 元
　　张　越　著

静待花开(上、下)——百位特级谈育人智慧 108.00 元
　　上海市特级教师特级校长联谊会　编

创造的力量——一所学校 40 年的创新坚守 50.00 元
　　张军瑾　著

2021 年

一所百年老校的文化情怀——我和我的廊小 46.00 元
　　朱保良　著

让学校成为涵养灵性的育人场——上海市延安初级中学

　　学校治理的探索与思考   46.00 元
　　许　军　著